U0667290

全球华人
理财实操宝典

The Blueprints of Practical Wealth Management

郑莉容/著

Julia R. Cheng

中国言实出版社

图书在版编目（CIP）数据

全球华人理财实操宝典 / 郑莉容著. -- 北京：中国言实出版社, 2018.6

ISBN 978-7-5171-2773-4

Ⅰ.①全… Ⅱ.①郑… Ⅲ.①私人投资—基本知识 Ⅳ.①F830.59

中国版本图书馆CIP数据核字（2018）第095768号

责任编辑：王丹誉
特邀编辑：孙慧芸
文字编辑：秦　璇
出版统筹：朱艳华
插画绘图：陈钰雯　张铮琦
封面设计：Samuel J. Davies

出版发行　中国言实出版社
　　　　　地　　址：北京市朝阳区北苑路180号加利大厦5号楼105室
　　　　　邮　　编：100101
　　　　　编辑部：北京市海淀区北太平庄路甲1号
　　　　　邮　　编：100088
　　　　　电　　话：64924853（总编室）　64924716（发行部）
　　　　　网　　址：www.zgyscbs.cn
　　　　　E-mail：zgyscbs@263.net
经　　销　新华书店
印　　刷　北京温林源印刷有限公司
版　　次　2018年8月第1版　　2018年8月第1次印刷
规　　格　890毫米×1240毫米　　1/32　12.75印张
字　　数　298千字
定　　价　69.00元　　ISBN 978-7-5171-2773-4

版权不可侵犯

这本书献给：

养育我的奶奶、爸爸和妈妈

陪伴我的哥哥和妹妹

成全我的女儿张铮琦

激励我的叔叔、抗日烈士郑宜焜

感谢我的朋友和客户

推荐人物：

1. **Dr. Robert Wilbur**（罗伯特·威尔伯博士）：金融与房地产荣誉退休教授，圣地亚哥州立大学商学院前院长。

2. **李锦博士**：中国企业研究院执行院长（中国目前影响最大的经济学者之一）。

3. **吴远辉博士**：联合国青年大会大中华区秘书长 北京大学中国平衡论研究中心常务秘书长

4. **魏十洲**（Steve Wei），**CPA**（注册会计师）：**Wei Wei & Co, LLP.** 达庆联合会计师华人在美最大会计事务所创始人之一，2011年被纽约皇后区授为 **"Kings of Queens"**（皇后区的国王皇冠）。

5. **陈秋贵 Thomas Chen**，总裁，协和门窗 **Crystal Window & Door Systems, Ltd.** 美国总统唐纳德·特朗普 **Donald Trump** 著作 **"*The Way to the Top*"**［通往山顶之路］中描述的中国企业家典范。

序（一）（中文译稿）

如果您有幸拿起了这本书，就千万不要错失这个可以得到宝贵的财务知识和理念的机会，它是您达到财务成功不可或缺的忠实伴侣。

这本书的精髓在于作者认为财务成功对每个人来说都是不同的。有别于一般坊间的理财丛书所倡导的千篇一律的方法，郑莉容将各种财务问题与个人的特质、经验和兴趣相结合，为读者提供一个完整的框架，使我们每个人都能作出最适合自己的财务决策。同时，在这个框架之外，作者还详细介绍了各种具体的财务知识和理财工具，加上财务专家的指导，所有这些可以帮助您达到您所渴望的财务自由与保障。

郑莉容（Julia Cheng）女士是最有资格写这本书的。她来自中国，作为留学生移民到美国，克服重重困难才达到今日在理财界的地位，她就是本书的成功案例。郑莉容女士用接受教育、勤学不辍和兢兢业业地工作来励行本书的原则，她成为一流的全方位理财规划师，她的成就完美诠释了这本书的精神。

我深知郑莉容对每一件事都精益求精。一旦决定投入理财规划

界，她就在专业领域全力以赴以达到今日顶尖财务规划师的地位。她总是为客户提供高品质的服务，通过她全方位服务的理财规划公司，和广泛建立的财产规划律师和专业注册会计师合作网，她为客户的家庭和企业提供明智的财务方案，帮助全世界的许多家庭和企业客户成功地实现他们的财务远景。在建立她自己的理财规划公司和精心为客户服务的过程中，郑莉容不断地获得丰富的经验和知识而更加博闻强识，对美国金融体系的运作有着丰富的知识和独到的理解。她荣获来自业界和国际间不可胜数的荣誉，以表彰她的全心奉献。如今她更加不遗余力从事各项社区服务，回馈社会。

我于1987年在圣地亚哥州立大学商业管理学院时认识郑莉容，那时她是我在房地产投资和金融管理课程的优秀学生。作为我的研究生助理，她完成了许多我指派的研究专案和教学准备。

在她毕业后，我成为她的客户，她成为我们家族的财务规划师长达22年之久。今年我已退休满12年，我太太和我都非常满意她帮助我们达成所设立的财务目标。在最近的一次财务回顾时，我们意识到尽管多年来历经了大环境的经济起伏，我们依旧稳健地达成了当初的财务设定。今后我们仍然期待与她携手并进，继续享受她为我们财务进行规划所带来的益处。我们尤其欣赏她学无止境的态度，尽管她精通退休规划、投资、保险和遗产规划，她仍不停地进修以增长她的专业知识。

行事低调的她，从不夸耀她自中国来到美国的成功史，但她历经千辛万苦所迎来的成就却是激励人心的奋斗史。她的生命充分展现坚忍不拔的毅力和高风亮节的情操，追求卓越而成就非凡。

我希望您在阅读这本书时，仔细地揣摩领悟作者向您传达的理财知识与经验以及投资理念，这将满足于您在投资、企业发展、保险和退休规划时的需要，让您在实现财务自由的路上如虎添翼。

　　我很荣幸地为郑莉容写这篇推荐序，我先是她的教授，后来成为她的客户。22年来我亲身体验了她高质量高效益的服务，读过这本书更令我钦佩她的系统化的理论知识，我认定它也一定是您理财规划的良师益友。

罗伯特·威伯

圣地亚哥州立大学

商学院前院长

金融与房地产荣誉教授

2017年 10月31日

序（一）（英文原稿）

INTRODUCTION

If you are fortunate enough to have found this book, do not pass up the opportunity to gain the valuable knowledge and insights that it contains. It will serve as your constant companion on all matters leading to long-run financial success.

The genius of this book is that the author understands that financial success means something different to each of us. Rather than the cookie cutter approach so often advocated in the financial advice literature, Julia Cheng provides an approach that integrates the various dimensions of finance with personal characteristics, experience, and interests to provide a framework that each of us can use to make decisions that lead to being financially successful. Not satisfied with describing just this framework, Julia includes the specific foundational knowledge and tools that, when put together with the right kind of professional advisors, lead to the financial plan and results that provide the confident, secure feeling that we all desire in the management of our financial lives.

Julia Cheng is uniquely qualified to write this book. The story of Julia's life in China, how she came to the United States, and the obstacles she has overcome to achieve her position in the financial world are a case study in the successful application of this book's contents. Through education, hard work, and dedication to the principles explained in this book, Julia has become a highly successful, top-ranked, comprehensive financial planner. While building her full-service financial consulting firm with its broad network of estate planning attorneys and Certified Public Accountants, Julia has gained extensive knowledge and understanding of how the American financial system works. Most significantly, Julia has proven the principles in this book by helping her many personal and business clients throughout the world achieve their own vision of financial success.

I know Julia gave a great deal of thought to the kind of work she wanted to do. Having decided to enter the field of financial planning, she has proceeded in characteristic fashion to develop her professional capabilities and is now a top-ranked, comprehensive financial planner. She has always made high quality service a priority; with her full-service financial consulting firm and broad network of estate planning attorneys and CPAs she is able to provide a wide range of services and sophisticated solutions to her personal and business clients worduide.

Julia's experience and the board knowledge were gained through the establishment of her firm and the service to the clients. The numerous international, industry, and company awards she has earned demonstrate this dedication. Julia has also used her talents and energy to give back to her community in significant ways.

I first met Julia when she joined the Master of Business Administration program at San Diego State University in 1987. While completing her degree, Julia was a student in my advanced course in real estate investment and finance. She also worked as my graduate assistant, completing various tasks and projects related to my research and teaching.

We have continued our friendship and professional relationship since Julia's graduation. Julia has been our family's financial advisor for over twenty-five years. Today as I begin my thirteenth year of retirement, my wife and I are delighted by the results of the financial plan that Julia developed to help us reach our goals. At our last review of this plan, we were pleased to find that we were still on track to achieve our financial targets despite the numerous economic ups and downs that have occurred over the years.

We look forward to continuing to benefit from Julia's advice and guidance. We particularly appreciate her broad knowledge and in depth understanding of retirement, investment, insurance, and estate planning issues and her continuous pursuit of new knowledge to expand her expertise.

Although she is reticent to discuss it, the story of Julia's life in

China, how she came to the United States, and the obstacles she has overcome to achieve her present position is nothing short of inspiring.

In all of the above aspects of her life, Julia has demonstrated unusual ability, the highest integrity, and dedication to excellence. I encourage you to take the opportunity to let Julia show you how she can provide valuable assistance with your investment, insurance, business, and retirement planning needs.

I was delighted when Julia asked me to write this introduction. I have known Julia for many years, first as her professor and later as her client. I have personally experienced what this book has to offer to anyone who takes his or her financial success seriously.

Robert W. Wilbur

Former Dean of College of Business

Emeritus Professor, Finance & Real Estate

San Diego State University

October 31, 2017

序（二）

改革开放近40年来，海外华人与国内企业家和社会精英阶层都聚集了一定的财富，全球华人理财这一领域也越来越引起人们的兴趣。如何让自己的财富长期安全、稳健地增值，成为全球华人共同关心的话题。郑莉容博士的这本《全球华人理财实操宝典》将为大家提供帮助，传授创富、保富、享富、传富之道。

最近，她的《全球华人理财实操宝典》即将出版。付梓前，责任编辑推荐我先睹为快。尽管与国际理财规划师郑莉容（Julia）博士从未谋面，但我觉得这是一本有价值的书。现在海外华侨华人有6000万人，分布在世界191个国家和地区。全球华人理财有自己的需要，也有着自己的特点，需要在理论与知识上予以引领。这本书，有理论，有智慧，有实操技术，好看好懂，是本应时之书，是打开智慧理财大门的一把钥匙。

中华民族聪明智慧，勤劳勇敢，无论是在国内奋斗还是从祖国大陆出去打拼的，每一个企业都有一部发展史，每一位华人都在自己领域寻求发展，并且有所收获。郑莉容女士属于改革开放后在海外打拼的奋斗者。作者在上山下乡浪潮中插队落户，1977年恢复高考后考上大学，然后到美国深造，学成后就在美国落户。近30年来，一直致力于全美甚至全球华人主流社会理财规划，连续24年成为国际百万圆桌会员，其中10年是国际百万圆桌顶尖会员。这位叱咤美国商界的华裔精英，在37年前，用十年的存款，买了一张飞往美国的机票，只身提一只皮箱和35元美金的全部家当，以中国穷学生的身份到美国大学求学。在领取第一份工资时，受到美国华人老板的欺压，这个初入异国的女孩领不到自己的血汗钱。于是，她转向美国的主流社区求生存，为富人家庭洗了2万多个马桶，养活自己和家人，并完成学业，以特殊专业人才获得移民资格。她以女清洁工的身份踏入美国富人家门，人家看好她的吃苦耐劳的品格，诚实可信，学有所长，就放心地将他们的钱财交给她打理。作者写道，"在这奇异的世界里，唯有拼命地跑，才能不落后；要想跑得比别人快，就要更拼命地奔跑"。她的经历让我看到在这个移民国家以创新的智慧、谨慎思考的态度和积极向上的行为来改变命运的过程。

这个过程颇有传奇色彩，然而这正是郑莉容女士的职业生涯和专业素养成功的前提。她因而获得由五星级专业服务公司颁发的"五星级财富经理人"称号，在财富管理公司对于合格的理财顾问的严格考评中，她以综合服务能力、素质、水平，赢得了"为客户提供优质服务奖"认证。她还被世界最富盛名的金融专业报纸——《华尔街时报》评选为南加州四位"最佳理财"专家之一。当年的困苦，让她深切体会到移民创业的艰辛，所以当她成功之后就主动全力为各项社区公益服务和慈善活动作贡献。作为在全美华人领域有影响的财务规划师，自1998年起晋身国际财务规划师会员。2013年，美国邮政局首次发行全美65位杰出华人肖像邮票，以表彰一个多世纪来在美国作出重大贡献的华人，她成为全美金融界唯一获此殊荣的财务规划师。现

在，她将个人理财成功经验和欧美科学理财方式集结成书，旨在帮助全球华人树立起科学的财务理念，培养财务能力，既而最大限度地运用资金。2016年她在北京大学国际关系学院杰出女性国际视野精英学员班结业，在上海、北京、广州、台北、莫斯科、罗马、渥太华等地为企业家演讲过，这些经历无疑会对这本书的写作有所帮助。

孔子说过："富与贵，是人之所欲也，不以其道得之，不处也。"这个道自然包括世界观与方法论两个范畴。科学理论和便捷操作的完美结合是方法论的体现，《全球华人理财实操宝典》当属此类。然而，理财类读物也有许多，但是或深奥难懂，或过度通俗无理。因此，急需一部集理论科学性和实践操作性相结合的理财读物。《全球华人理财实操宝典》着眼于华人这个独特而庞大的群体，从他们经济生活的现实入手，并运用理财专业的知识为基础，以理财科学理论为指导，深入浅出地展开全书。全书构思巧妙，结构合理，编排设计上独具匠心。作者又把实操案例系统归纳、梳理总结为科学实用的理财宝典。其中不乏真知灼见之处，例如对于生涯规划的自我评估，人生理财四个阶段，投资、投机和赌博的界定。作者在章节后编入读者财务规划实操习题，书中配插生动活泼的卡通图片和深受华人喜爱的不倒翁、财神爷、摇钱树、聚宝盆等吉祥画作为贴士，有利于读者快速分享理财智慧。这本书将专业理论变得通俗易懂，实是喜闻乐见的大众普及读物。

华人和西方人的文化背景不同，华人需要以自己的文化为基础，参考美国的理财观念、投资理财的方式和享受财富的经验，来找出保护和享受自己资产的方式。《全球华人理财实操宝典》结合中西文化的理财心得和西方科学理财方式，具有这种融汇共通的价值，也是此书价值所在。

这部华人理财实操手册，是理财界研究领域的一部力作。相信这本书将成为作者郑莉容女士理财职业生涯的里程碑，希望成为华人理财的"掌上良师"，金融理财专业人士的"案头益友"，对华人及企业的成长起到积极的推动作用。

是为序。

李锦

中国企业研究院执行院长

国务院国资委新闻中心首席研究员

新华社中国企业研究中心高级研究员

2018年4月26日于北京

—————— 序（三）

郑莉容（Julia Cheng）博士所著《全球华人理财实操宝典》撰成付印，可喜可贺！作为熟识她的中国老朋友，我有幸拿到了这本书的试读版先睹为快，并谨欣然为之作此推荐序，表达最深挚的感谢和最美好的祝福。

Julia Cheng上个世纪50年代中期出生于中国上海的一个知识分子家庭。其父亲郑宜樑先生，年轻时曾远洋万里赴欧洲荷兰读书，学成归来，报效祖国，建造水库，造福百姓，成为中国著名水利专家载入史册；其母亲姚守懿女士，年轻时在上海著名的培成女校度过12年学校生活，品学兼优，打下扎实良好的中英文基础，参加了新四军并成为新四军江淮大学校友中的佼佼者（曾做过老一辈无产阶级革命家陈毅夫人张茜等首长夫人的英文老师），才华出众，曾在大学任教，是一位令人尊敬的教育家，同时还是一名以文字传情的优秀作家，亦是一位自强不息奋斗一生令人敬佩的新四军老战士①。

    Julia Cheng受其父母的品格、德行、智慧、才干等家庭背景及环境的影响，从小聪明伶俐、思维活跃、反应灵敏、兰心蕙质，开朗、热情、坦诚、正直，勤于学习、勤于思考，外表文质彬彬却内蕴着坚强不屈的性格。正如著名作家卡夫卡说过一句话"人生的所有差别在于道路的选择"。Julia Cheng在做了七年默默无闻的中学教师后，她选择参加了恢复高考后的第一次高考，她的人生之路发生了彻底改变。由于多年来的执着坚韧的自学精神和积极的人生态度，使她顺利地考取了河南大学外语系，主修英美文学。四年寒窗苦读，她迎来了命运的又一次重要转折——她通过了当时外国学生进美国学校需要通过的"Michigan Test"，并被留学读博士的哥哥联系的名校——美国州立大学圣地亚哥分校心理学系录取——成为了当时全系第一个出国留学的学生（后改学商学进入美国圣地亚哥州立大学商学院主修金融企业管理毕业并获得硕士学位）。并于2013年7月荣获Purlinton University工商管理博士学位。

    在事业发展的同时，Julia Cheng积极热衷于各类社会公益事业，她的足迹遍及世界各地，从富庶的欧洲到崛起的亚洲。在亚洲，她更是走遍了中国大陆、香港、台湾等地。不遗余力地为社区服务，对近年的中国台湾大地震、汶川大地震、海地大地震、美国国内的火灾风灾等自然灾害的慷慨捐赠，对中国贫困山村建设学校做的多项工作，对贫穷饥饿的第三世界公民给予帮助等。Julia Cheng所做公益慈善事迹获得中共中央党校出版社《慈善中国》大型系列丛书编委会推荐并成功刊载于《慈

---

①上海新四军广场纪念碑首批上墙新四军将士名单（文教分会新四军）第139号；2015年"9·3"大阅兵前夕由中国长城学会主办，中国梦组委会和老兵方阵组委会联合承办的"纪念中国人民抗日战争暨世界反法西斯战争胜利70周年"系列活动中与蔡仁山中将、江伟文少将、申毅(将军)、边文怀(将军)、王敏(将军)、贾休奇(将军)、高厚福少将、王云翔(将军)等抗战老兵一样获颁"抗战老战士"荣誉勋带。

善中国》"爱心人物——世界篇"之中。

　　Julia Cheng认为物质财富绝对不是一个人生命的全部，但是作为每一位生活在现代社会的个体，都应该在其一生中拥有相对充实和稳定的物质财富，所以每一个人都有追求财富和获得合理利润的权利。那么，如何才能拥有相对充实和稳定的物质财富呢？Julia Cheng通过多年的实践经验和对财务规划领域的深入研究认为，创业容易守业难，如何规划好自己已经拥有的财富比如何创造财富更重要，只有这样，才能让财富为自己的人生目标服务。

　　事实上，财务规划对人的一生确实起着至关重要的作用。比如在教育、创业、养老，以及财富传承等方面，都需要科学的财务规划。Julia Cheng在这些与人们生活密切相关的工作上，都有着非常细致的研究。她在个人和家庭的财务规划上，主要细分为：财产保值、各类保险、退休计划、遗产规划等；在公司企业的运营规划上，主要细分为：上市计划、收购与转让、托管或传承；在公司企业的财务规划上，主要细分为：税务计划、福利规划、退休金策划、团体健康保险等；在非营利组织的财务规划上，主要细分为：经营规划、成员福利规划、延税计划、捐赠信托等。

　　人生在世，世事无常，理财是我们每一个人都必须面对的非常重要的一件事情。正如俗话所说"你不理财，财不理你"。而如何理财是有方法的，实践证明：财务规划就是非常科学和有效的方法。

　　Julia Cheng在这本书中，结合自身职业生涯及亲身经历，详细地介绍了什么是科学的财务规划，以及如何做到科学的财务规划。在我看来，Julia Cheng几十年如一日在财务规划领域勤奋耕耘，硕果累累。她深深明白：其实每一个人生命本身就是无价之宝，每一个人在人生中学会掌握科学的财务规划是一项最珍贵的教育。这一本书亦可以说是Julia

Cheng职业人生的记录，书中的每一个故事案例都是她职业生涯世界中点点滴滴的片段积累。正因为每一个故事案例都是她事业与生活的真实写照。她涵容了"山高人为峰""一览众山小""大道至简"的历练与智慧，让我们"身临其境""感同身受"般地知道：在人生中，生命影响生命，宝贵的科学理财经验的分享与传承是何等重要！实用与理想的完美联结是何等重要！透过生命故事，讲述人生哲理，揭示正道大法，提升人生智慧，进一步明白自己的使命和上天的托付。生命的奋斗意义与人生的价值传递生生不息，直到永远……

Julia Cheng这本书，可以说是她"笔酣墨浓写春秋，毕生心血哺华人"之大作，书中不仅有美丽流畅的文字叙说风景，也有令人深思的人生意义路标。我看完此书试读版第一时间油然生发一个最大的心愿：希望早日出版发行，让全球华人朋友们尽快获得此书正式读本，同时也希望这一本易学易懂的"实操宝典"，陪伴着全社会有志之士尽早实现科学理财之梦想，并为人生找到一个更加美好的意义出口，成为一个更好的自己，创造出更好的生活！

感谢Julia Cheng这本《全球华人理财实操宝典》，为全球华人科学理财带来源头活水！此书中这些鼓舞人心且充满传奇色彩的真实故事案例，必将激发人们对生活的希望和勇气，对工作和事业的热忱和追求，同时必将激励不计其数的有志之士，并改变成千上万家族的命运，我们确实需要这样完整系统提炼的华人方案，并且尽早掌握和践行。读完本书，您一定会发现：书中这些诀窍，一旦学会运用，自己的事业和生活，原来可以发生这么大的翻天覆地的变化，原来只要您乐意去努力去改变也可以从"平庸"化成"卓越"，开启充满希望丰盛的理想抱负，探索获得杰出成就的玄机奥秘，发掘自己众多潜藏的天赋才华，打破自己画地为牢的束缚阻碍，领略从前从来不敢想象的禀赋使命，实现更加

辉煌成功的幸福人生！这正是读书的目的与意义！

自古举贤不避亲，我就借此机会诚挚地向海内外广大读者朋友们推荐此书，真心希望并坚信：Julia Cheng这本著作能够经得起时间和历史的考验，能够赢得同仁和全球华人读者朋友们的欢迎和肯定！

是为序。

吴远辉

联合国青年大会大中华区秘书长

北京大学中国平衡论研究中心常务秘书长、研究员

北京大学中国改革开放经验对周边国家影响研究课题组秘书长

孙中山博爱基金会秘书长

中国创业家协会创会会长

2018年5月28日

▌推荐语（一）————————

我从事会计审计专业，服务于美国海内外中小企业、上市公司及个人大众税务已有40多年，很能体会侨胞在海外打拼，要适应差异很大的环境，及面对税务理财问题的困扰。对于跨国公司和家庭来说，国际的税务更为复杂，税务理财问题更加困扰。特别在美国"税与死亡"是一件伴随一生无法避免的重大责任，因此税务理财规划就愈显重要。在此特别推荐此书，谅必能够在理财方面给予帮助。

我在15年前有缘在世界性商会会议中认识作者，之后一直有紧密的业务往来。在为我的客户规划税务时，如果他们有理财规划的需求，我便将客户介绍给作者。无论是高阶的理财规划、退休计划、公司策划、财产分配和遗产规划，客户们对作者都非常满意，我也因此深刻了解她对理财学识的深入探究及实际理财、规划经验的丰富。其耐心、细心及用心的敬业精神是非常难得并令人感动与敬佩的，也得到客户的推崇与喝彩，连她的教授都成了客户，为一明证。

本书把理财的课题分门别类，内容包含极广。涵盖房产、金融投资、风险管理、健康医疗、长期护照保险、人寿保险、房屋汽车保险、

教育基金、退休规划、遗产信托规划、慈善捐款、跨国家庭公司规划、妇女理财规划等，一一介绍并加上实例解说，将深奥复杂的规则变成浅显易懂的知识，对美国华人有重要的意义。本书如同理财小百科，为理财的起点。无论您是对财务刚有兴趣，在美国创业的华人或已成功人士，抑或是老移民、新移民，本书都对您有帮助。期盼人人一本在手，作为家庭、企业、国内外理财的启蒙书，以备随时翻阅寻找答案。若有碰到任何疑问或难题，随时可以联系作者得到解答。

特此作序推荐此书，谅给读者有所裨益为甚。

魏十洲会计师（Steve Wei, Certified Public Accountant）
达庆联合会计师事务所创办人/合伙人
纽约中美会计协会第三、四、五任会长
世界台湾商会联合总会监事
2017年12月01日

▎推荐语（二）————————

　　一直以来，我都希望为公司、家庭、基金会和自己建立一套全面性的理财规划，4年前，透过我的会计师介绍，因而认识郑莉容女士，并开始与她讨论我在财务规划方面相关的目标与期许。生涯财务规划是一辈子的大事，郑女士专业和敬业的态度，让我十分放心地将这个重要的规划交付予她负责。

　　在前后将近3年的准备时间里，郑女士深入地了解我对各方面财务的目标和考量，在我们进行多次的会面和沟通中，她提供专业的知识和建议，搭配相关书面参考资料，详尽地解释各种不同的规划和选择，许多内容和信息，都超过我既有的认知，我不但从她那边获得许多理财的专业知识，对于相关的计划细节，也透过她的解释，而有更清楚的了解。

　　公司、基金会、家庭、个人等不同面向的规划互相影响牵连，过程中我反复缜密地询问检视自己的目标，在这长期来来回回的讨论中，她总是十分耐心地回复解答我的疑问，并与税务律师、信托基金律师、保险公司等多方专业人士合作沟通，巨细无遗地整合所有的财务信息，并

审视我过去30年来既有的保险和投资计划，最终为我找出有效率有组织的方式，运用现有资产做最好的分配，进而做出面面俱到、顾及多元面向的理财和寿险规划。

我感到十分庆幸，有郑女士的专业协助，让我在财务管理、退休规划、遗产传承等方面，都有一套完整的计划，也因为有这些充足完善的理财规划，让我可以无后顾之忧地在生涯和事业上继续前进。

陈秋贵 总裁（Thomas Chen Chief Executive Officer）

协和门窗创办人（Crystal Window & Door Systems，Ltd，总部纽约）

2018年2月28日

目录

——————前　言 ▊

随着经济的发展、日新月异的科技和社会的多元化，个人理财如同食衣住行一样成为每个人日常生活的必需品，每个人每天都需要用钱购买生活所需，并且妥善管理自己的钱财为将来打算。「理财」成为华人圈中越来越受关注的热门话题。每个人都梦想自己可以成功理财，也需要藉由钱财来帮助自己实现梦想。对于理财，有些人采取观望的态度，有些人成功，有些人失败；有些人亲自参与，在互联网上进行交易，有些人通过专业理财人员代为操作。总之市面上充满了各式各样的交易方式，但是大部分的华人着重于短期营利和比较理财产品和价格的层次，随波逐流欠缺大方向的理财观念。这本书提供全方位理财观念，以及因人而异的务实理财方式，宗旨是把如宝玉般珍贵的全方位理财观念放在读者的掌心上。求人理财不如自学理财成功。

市面上有许多翻译美国作者所写的理财丛书，但华人社会的文化背景和西方社会的文化背景不同，我们不能生硬的套用书本上的哲理。用西方人的理财观念和生活方式，全套适用在华人身上。华人需要以自己的文化为基础，参考美国的社会制度、理财体制度和观念，学习美国中上阶层人士投资理财的方式和享受财富的经验，来找出保护和享受自己资产的方式。我从小受中华文化薰陶，到美国求学接受西方正统金融教育，服务美国华人和华裔，具备近30年的理财实务经验，在客户们多年的期望和请求下，我决定结合中西文化的理财心得和西方科学理财方式，撷取精华集结成册，分享给全球华人。

一旦读者拥有书中所讲述的理财观念，提高自己的财务智商，就可以了解个人理财的大方向，并且具备分析与判断能力来寻找符合自己需要的理财工具。在这个基础下，读者可以自己上互联网去寻找理财的产品，也可以找专业人士帮忙，目标都是让自己走向财务自主自立和自由的大道。想要成功就要跟成功的人学习，效仿他们成功的途径，可以少走弯路省去自己摸索而耗费的时间和金钱。

我与大家来分享西方金融体系和我的个人经验，作为读者个人理财和公司发展的借鉴。书中多以美国的制度和现况为例，以及分享我协助全球华人理财的经验和实例。

希望读者阅读本书时可以参考和学习西方金融体系、社会体制、企业经营、财务、法律等体系结构。这些知识和经验不只对居住美国的华侨有直接的助益，对全球的华人也有帮助，让全球读者依书上的原则，根据本国本地的经济变化以及法律和税务等情况因地制宜，作出适合自己家庭和企业的财务规划。

至于为什么要学习美国的理财术呢？因为大中华地区的金融市场起步较晚，而美国个人全方位理财的模式在70年代就已开始。美国在二次世界大战后，50年代经济起飞，经过二十年的持续成长后，70年代美国中上阶层和战后婴儿潮的收入和税务增长，理财观念改变，高科技兴起、市场金融产品多元化，单纯靠通用电器公司和福特等积优股票或房

地产，就能以红利或租金生活的时代已经过去。在通货膨胀的压力下，经济国际化和多变化，美国人必须透过全方位理财跟布局才能满足长期的财务需要。反观亚洲市场自1960年在日本开始兴起，随后中国香港、台湾地区，以及新加坡和韩国急起直追，中国自1978年改革开放后经济实力大增，东南亚市场也随后兴起。近年来亚洲经济发展突飞猛进，地产和金融直线上升。当经济成长期迈入成熟期后，亚洲经济成长的速度终将与世界接轨逐渐减缓，并与世界经济靠拢，接近美国等先进国家的经济并和它们的经济一样有起有落，金融的制度也将会更加完善。面对未来经济的变化，以及外界不可抗拒的因素，全球华人要先做好保家保财的预备。因此全球华人全方位理财的需求会随着经济发展而与日俱增。如果你想走在时代变化的前方，您必须要打"钱"锋，学习全方位的理财方式，建立正确的理财观念。

对不同人生阶段和环境的人而言，理财需求会不一样。对于受薪阶级而言，要用薪资所得，点滴积累起来的存款和投资收益来实现梦想；对企业家而言，要灵活运用营利积累的财富来达成梦想。对不同年纪的人来说，初入社会的年轻人需要建立财务根基为日后的梦想打基础；成熟的中年人常见中年危机，面对事业或家庭转换跑道，则需要每年定期检视财务结构和妥善安排积蓄；退休后的老年人需要稳健运用资金，安享退休生活，同时也要安排一生积累的资产顺利移交给下一代，提早规划传承与继承，让金钱也可以成为子孙们筑梦的关键踏脚石。

无论您处于何种人生阶段和环境，或身居不同地区和国土，您可以花一个月的时间，细细研读本书的精华，按部就班去体会去理解去实践。书中举了许多成功和失败的例子，希望您可以从成功案例中找到效仿的榜样，并从失败案例中，汲取别人失败的教训，以免走弯路。我建议您**第一周**研读第一章到第五章关于理财的基础框架，找到自己的梦想，提高财务智商，学会编列收入支出预算，了解债务管理，以及财务和税务的关系。**第二周**研读理财创富篇，在了解自己属于哪种财务个性后，寻找适合自己的聚宝盆，学习如何创造财富。在投资前了解投资的风险和回报的关系，确认要作短期还是长期的投资，确定适合自己的投资方向是房地产还是股票债券等金融商品，或是决定自行创业。**第三周**学习保护自己资产的途径，无论是亿万富翁或是刚起步的小家庭都要学习保护的技巧。保护的方式根据资产多少而定，资产少的保护方式比较简单，高资产或超高资产的要保护的方式和作用就更广更复杂，挑战也就更大。**第四周**学习享富和传富，或者您有特殊的需要，用适合的途径来满足您的需要。

有了理财知识，提高财务智商之后，心动不如马上行动。采取行动的方式可以选择自己进行投资、上网投资或是借助专业人士的帮助。总而言之，「钱为心用」是本书内容的核心。求人理财也好，自己理财也好，您先要提高个人的财商，才能做到不求人或求对人。

在您阅读完这本书后，我希望书中的知识和经验对您有以下的帮助或启发：

1. 读者们可回顾自己的理财经验和目前的财务状况做好财务配置，订立正确的理财方向，按部就班实现自己的财务理想，在无常的人生中，能够成为财务不倒翁，并且少走一些冤枉路。

2. 帮助读者建立正确的理财观念，让您打造一个属于自己的「聚宝盆」和传家宝。

3. 引导读者建立适合于自己的财务规划，使个人、家庭和公司以长远的眼光来达到梦想，进而达到家庭富足，生活充实，事业成功，做一个对社会有用，有贡献，有责任的人。

4. 对企业家们来说，在全力打拼事业之余，为建立家业和传承奠定

根基，同时也不忘善尽社会义务。

5. 鼓励从事理财服务的专业人员，除了不断充实本身金融理财的专业背景知识，更要站在客户的立场来思考客户的切身利益和实际需要，以此作为自己事业的根基；不断提高自己的业务水平和道德观念，立志做客户全方位的理财顾问，想客户之想，行客户之行，并以成就客户的财务梦想作为个人的生涯志业。

自古华人代代相传家谱和家训，期望后代传承祖先优良的传统和精神。我们也可以参考仿效西方人士的教育及传承理财之道，从小培养子女正确的金钱观。我希望藉由此书为子孙建立代代相传的财务基础，留给子孙们精神和物质的传家宝。我们这一代处于历史上工业化、科学化、金融化、全球化变更最快，史无前例的时代。我们有责任做好创富、保富、享富和传富，让子女和子孙传承我们先辈的勤俭持家，存钱逐梦，金钱管理，造福社会的好传统。我期许这本书所传授的精髓会成为您和您的子孙后代代代相传筑梦的金钥匙。

梦想篇

第一部分

第一章　理财：关于梦想

没有实现不了的梦想，只看你是否付出了足够的努力。

——李察·巴哈（美国著名小说家，飞行员）

富与贵，是人之所欲也，不以其道得之，不处也。

——孔子（中国儒家思想创始人）

理财宝典金言玉语之一：金钱是圆梦的关键助力，科学理财是打开梦想之门的金钥匙。

　　我生长于中国物资和资金有限的社会环境中，我在10年社会变动中度过了青年时期，在大学关闭的10年中，我始终没有放弃自学，坚信知识就是力量的真理。在1977年恢复高考公开招生中，我

幸运地实现大学梦。1981年临近毕业之际，我通过了当时外国学生进美国学校需要通过的"Michigan Test"，于是我放弃大学文凭，成为最早一批从中国到美国的留学生。当时我梦想自己完成美国的学位后可以成为大学教授或是心理学家。来到当时世界经济最发达的美国留学，我靠着勤劳的双手边打工边完成学业。来到美国之后，仿佛《爱丽丝梦游仙境》（*Alice's Adventures in Wonderland*）的主人翁爱丽丝一般，我在身处的世界里不停地奔波。在这奇异的世界里，唯有拼命地跑，才能不落后；要想跑得比别人快，就要更拼命地奔跑。所幸我参加的这个长跑队，里面的队员均为美国主流社会各行各业的佼佼者，他们的言行举止，让我看到这个移民国家的先民以创新的智慧、谨慎思考的态度和积极向上的行为来改变命运，实现财务自由、自立和自主。于是我开始向美国的富人学习。来到美国3年后，从穷学生晋升成地主。在自己达到财务自由后，我的梦想转变成帮助别人也达到财务的自由，并教导社会大众制定适合他们的理财规划。在过去的20多年，我帮助不可胜数的客户摆脱贫穷，生活有余且达到稳定和平安的生活水平，并实现他们的财务目标；也帮助各行各业的成功人士，千万、亿万富翁和上市公司，在事业有成之余，保护家庭的资产，提升生活水平，投入社会公益，并且作好身后的财务安排和布局，并顺利地将家产传给他们的子孙。

虽然我的客户已经遍布世界各地，但是我无法一一帮助世界各地所有的华人实现财富梦想，只能用图书的方式来帮助更多华人实现梦想。我写这本书，就是希望书中传授的精髓，可以帮助读者学习和提高自己的财务智商，以达到读者的财务目标而实现人生梦想。

您的梦想是什么呢？

图1-1 梦想

一、如何找到梦想

心理学家亚伯拉罕·哈罗德·马斯洛（Abraham Harold Maslow）曾提出需求层次论（Maslow's Hierarchy of Needs）。其中最高层次的需要是"自我实现"，是指实现个人理想、抱负，将个人的能力发挥到最大程度，以达成自我的追求及完满。对许多人而言，通过追求和完成自己的梦想来达成自我实现。此外，日本的临终医疗专家大津秀一，通过一千个临终病患者的遗言，发现对他们来说最遗憾的是：没有做自己想做的事和没有实现梦想。所以梦想对个人来说，非常重要。

图1-2 马斯洛需求层次论

（一）人生有梦

每个人的心里都藏着梦想，你的梦想是什么呢？

成为亿万富翁？环游世界？五子登科？衣食无忧？光宗耀祖？造福社会大众，或是完成某个目标和愿望？有些人很清楚自己的梦想是什么，有些人却对梦想感到模糊。

如果你想找到自己内心深处真正的梦想并将其实现，请按照以下步骤进行尝试吧。

现在，请花5分钟时间闭上眼睛思考如下几个问题：

我想要在10年、20年后甚至50年后达成什么目标，过什么样的生活？

什么是我内心深处的梦想呢？是一个梦想还是多个梦想呢？

你过去有什么梦想？实现了吗？现在有什么梦想？

图1-3　我的梦想

定下"梦想达成日"。在确立自己的梦想之后，要为自己的梦想定下自己期望实现梦想的日期。

（二）踏实筑梦

有了目标和达成日后，下一步就是踏实筑梦，一步一步有计划地朝着目标迈进并且定期回顾。在现实生活中，金钱是圆梦的关键助力，是用来打开梦想之门的那把金钥匙。

二、不做财务门外汉

经济学家亚当·斯密（Adam Smith）在1776年出版的《国富论》里提出：资源有限，欲望无穷。必须在有限的资源下，选择最佳的生产方式，以获取最高的利润。同样的道理，对个人的财富论（The Wealth of Individuals），我认为包含以下内容：想要做的事太多，但资产有限，必须以有限的个人资产，选择最佳的生产方式和财富组合配置，去创造最大的效益。

个人的资产：包括一个人的时间、健康、精力、知识和金钱。

最佳生产方式：以自己可掌握的资源和资产，创造可获取最多的工作收入（Earned Income）和被动收入（Unearned Income）。

最大效益：运用可掌握的资源和资产，来达到个人最期待的理财目标去实现梦想。

虽然每个人生命的长短不同，但是每个人每天都有24小时。在每一天24小时里，一个人如何运用自己的精力、知识和金钱，决定了这个人的生活方式和质量。梦想就是努力前进的动力。最佳的生产方式是善用个人所拥有的资产，通过主动赚取的工作收入，或是创造自动上门的被动收入，用时间和利滚利的作用来积累最多的财富，进而达到梦寐以求的目标。

现在仔细想想，你每天怎么分配你的时间？对上班族而言，每天免不了要花8小时工作，下了班之后，你怎么安排自己的时间呢？是累昏了在3C产品前放空？还是留意社会的动态和新知？还是在充实自己的专业领域或跨领域的知识？还是在扩展人脉为未来铺路呢？是否与家人团聚时分享每天生活的快乐与困扰，或教育子女，关心他们的学习和课外活动？

一个人生活的质量跟财富多寡息息相关。过一个充实、丰富的人生旅程，需要有金钱的支持。良好的理财规划，会让资金的运用更灵活，更能提升生活质量。试想如果一个人无法在生活上自力更生，每个月的收入勉强打发开支，甚至要举债度日，哪还能奢谈拿钱出来支付额外的花费呢？有句话说"赚钱如登山，花钱如流水"，花钱的确是比存钱容易，为了避免成为"月光族"（每个月都花光光，甚至欠债），所以要花额外的精力来作理财规划，理财规划是存钱致富的必要之道。

（一）理财规划的重要

妥善的理财规划可帮助每一个人的家庭和公司达到预期的财务目标，将手上有限的资产发挥最大的效用。对于华人，我一直抱着一个使命，希望为华人扫除"财务文盲"，提升对经济、金融理财等相关知识，用科学的理财观念，务实地为未来的财务生涯发展走好每一步路。

（二）建立财务不倒翁

这里我要提出一个"财务不倒翁"（Financial Wobbly Man）的概念。不论外力从哪个方向过来，不倒翁经过一番摇晃之后，最终它还是会挺直腰杆。不倒翁的原理就是它有重心稳稳的下盘，结构下重上轻。当不倒翁在受到外力的作用时，看起来就要失去平衡，但在外力去除后，不倒翁总能自行恢复到平衡状态。这说明不倒翁具有一种抵抗外力干扰、保持平衡的能力，也就是平衡的稳定性。同样的，若是我们的财务根基够稳固，不管外在或内在有多大的冲击，经过一番调整之后，我们终究可以站稳脚步，继续前进，不至于落得一蹶不振。

所谓外在的冲击来自于外部的风险（Systematic Risk or Market Risk）和内部的风险（Unsystematic Risk or Non Market Risk）。外部的风险一般人无法抗拒，比如国家政策、税务政策、利率高低、经济的环境等；内部的风险是来自个人风险承担能力，投资回收，资金的流动性、资金的分配，家庭本身的风险，比如离婚、因意外或疾病造成伤残和家人过世等。外部和内部风险都属于外力干扰，都需要列入理财规划考虑之中。

图1-4　不倒翁

（三）充实财务聚宝盆

财务不倒翁可保护我们的财务不受外力的干扰，财务聚宝盆（The Financial Treasure Bowl）则是可以让我们积累财富。财务聚宝盆刚开始的建立是来自于父母和长辈给的红包，压岁钱存起来积累成为第一笔小资金。在此我建议父母培养子女从小养成存款的好习惯，子女小时候在扑满存下红包的零用钱，长大后在银行账户存下长辈给的礼金、自己获得的奖学金、工作奖金和每个月结余的存款等。聚宝盆里除了装着积累的存款，更装着充实的经验和履历。随着年龄的增长，理财知识和经验越来越丰富，聚宝盆也就越大越充实，进而能在财务上获得独立和自主。

拥有这样的金钱和精神财富，聚宝盆里的财宝不会丢失，而且越聚越大，还可以把精神财富和物质财务当作传家宝。

图1-5 聚宝盆

三、慎选你的职业生涯

在选择工作之前，为自己的生涯事先规划，确认选择的工作可以引领和成就自己追求的人生。大部分的人花在工作的时间至少占每天1/3的时间，工作的年份从25岁到65岁长达40年，有些人甚至工作更久的时间。工作的时间和价值无疑是我们生活中的一大部分。个人从工作所得到的薪资或利润回报，以及从工作中获得的成就感，与同事或事业伙伴的情感和关系，对个人的自我价值认同和自信心息息相关。所以在选择工作时，要选择自己喜欢、可以从中发挥天赋才能并且获得满足的工作，并且在工作和个人和家庭生活中取得平衡。如果不喜欢自己所从事的工作，或是无法在工作和家庭生活中取得平衡，长时间下来，工作只会变成一种无可奈何的责任和负担。做一天和尚撞一天钟，天天盼望着退休，或者心怀不平，这山望着那山高。

（一）自我评估

生涯规划的第一步就是要作自我评估，了解自己的兴趣、专长、价值观和想要的生活形态。在作自我评估时，要坦然检视自己的教育背景、学习历程、生活环境和经历等，看清自己如何花时间工作，闲暇时间如何安排，自己的兴趣和爱好以及自己曾经作过哪些工作，从中去检视你满意和喜欢、不满意和不喜欢的部分。自我评估可通过家人、朋友、上司和心理测验来评估。

（二）选择工作或转换工作跑道

完成自我评估之后，就会对自己的技能和兴趣有更清晰的认知。无论是初入社会时选择工作，或是有了一定工作经验后想要转换跑道（Career Options），都需要定期为自己的职业生涯重新检视与规划，其

至作适时、适度的修正。在校的学生和在职进修的人可以请求学校的辅导顾问（School Counselor）帮忙，找出不同的职位角色需要哪些修习课程，在职的工作人士也可以通过在职进修，充实自己的工作能力或是为转换跑道准备。

（三）中年危机，也是转机

私人企业的员工，年近中年容易遇到工作瓶颈；他们的薪水已经高到雇主因考虑财务成本，无法为他们加薪。另外，在新进员工的竞争下，公司难免考虑解聘这些资深员工，省下来的个人薪资可以再找2个20多岁的员工，开销低，年轻人学习工作接受能力强。对于专业人士或高阶主管如果碰到工作危机，他们的经验及专项技术非常宝贵，可考虑跳槽至同业或者当这个行业的独立顾问。若打算中年创业，要对自己作好评估，才不会一时冲动把过去积累的储蓄拿出来投资，万一投资失败，让自己到了中年还要面对财务危机。

四、人生理财四个阶段

我经常被朋友询问："什么是现在最热门的投资？"有些热门的投资对某些人来讲，并不一定是最佳的投资。先要作一番评估和提问，我才能回答这个问题。投资并不是一门赶时髦（流行）的生意，投资因人而异，适合某个人的投资，并不一定适合你。所以用美国人的惯用回答是："It depends."（因人而异）。

（一）投资因人而异

靠薪水收入的人，和靠佣金收入的人，以及靠营利收入的人所选择投资的项目、目标和考虑因素是不一样的。决定投资的项目、金额和时间，取决于个人的人生观、年龄、财力状况、对风险的承受程度、投资时间的长短和回报的期望，等等。除此之外，在美国或中国以及世界各个侨居地，政府提供的福利不尽相同，在进入个人的理财投资规划，我会先考虑当地的福利制度并争取你符合或通过时间可以积累的国家福利，再加上个人的全面财务条件和各种考虑之后，才作适合的推荐和规划。

（二）人生四个理财阶段

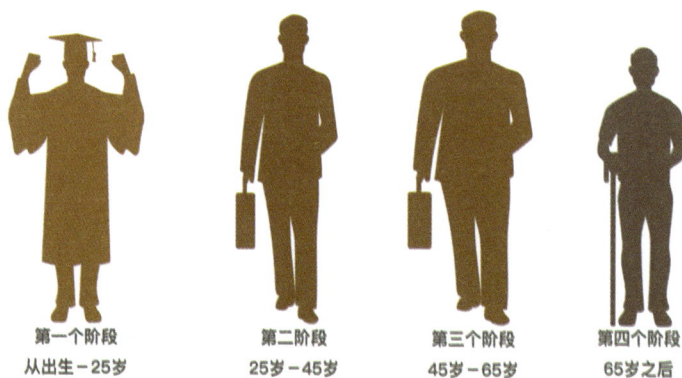

| 第一个阶段 | 第二阶段 | 第三个阶段 | 第四个阶段 |
| 从出生－25岁 | 25岁－45岁 | 45岁－65岁 | 65岁之后 |

图1-6　人生四阶段

1.第一个阶段：0岁—25岁

这是人生的第一个阶段，也是理财的养成期。这一阶段个性和价值观的养成主要受到父母的影响，也会受学校的教育和同龄人及环境的影响。一个人从小建立的理财观念会影响他成长后的决定。所以作为父母，要从孩子四五岁开始，让孩子明白勤俭持家的重要性。现代的家庭小孩少，父母总是希望给孩子最好的环境和财务方面的全力支持，尽量满足孩子娱乐、教育和资金的需求。除了提供孩子的物质生活之外，父母要从小向孩子灌输赚钱不易、量入为出、节俭和惜福的重要性。若从小没有建立子女良好的金钱观念，从小被宠坏的子女，长到中年还无法独立，不但自己是"月光族"，还向父母要钱，成为"啃老族"。由俭

入奢易，由奢入俭难。同时，父母要从小培养子女爱劳动、爱学习、爱健康，助人为乐，为未来自立更生的能力打好基础，子女长大后就可以为自己的生活和梦想负责。

2.第二阶段：25岁—45岁

这个阶段，职业的选择和理财的选择决定了人生规划。租房或买房的选择，养育子女的花费，教育基金及投资退休基金储存等。此阶段是建立家庭、养家糊口的阶段，也是家庭和工作成长、创造与积累财富的重要阶段。

除了少部分的人选择创业，大部分的人会先找一份稳定的工作。除了考虑薪资、未来公司和工作发展的前景，公司的福利、公司配股等都是选择工作时考虑的因素。无论选择做上班族或是创业，积蓄和各种风险管理都必须纳入考虑。

（1）上班族

大多数人选择成为上班族。上班族由于薪资较为固定，扣除固定开销后还有一定的积蓄。虽然刚出社会工作时薪水较少，但是第一天工作就要养成储蓄的习惯。如果年薪3万元，就要存5%—10%的收入作为储蓄；如果年薪6万元以上，建议把收入的10%—15%作为个人成长的投资资本最基本的起点，也可作为未来购买自住屋的首付。35岁前设立每个月的储存目标至少200美元，35岁开始设立每个月的储存目标至少500美元。随着薪资的增加来增加存款目标。将这些储存下来的金额分别储存于Roth IRA 或IRA（Roth IRA 为延税的个人退休金账户，IRA为减税和延税的个人退休金账户，选择Roth IRA 或IRA，取决于收入和税率。有些国家没有这种个人退休金方案，就要自己建立投资储蓄金）。并且先租小房来存购屋头期款，等工作稳定后再规划买房。

对于家境比较富裕的年轻人来说，许多父母会帮助子女支付购屋头期款。子女要以自己的薪水来评估，以每个月能负担的房贷选择合适的地区量力购房，能负担多少开支就买多大的房子。一开始也许只买得起小公寓，等日后收入和家庭成员增长时，再换大一点的房子，小公寓可以出租。许多美国人一辈子都不买房，跟着收入和工作地点的变化，租房从小到大，再从大到小，一辈子轻松无负担，生活自由、潇洒不做守房奴。

华人传统家庭的父母尽量节省也要把子女的教育基础打好，不愿意子女输在起跑线上。对父母而言，如果自己的储蓄有限，存退休金和孩子的教育基金有冲突的话，在考虑退休规划和孩子的教育基金的优先级时，建议以自己的退休规划作为优先考虑，孩子的教育基金为次要考虑。主要是因孩子上大学时可以申请助学贷款和奖学金，但退休基金除了家庭成员外，是无法向金融机构借到退休基金的。

（2）青年创业

有些人大学毕业后或短暂就业后选择自行创业。如果自行创业，公司需要启动资金，创业的风险也相较于上班族高，存留给个人的现金不稳定。创业的前期把所赚来的利润再投资公司，自己省吃俭用，以公司的运作为前提，多积累公司的资金让公司迅速稳定成长，且积累公司信用，以便日后扩张公司时，容易借到银行贷款。等到公司稳定成长到一定规模，所赚的钱就可以开始作长期投资的规划，比如买房子、买商业地产作公司的办公室，并且开始作减税退休计划，比如SEP（Self Employed Pension，SIMPLE IRA）或减税延税的投资计划等。

创业是用自己的能力、劳力、智慧作为公司的投资，把有限的资金发挥最大的效益。公司的成长起伏不定，需要储蓄来应付市场的变化与公司现金流的变化。另外自行创业需要为自己提供各项保险、福利退休基金及办公室运作的开支，创业者要将这些自付的费用列入考虑。

3.第三个阶段：45岁—65岁

这个年龄层可称为夹心三明治的阶段，上有高堂下有妻儿。此阶段正是收入较高，收入开支较稳定的时候。如何在收入和开支中攒出积蓄，是这个阶段的目标。

以这个年龄层的美国上班族储蓄和投资目标为例，同样的把收入的10%—15%作为个人成长的投资资本，随着薪资的增加而增加存款目标。先买自住屋，有闲钱的话再投资租屋或者分散投资各种基金，做稳固的保险计划和避险的金融产品。这个阶段容易面临中年危机，除了有自住的房子，投资风险的考虑要比第二个阶段相对保守，并且加上延税避险的计划。如退休年金和保守性成长基金等。

4.第四个阶段：65岁之后的退休生活

退休是人生阶段一个很大的转折。从工作岗位退下，对有些人来说是终于盼到不用工作的日子；但有些人忙惯了，很难一下子放下例行工作，而感到无所适从，或者选择退而不休，或继续上班工作。退休人士要调整自己的作息、健康、情绪和花费，过舒适的退隐生活。退休计划涉及个人的情感、生活标准和价值观。例如，我有客户退休后每年有3万美元的收入，可以过得心满意足；但也有客户退休后每年有20万美元的收入，却不够花，不时要动用老本。所以在规划个人退休计划时，就需要提早考虑高龄老人身心的需要、生活的需要、居住地点、通货膨胀、税务负担、风险管理而作出适合的投资组合。

（1）钱不够，刚好，还是有余

这个阶段的退休人士通常面临三种状况：一是钱不够要靠政府的补助；二是钱正好打平吃光用光；三是钱用不完。不管哪种情况，这个阶段的保值增值，规划理财工具、健康保险、政府福利、国外侨民的福利、公司退休福利、长期护理保险和合理分配资产等，需要及早作规划，了解利率和个人需求做好转型性的规划。

（2）遗产的规划

对于身前花不完的资产可以用信托、遗嘱或夫妇联合寿险来传给下一代。许多华人后代非常优秀，并不需要父母的金钱和财产，那么在作遗产规划时，就要考虑财富的继承以隔代传承或建立家族信托或是建立慈善机构奉献与回馈于社会。也可利用信托建立"家庭诺贝尔奖"，用合理的工具，避免或减少遗产税。人在世上的生命终究有限，是宇宙的瞬间，但是爱心和精神文化却可以延续在这片土地上。

五、理财，创业，圆梦

有许多人一生的梦想就是创业，把自己心中梦想的种籽浇灌成长，化为具体的产品和服务推广到社会大众。创业的年纪有越来越年轻的趋势，由先前多为三四十岁壮年开始创办企业，降至二十多岁的青年即开始草创企业。20世纪80、90年代后出生的一代，甚至在大学时期就提早开启事业而成为企业家和发明家，创业年龄越来越小。无论是青年或是中年企业家的创造力，对社会和国家都有极大的贡献，企业家本身创造财富的能力有无限的潜能，同时还要善尽对家庭和社会的责任。现今在网络和国际化的推动下，年轻的企业家在迈入三十岁时就可拥有可观的资产。建议企业家，当公司和个人的资产总值到300万美元时，就要开始为家庭和公司作好守富和保富的计划，做好进一步避险的准备，并将个人和公司的资产分开，为公司的进一步成长打下基础。有了这个财务基础，公司部分资产可作为以后的成长备用资金，而家庭的财富不会因为公司盈利下降和风险问题受影响。由于家庭有了稳定的基础，公司就可无后顾之忧，可以快速发展，而不因为外部和内部的风险而影响家庭的财富。

总归而言，金钱是实现梦想的金钥匙。尽早妥善规划财务，就是为筑梦踏实走好关键的第一步。

成功理财案例：

程医师是我认识20多年的客户，我们刚认识的时候，他正要完成实习医生的训练。我为他作财务规划时，请他列下人生的梦想。他说首先是孝敬父母，因为父母在中国台湾工作，千辛万苦地将他送到美国念书，在财务上支持他，他才能专心完成医学学位。第二个梦想是他要生5个孩子，而且要送5个孩子去私立学校念书。第三个梦想是他要自己创业，而且创业5年以后的财产净值要达到100万。这20多年来，我们一直保持联络，他的梦想都一一实现了。他在执业于自己的诊所之余，又修习商学管理硕士（MBA）的学位和法律学位。虽然后来他没有朝律师的职业生涯发展，但他在医学院担任讲师，并积极参与医师公会的活动。他的太太则在家里相夫教子，作为家庭的后盾。尽管程医师的工作非常忙碌，但每个周日他都会抽空陪家人一起在家里后院的网球场打网球，家庭关系其乐融融。

理财博士温馨提示：

◆ 人生有梦 筑梦踏实
◆ 有限资源 最大效益
◆ 建立财务 立不倒翁
◆ 充实财务 建聚宝盆
◆ 慎选生涯 规划人生
◆ 适龄适性 稳健理财

我的梦想：

程医师是一个典型的新移民，心中充满梦想，筑梦踏实。现在请想想你的梦想，并且写下来：

写下你的梦想

10年后的梦想

1.＿＿＿＿＿＿＿＿＿
2.＿＿＿＿＿＿＿＿＿
3.＿＿＿＿＿＿＿＿＿

现在的梦想

1.＿＿＿＿＿＿＿＿＿
2.＿＿＿＿＿＿＿＿＿
3.＿＿＿＿＿＿＿＿＿

5年后的梦想

20年后的梦想

1.＿＿＿＿＿＿＿＿＿
2.＿＿＿＿＿＿＿＿＿
3.＿＿＿＿＿＿＿＿＿

1.＿＿＿＿＿＿＿＿＿
2.＿＿＿＿＿＿＿＿＿
3.＿＿＿＿＿＿＿＿＿

在思考理财梦想时，具体写下诸如以下的期望：身体健康、工作、收入、家庭（结婚，生子，教育等）、退休、储蓄、投资、财富、社会活动等等。

然后将现在和5年后、10年后、20年后的期望分别写下放在不同的信封里。将把这4个信封放在保险箱里收藏起来，等到当年年底、5年后、10年后、20年后再打开信封，看看自己的梦想实现多少。

理财基础篇

第二部分

第二章　财务智商：开启你的个性化理财

如果你希望成功，当以恒心为良友，以经验为参谋，以谨慎为兄弟，以希望为哨兵。

——爱迪生（美国发明家）

知己知彼，百战不殆。

——《孙子·谋攻篇》

理财宝典金言玉语之二：财者，民之大事，钱财之理，盛衰之道，不可不顾也。

Rose Snyder是打开我对理财视野的美国籍妈妈，从她身上我看到高财务智商的展现。她和前夫在1950年美国经济起飞时白手起家，用14000美元开始投资房地产。30年后，在我认识她时，她已经在美国南加州拥有300多套公寓。家财万贯的她，不吝惜于分享她的财富给慈善机构、教会和政治捐款。她不仅自己享受财富，还让许多人同享她的恩惠。在她65岁时，毅然将所有的公寓卖掉，缴交长期盈利税给政府，保留自住房、度假屋和少数投资房。她把长期投资资本利得赚来的钱购买免税地方政府债券，光是免税利息收入每一年就有50多万，另外还有30%的资金投资在股市基金的组合。除了够她自己的生活开支，还能支付第三代的学费。她每天在自己的花园修剪花草，偶尔带儿孙到度假屋度假，过着无忧无虑的生活。不再为租客管理、经济萧条、利息升降等事务操心烦恼。在她过世后，她将她的物质和精神财富都顺利地传给她的下一代。虽然不是每一个子孙都出类拔萃，但子孙们都随着自己的兴趣发展，有各自的一片天。所幸几脉子孙传承家产并将Snyder家族基金发扬光大。她的生命并非一帆风顺，她经历离婚，家族成员生病、早逝，和家族成员间的纷争，这一切都无损她的坚毅和爱心。她创富、保富、享富和传富，是高财务智商和个性化理财的典范。

图2-1 作者和父母以及Rose Snyder的合影

智商（Intelligence Quotient，IQ）和情绪智商（Emotional Quotient，EQ）是大众耳熟能详的概念。在此提出的财务智商（Financial Intelligence Quotient，FQ）是指运用自身可掌握的资源以达成自己财务梦想的能力，而且能持之以恒。

一、财务智商的定义

财务智商是以自己所拥有的资源创造工作收入和被动收入来积累资金，进而达到创富、保富、守富、享富和传富等财务目标的能力和成功率。

财务智商高的人，理财知识和经验丰富，创造的财富足以让他达成他的财务目标，他就能拥有财务自由。财务智商低的人，他所能创造的财富无法让他达成他的财务目标，对财务和税务等很盲目，就会出现对自己的财务状况不满或遗憾。财务智商的高低跟一个人赚钱的多少没有直接的关系，而是跟一个人积累的财富能否完成他的人生梦想

息息相关。

许多企业家成功一时，在生命的某一阶段中遇到不测风云，栽了大跟头，随之销声匿迹。

二、培养财务智商的起点

如何培养财务智商，稳健扩展资产，需要了解整体的理财布局及资产配置，不能只顾某一领域，而是能在财务领域里平衡操作、避开风险。这必须要做到财务上的知己知彼。

知己：了解自己的理财性格、兴趣和专长、收入来源、掌握自身财务状况等。

知彼：了解投资工具和大环境的影响，对就业和金融市场的了解。

（一）知己——了解自己的性格和财务状况

孙子兵法说道：知己知彼，百战不殆。

财务规划的考虑必须跟职业生涯规划结合。了解自身的个性、年龄、收入来源、风险承受度都非常重要。至于如何了解自己，除了自我评量外，还可以借由财务规划师来作专业的评估。

1.自我评量或专业评量

以身体检查作为比喻，当我们到医院做全身健康检查时，医生会问许多问题，也会做各项体检。再根据各项检验报告指标，告知您的健康状态，并作必要的饮食和运动的调整建议。如果发现身体的某一部分健康出了状况，就会要求做进一步的检查和治疗。

同样的，财务状况的检视和评估，也可请财务规划师来作客观的评估和规划，来达成财务目标。

（1）了解您的梦想和生活目标，来估算出您目前所需要的财务目标。

（2）检查您的财务性格、收支状况和资产配置。

（3）提出切实可行的方案来调整或重新配置资产。

（4）执行适合您的财务规划方案。

（5）定期追踪和评估。

有些人认为自己是非常保守的投资者，在经过专业人士评估他们的资产分配后，才发现他们将大部分的投资放在短线股票和外汇买卖、期货等高风险项目上，在其项目里挑选相对保守的投资，实际是在冒极大的投资风险。比如说，我们经常会听到"我买的股票是很保守的，还有红利可分""我对此股票很有信心"，实际上当他在做个别股票投资时，本身就是高风险的投资，不能列为保守投资者。而另一些人将全部现金都存在银行储蓄账户，远低于通货膨胀的指数，现金贬值，越存越少，这也是在冒风险。

2.财务性格

我长期协助客户作财务规划，个人的财务性格（Financial Personality）特质基本上可以分为5种类型：艺术型、执行型、分析型、学术型和创业型。这5种类型的人士有不同的个性和偏好，智商和情商也不相同，在做财务规划时，执行的方法和方向自然也不相同。

（1）艺术型

图2-2　艺术型

艺术型（The Artist）个性的人物包括画家、作家、艺人和明星球

员等。艺术家热爱艺术，具有创造性，对美的事物敏感度高，或是专注于擅长的领域，对于理财的兴趣不高，也就很少接触相关信息，通常不擅长理财。由于艺术家的收入不稳定，在他们的作品或是成就受到肯定时，收入丰厚，但在被人忽略或遗忘时，没有收入。成功的艺术家，通常知名度高，在他们收入高时，花费也高。但当他们收入不如从前时，花费仍降不下来，毕竟曾经沧海难为水。如果没有事先规划，最后两袖清风的艺术家、明星球员或体坛健将比比皆是。

根据美国运动画刊（*Sports Illustrated*）2009 年的一篇报道：78% 的美式橄榄球星（NFL Player）在退休两年后，宣告破产或面临财务压力。在此建议艺术型的人，借助于可靠的专业财务专家提供理财服务，以避免大起大落的生活，控制开支，强制自己守住钱滚钱的聚宝盆，有计划地储蓄，保证一生有正常的生活基础。同时自己要花时间关心、学习理财知识，来提高财务智商。

（2）执行型

图2-3　执行型

执行型（The Executive）的典型是秘书或助理，他们细心，擅长沟通协调，使命必达。秘书可以把老板所要求和所想的事彻底执行，但未必具有作为老板的决断力、洞察力和冒险精神。称职的秘书若自己创业当老板，不一定能够成功。他有执行力却不见得有决断力，风险承受力较低。对于执行型的人而言，理财需要指引方向，要先了解理财结构及自己的目标，可以请专业理财规划师来协助定期检查和提升财务知识，稳健达到理财目标。蔡小姐是上市公司董事长的秘书，她每月定期投资公司的股票，并投资公司提供的退休减税账户。在她退休或离职时，可以将公司增值的股票兑现充实她的退休基金。这就是执行型员工实现财务自主自立的成功案例。

（3）分析型

图2-4　分析型

分析型（The Analyst）的典型是工程师和医师，他们逻辑能力强，擅长分析并注重细节，每个环节都要求做到尽善尽美。这种专业人士在工作岗位上，很容易受到上级的赏识，且有丰厚的稳定收入。对于分析型的专业人士，我建议以适合自己的理财模式，投资于中等风险，7 年以上长期投资地产和金融产品。同时，要时常注意市场变化，投资产品多样化，可以自己投资或由专业人士协助，或寻找适合自己的理财工具，可以会计师和财务规划师的建议作参考。郑先生是善于分析的工程师，看到身边的人靠投资房地产赚钱，他也想要跟进投资房地产。他收集了北加湾区的房地产历年走势，计算好每年投资的收益。但可惜，他看好的地段并没有按照他预期的成长，他总是买房子在高点，卖房子在低点。他也不擅长和租客打交道，房客的问题让他很头疼，甚至影响他正职的工作。后来他决定把投资的房子全部卖掉，不赚反赔。

（4）学术型

图2-5　学术型

学术型（The Scholar）的典型是教授或老师，他们专业领域的知识渊博，可以把知识传授给学生。但是在理财操作时，不一定能应付各种突发的状况。如果教授以学者的身份和想法去做生意的话，也不见得能把生意做好。对于学术型的学者，本身知识充足，但需要专业理财规划师作为他们的执行伙伴，提供投资的工具和方法，为他们寻求切实可行的投资理财方案。

我的指导教授威尔伯博士就是这类典型。我曾问过他："您是财金学术界的权威，怎么会让我为您做理财规划呢？"他回答我说："我的工作和专长是金融的理论研究和教学，和市场上的金融产品市场和经济变化不同。虽然学校的福利很好，工作收入稳定，退休生活有保障，但每个人的财务都有缺口，比如说，学校、政府不提供长期护理，缺少人寿保险对家庭的保障，我就需要你帮我策划补上这个缺口，找到合适的金融产品，这些产品在网上是没有一对一服务或提供专业信息的。你在金融界实际操作，了解产品的变化和个人家庭整体财务的需求。我们两人将理论与实际结合，是一个完美的组合。"

前四种类型的人是工薪阶级，上班工作时积累的基础可以满足社会安全退休金的要求，也可以建立退休金，一辈子有固定收入的年金。

（5）创业型和领导型

图2-6 企业领导型

创业型，领导型（The Entrepreneurs and Leaders）的典型是老板和企业家，在自己的事业里身经百战，对生意的敏感度和决断力高。大部分创业者先在工作上积累经验和资金再出来创业，这类人多数兼具其他类型的因子，可同时为艺术型、秘书型、分析型或学术型，在原有基础上再加上创业型。我有一些客户是工程师出身，在自己的专业领域本来就做得很出色，自己创业后一样能当一个杰出的领导，带领团队。这些转型成功的企业家具有天赋，分析能力强，再加上后天自我培养和操练情绪智商（EQ）。当从综合型转为创业型，成功的比例很高。我有许多客户就是这类的成功典型。他们是来自中国的留学生，到美国求学时间平均4—6年，完成学位后，进入美国的大公司工作4—6年，积累丰富的工作经验之后，40岁左右开始创业。这些具备工程师的头脑和企业家的魄力，以少量的资金就开始自行创业，他们的成功机率很高，往往创业10年后就有兴旺的事业。

以上5种类型，他们智商（IQ）的高低不等于职场的表现，也与财务智商的高低没有绝对的关系。要根据自己的个性和专长来确定财务规划的方向，并且借力使力，寻求专业的理财规划师或是律师、会计师的协助，将自己赚来的资金，妥善地规划和安排，发挥最大的效用，日积月累增加资产。

（二）知彼——了解投资工具及投资环境

1.拥有好生意

从全球富豪榜上都是知名的企业家就可得知，最好的投资是拥有一门好生意。但并非人人都可成为企业家。创业需要的不只是资金，还需要拥有承担风险的勇气和判断力，在创业成功的案例中，企业家往往是愿意并能够承担风险的人。同时又是能够把握良好机会，经营有利润生意的商人。

2.投资好生意

如果自己不愿意创业，就要把钱投资在好生意上，比如买到好股票低买高卖。在好生意成长后获利退场。善用投资工具就是找到好生意的方法。投资工具众多且复杂，高回报来自高风险，低风险只能带来低回报。投资者要了解"Beta"等风险值和投资报酬的关系，作好权衡，以达到增值和保值的目的。

3.了解大环境才能寻到好生意

所有的生意都不会单独存在，需要买方、卖方和市场。要天时、地利、人和。大环境的经济、政治、金融、利息等均会对市场有所影响；法律、税务和风险管理对买卖双方也都会有影响。了解大环境，只有天时、地利、人和才能更清楚单一投资项目的营利状况。

有些人对房地产了解较多，但对股市、债市或基金几乎没有涉猎。因为熟悉和热爱，他可能一辈子都在做房地产，对其他理财工具很陌生，但如果房地产市场衰退，他的现金流都在房地产里，风暴来临时会受很大影响。在计划退休时作好规划，为了流动资金的需要和减少个人参与地产整理的负担，可以卖一部分地产转成流动现金和保守性基金或转一部分地产给下一代。

（三）趋利避害，善用资产配置和理财布局

要了解资产配置及理财布局，不能只顾单一领域，要增加其他领域的知识和涉猎，才能找到平衡点。一旦在某个领域遇到风险，分散投资，避开风险。特别是随着年龄增长，经不起理财挫败，各领域的配置更需要有弹性。投资方向明确后，投资效果会更好，才能成为财务不倒翁。

第一章讲到每个人的性格、工作、职位和对财务的知识都不同，到底该怎么借力使力，妥善权衡规划财务呢？首先，要不断提高财务智商，不断学习财务知识，同时汲取别人的教训，跟着成功的人走。其次，要根据年龄和家庭状况的改变，随时做出调整，逐渐进入高风险或转入低风险的投资，聚宝盆才会越来越大。

1. 上班族理财方式

无论是政府部门的公务员，或是公司企业的员工，只要在职场稳扎稳打，薪资可随着年纪增长，收入和工作时间都非常稳定，工作外的时间就可以打理自己的投资。

（1）抽取部分收入做投资

对于工作和收入都很稳定的上班族，先存半年的急用金，相当于半年到一年的收入，然后再把开支之前的收入提拨出5%—15%的部分储蓄，以适合投资人的理财模式，投资于小风险或中等风险和7年以上的长期投资项目。

（2）长期投资，积少成多

上班族进行财务管理时，要把握"小钱积累平均投资"（Dollar Cost Average）的原则，目标不要定得太高，如每个月都能积极地投资50美元—500美元，不必要冒太大风险，每年平均投资报酬率能达到6%—7%的回报，长期下来就可以达到财务自立的目标。

（3）投资回报不要贪高、贪快，小心赔掉老本

1990年，全球网络公司兴起，许多上班族一头热地投资高科技和网

络公司，买入大量科技股。在2000年，网络公司泡沫化危机后，当初所投资的损失很大。有些投资者的账户从401K折腰跌成201K。如当时大量投入的Dot.COM（互连网公司），没想到全变成了Dot. GONE（血本无归）。所以投资回报不要贪多、贪快，要有相对稳定的投资避险。很多人投资腰折，退出市场，失去市场的反弹力。

（4）由工作和投资双方积累财富

以这种方式进行财务规划，就像是用两条腿走路，一方面靠着自己的工作赚钱，稳定地存钱；另一方面借由长期投资，积累丰厚的获利。所以能将兴趣、工作和自己的财务性格配合，让钱滚钱，就能够让积累的资金和资产为你提供收入。

2.业主和企业家理财方式

公司业主、企业家要考虑的理财观点，和领薪水有固定收入的人不同。上班族收入稳定，但公司的营收却不是固定的，会受到大环境、竞争对手甚至是汇率等外界因素的影响，需要的储蓄资金也会不同。

（1）生意稳定后，部分结余转作稳定投资

公司创业初期要冒很大的风险，收入不稳定，生意信誉还没有建立。当公司3—5年走到稳定或高峰的时候，公司负责人就要为公司打下财务基础，拿出部分的资金去做稳定的投资。因为创业及经营公司本身具有风险，所以投资的部分必须着重于稳定；企业家拥有自己的企业股份，是最佳和最有把握的增值工具。如果公司营业额是往上增长，那他可以把一部分的利润分红奖励雇员，或让企业中坚骨干分子参加股份，与公司共赢，保住人才。

（2）部分私人企业公司资产移至家庭资产，保护家庭资产

当私人企业公司稳定时，建议业主要把公司里部分的利润定期地避险到个人家庭的保护伞里。如果公司进一步发展，那么家庭里的财富净

值会跟公司同步成长，公司的风险总是比家庭的风险大。如果公司受到风险冲击，他的家庭财富已经在遭受冲击之前保护起来，已达到家庭财务自主自立，不至于因为公司不幸遭到冲击，家庭的财产受到连累。

（3）退休后，无论公司转卖或保留都有退休金

如果公司负责人想要退休或转行，可以把公司转手卖一笔钱，这样就可以很轻松宽裕地享受退休生活。如果公司不易脱手或体力不支而无法继续经营的话，结束公司，靠个人资产生活，因之前已为家庭经济打好了基础。若公司转卖后，日后仍有精力想要再工作，可以利用毕生的经验和才智当顾问，不用资金的投入，转为依靠固定收入支付开支，或提升退休后的生活质量。

财务智商可以借由多方学习，了解金融市场的变化特性，加上个人的财务背景，并由专家协助，就可以在多样化的金融工具中找到最适合自己的理财方式，从而成为财务不倒翁。看看若斯·史耐德之规划，是一个高度财务智商的例子。

成功理财案例：

李先生30多岁时找我为他作财务规划，当时他刚结婚，还没有小孩。他的工作是在餐馆里打工作服务生，每个月的薪水加小费大约2000多美元。他的梦想是想要经营自己的餐馆。我建议他在工作之余去修习金融会计和商业法律。我也建议他内转餐厅的厨房工作，当一年的大厨，熟悉判断好的菜色和管理食材。为将来经营生意打好基础。夫妻俩还没生小孩前，租了一间小公寓，先不要买房子，花了三年累积5万元存款，拿这笔存款去做生意的资金。这5万元租下餐馆3年，并用作装修和添购餐具等设备。3年后若餐馆生意好，再延长租约，如果生意不好的话，就赶紧把生意结束掉，再到别的地方发展。李先生在40岁时，他已

经拥有3间餐馆，并且生了2个儿子，此时才把生意上的结余用来买价格合适，好学区的自住房子。

理财博士温馨提示：

◆ 了解自己何类型

◆ 多方学习增智商

◆ 财务规划有条理

◆ 创富享富又传富

我的财务智商：

1.理财经验评估

看过什么理财的书？听过什么理财的讲座或是修习理财的课程

_____

_____

_____

2.写下理财成功的经验或是失败的教训：储蓄存款、人寿保险、买过房子、开过银行账户、做投资等，以及每项投资的体会

_____

_____

_____

3.喜欢跟钱打交道，自己理财吗？自信如何？喜欢的投资，不喜欢的投资是什么

_____

_____

_____

4.你面临的外界的风险：利息、税务、经济、国际、政治情势、生意的风险等

_____

_____

_____

5.内部的风险：家庭结构，家庭变化，工作风险，专长是否在未来5年、10年会被取代，是否预备要再学习新的技能、转行，投资结构，保险计划等

_____

_____

_____

6.聚宝盆里的财富。希望在聚宝盆里再加进什么宝，希望聚宝盆的成长率是多少？您有欠债吗？如何安排债务

_____

_____

_____

7.目前的财产净值是什么？5年，10年要达成什么目标

_____

_____

_____

8.职业和薪水

您的长期计划，收入前景。未来会维持现有的工作，还是会在5年、10年后转行，甚至自行创业。你的工作是否有提供员工福利，做过认真的评估吗？未来的工作是否也会提供相同的福利？你的兴趣，嗜好

未来是否会成为你的工作并增加收入吗

_____

_____

_____

9.你现在处于生命哪一个阶段

不同人生阶段，牵涉到资金的分配和负担。收入是否满足个人家庭的需要，你愿承担多少财务的压力和负担？责任越大，承担的担子越重，所需要的付出也就越多。做个收入开支和生活品质的平衡计划

_____

_____

_____

10.有没有习惯定期回顾计划

如果还没有制定计划的，至少每3个月回顾一次，养成习惯后，每年回顾一次

_____

_____

_____

第三章　　学会编列预算：收入与支出

提防每笔小花费，一个小漏洞足以让一艘船沉没。

　　　　　　　——本杰明·富兰克林（美国建国元勋）

"善治财者，养其所自来，而收其所有余，故用之不竭，而上下交足也。"

　　　　　　　——司马光（《资治通鉴》主编）

理财宝典金言玉语之三：支出低于收入，聚宝盆里无漏洞。

　　我和前夫刚到美国的头几年，生活压力很大，夫妻俩都要缴学费，同时还要养育女儿，但是我们从来没有欠过钱，而且月月有结余。一方面节省开支，日用品尽量不买新货买旧货，周六有时间就去

富人邻居的车库义卖，几美金就可以买到原价上千美元的衣物和贵重的艺术品。能够有结余，主要是我解决了最大的开支，也就是我们的房租。住宿的费用，因为我作为Rose的管家，她提供我们全家免费吃住，于是我们把原本要缴房租的钱都省下并且存起来。当时我们工作，一个月有2—3千元的收入，我们的开支就只有一些生活必要的花费：日用品、保险费及汽油费等。在Rose家的那5年所省下的吃住费用，成为我们投资房地产的首付。由于我们很早就投资房地产，把握了机会，出租的收入扣掉房贷和房屋的其他花费还有5%—7%左右的净收入，租屋的净收入帮助我们未来的收支平衡。而房价逐年增值，房地产的投资就成为我们退休生活收入来源。

一、财务规划的起点：管理收入与支出

不管能赚多少钱，在没存下来之前，钱都不是属于自己的资产净值。要怎么把钱存下来，就要仰赖收支平衡且有余，才能有办法开始谈储蓄、投资，也才能够将财富聚少成多。所以，管理收入与支出是财务规划的起点。

收支平衡的习惯从年轻时就要养成。随着年龄的增长来累积储蓄并建立聚宝盆。通常刚买房子和刚生孩子的头2、3年因为买家具、交买房的头款和相关的税以及养小孩多出来的支出，就比较难存钱。结婚前就管理好收入和支出，可为未来的家庭开支建立良好的根基。

（一）为什么要开源节流

要能够存钱、积累财富，主要还是要靠开源和节流。在管理收入与支出之前，要先想清楚自己为什么要开源节流，才会有动力去管理收入和支出。

1.开源靠手勤，节流靠节省

要刻意养成勤劳和节俭的习惯。如果没有一个自己想要追求的财务目标和梦想，很难放弃眼前的享乐而作到开源节流。

2.清楚自己的梦想并筑梦踏实

在规划收入和支出之前，首先必须清楚自己的财务目标和梦想，接下来才有动力为这个目标付出和律己，也才能作到开源节流。

3.储蓄是为了未来消费

储蓄是克制眼前的消费，预备未来消费。在消费前先想一想：由俭入奢易，由奢入俭难，我能够延迟目前的满足吗？

心理学家沃尔特·米歇尔有一个代表性的棉花糖实验，他留下一块棉花糖给单独在实验室的4岁儿童，告诉孩子如果15分钟后，他回来时棉花糖还在桌上，他会再多给这个孩子一块棉花糖作为奖励，但是如果孩子们吃了棉花糖，就无法多拿一块棉花糖！从这个实验和40年的后续追踪这643位受试者，他发现小时候越能忍住不吃棉花糖的，长大后教育程度、社交能力、工作表现越好。

同样的，越能达成延迟满足，有自制力的人，越能达成他的财务目标。

（二）人生阶段不同，收支结构不同

无论是近期的生活需求或是长期的退休规划，都需要有收支概念。每个人生阶段有不同的财务规划，30岁前的收支规划很简单，一人吃饱全家不饿；30岁后的收支，如已结婚，除了自己外，还要考虑另一半及小孩；40岁后的收支，除了日常开支外，还要准备孩子的大学教育基金和预备自己的退休金或抚养长辈；退休后的收支，主要是自己退休生活的开支及抚养长辈。

二、编列收入及支出预算

管理收入与支出，必须有预算编列的观念，包括收入及支出预算。做预算规划的目的，是要学会控制自己的收入和支出。

（一）人生的创造价值

不同的收入在不同的年数总收入不等。平均收入越高，总收入越高；工作的年数越多，总收入越多。即使平均年收入5万美元的家庭，40年下来也可以高达200万美元的收入。

如果您25岁的收入在5万美元。请算一算200万美元的收入里，您能存下来多少，投资多少，增值到多少。

（二）65岁前能挣总收入

由表3-1可见，一个人或一个家庭60年能创造的价值很容易超过百万。

表3-1　收入累计表

按平均年收入计算，总收入累计表					
今年年龄	挣钱年数	平均年收入	平均年收入	平均年收入	平均年收入
		$50,000	$100,000	$150,000	$200,000
25	40	$2,000,000	$4,000,000	$6,000,000	$8,000,000
30	35	$1,750,000	$3,500,000	$5,250,000	$7,000,000
35	30	$1,500,000	$3,000,000	$4,500,000	$6,000,000
40	25	$1,250,000	$2,500,000	$3,750,000	$5,000,000
45	20	$1,000,000	$2,000,000	$3,000,000	$4,000,000
50	15	$750,000	$1,500,000	$2,250,000	$3,000,000
55	10	$500,000	$1,000,000	$1,500,000	$2,000,000
60	5	$250,000	$500,000	$750,000	$1,000,000

（三）预算表随生活变化而修改

每一年编列的预算表会不同，除了支出和收入项目不同，生活环境、习惯和追求的目标也不同。例如年轻时的收入比较低，相对开支也单纯；中年以后收入增加，同时开支也会增加，比如养育子女的负担、健康方面的支出等；退休后工资收入减少，这时要依靠国家福利，公司福利等被动收入和储蓄作为收入来源，而旅游、保健等支出会增加。

（四）列举出固定收入和非固定收入

编列预算要先检视自己的收入与支出概况，可参考下列表格：

以李先生40岁，李太太35岁为例，每月收入为$10,100，固定开支为$3,410，不固定开支为$1,250，总支出为$4,660，所以每个月他们还有$5,440税前收入的结余。

例子：$10,100 − $4,660 = $5,440

表3-2　收入计算　　　　　　　　　　　　　　　月收入

	退休前（美元）	退休后（美元）
工作收入	金额	金额
李先生薪水	$5,000	
李太太薪水	$3,000	
被动收入（股权、债权、物权、版权）		
房租收入	$2,000	$2,000
股权：有价证券（股票，债券，基金）收入		
版税／专利收入		
利息收入		$1,000
退休金收入		
社会安全基金（李先生）		$2,000
社会安全基金（李太太）		$1,500
公司退休基金（李先生）	$100	$2,000
总计	$10,100	$8,500

（五）列举出固定支出和非固定支出

固定支出和不固定支出如下表所示：

表3-3　支出计算　　　　　　　　　月支出

	退休前（美元）	退休后（美元）
固定开支	金额	金额
房贷或房租	$3000	$1000
水电费	$150	$150
电话费	$100	$100
房屋地价税	$500	$500
家务清洁费/褓姆费	$100	$100
托儿费用	$1,000	0
眷养费		N/A
汽车贷款	$300	0
船或休旅车贷款		$700
其他货款	$200	0
人寿保险费	$100	0
医疗保险费	$500	$200
汽车保险费	$300	$300
房屋保险费	$60	$70
其他保险费用	$100	$100
固定开支总计	$3,410	$3220
不固定开支	金额	金额
休闲娱乐费	$200	$400
治装费/个人用品开支	$100	$200
居家用品开支	$200	$50

	退休前（美元）	退休后（美元）
婚丧喜庆酬费	$200	$200
医疗费	$100	$200
书报杂志订阅费	$50	$50
慈善捐款	$100	$200
信用卡费用		$20
房屋整修费	$100	$200
其他开支	$200	$400
不固定开支总计	$1,250	$1920
月开支总计	$4,660	$5,140
月储蓄	$5,440	$3,360

按每年通货膨胀4%来计算，20年后开支费用会增加一倍左右

（六）收支预算以月为单位，紧守预算

计算收支应该以"月"为计算单位，要紧守预算。遵守预算需要节制和纪律。有些刚踏上社会的年轻人即使订了预算，用起钱来还是想花就花，欠了信用卡债沦为卡奴，就要用好几年的时间才能还清债务。

图3-1　计算机

（七）详实记录每月收支

每个月的税后收入和花费要详实记录下来。收入和支出的记录

图3-2　计账

可以用传统簿计，也可以用智能型手机的软件记账。唯有记账，才能知道自己花了什么钱。通过软件记账的好处就是，能够有效率地整理开支实况，实时纠正，而不必等到年底报税时才知是否收支失衡。

（八）比对收支账户和收支预算的差异，并实时调整

定期检视和调整收支账户和收支预算的各个项目。若某项呈现负数，则表示该项支出项目超过预算。每个月检视，可实时调整开销，第1个月多花，第2个月就少花；第1季度花多，第2季度就花少，尽量调整到与预算相符，以达到每个月将收入的10%—15%储存下来的目标。有效的储蓄是在月初将储蓄金先存起来，而不是先开支再存钱。

总收入 – 储蓄 – 延税或减税退休金 – 税金 – 家庭开支 = 净收入或负收入

三、开源靠劳动，节流靠节省

（一）定立储蓄的目标

从有收入开始，就要定立"每个月的收支一定要有结余"。以下为储蓄的方式：

1.拿到收入就把存款目标先存起来，再花费剩下的可支收入。

2.订立支出预算，按照预算花费，按照预算存款。

3.只存花剩下的收支结余。

在支出适当调整后，若还是入不敷出，可选择正职之外再做兼职，通过两份工作增加收入。或者可以再进修，充实自己，工作专业上提升，以获得更高的收入。

（二）模拟不同情况开支再选择

表3-4

	自己租整个公寓	与室友分租房间
每个月住宿开支	$2,000	$500

表3-5

	外食	自己开伙
每个月伙食开支	$600	$200

据上表计算：

一年节省：$1,500×12=$18,000；$400×12=$4,800；

$18,000+$4,800=$22,800

如一年能节省$22,800，就可以投资，或两三年时间就有了买房的头付款，拥有自己的房子。

支出比收入少，才有余力可以储蓄、投资；收入等于支出，只能刚好持平；支出高于收入，将形成负债的局面，得先去除不必要的开销，先达到收支平衡。

四、固定收入与非固定收入

有收入才能支付生活的各项开支，也能有机会存款。收入的来源可区分成工作收入和被动收入。工作收入就是用人的能力赚钱，被动收入就是用投资的资金生钱。

（一）工作收入

依照工作性质不同，上班族和自己做生意的不同，分为工资收入和营业收入。

1.工资收入

上班族只要工作就会有收入。除了量入为出外，如果正职收入不

够，就要兼职来增加收入，为日后的生活预备。

图3-3　上班族

（1）公务员收入稳定，但工资成长空间小

政府机关职员、军人、公立学校教师、国营事业单位员工等人员工作稳定，工资稳定，享有各种保险和退休的福利保障。但是工资成长期望低于通货膨胀。

（2）私人企业员工收入不如公务员稳定，但工资增长机会多

不论公司大小，公司会针对受雇员工贡献，给予员工升迁、加薪和发放红利的机会。但是如果公司的营运状况不好或自己的表现未达公司的期望，就可能得面对被裁员或减薪。上班族要保持自己在工作上的竞争力。在收入稳定时，要拨出固定收入作为储蓄。

2.中年危机

私人企业的员工，年近中年容易遇到工作瓶颈；他们的薪水已经高到雇主因考虑财务成本，无法为他们加薪。另外，在新进员工的竞争下，公司难免考虑解聘这些资深员工，招年轻的新员工。

（1）是危机也是转机

许多中年人面临中年危机时，会决定把多年的储蓄拿出来创业。其实是不错的改变，也是很好的机会。但在创业前，一定要对自己的财务状况进行谨慎评估，以及做企业家需要的性格、人脉和经济基础。

（2）转职或另谋高就

对于高层主管，如果碰到工作危机，可考虑跳槽至同业。因为在自己的领域已经有丰富的工作经验，专业领域的基础做得很好，即使跳槽减薪，也还能够丰衣足食。

（3）转职或另起炉灶

由于多年工作技术方面的经验及管理才能是无价的，在碰到工作瓶颈时，可以考虑另辟战场，当这个行业的独立顾问。一种方式是自建公司做专业顾问；另一种方式则是与人合伙，找有资金的人出钱，"己才"加"彼财"，变成创业伙伴，稳定转换跑道。这两种方式即使不成功，因为投入的资金不多，也不会动摇多年来建立下的财务基础。

（4）若要创业，先三思而后行

创业需要的不只是资金，还需要承担风险的勇气和健康的身体，在创业成功的案例中，企业家往往是愿意并能够承担风险的人。所以在开始投资以前，要对自己作好评估，才不会一时冲动把多年来积累的储蓄拿出来投资创业，万一创业失败，让自己到了中年还要面对财务危机。

图3-4　中年危机

3.营业收入

企业家的收支平衡，除了要考虑公司的收支平衡外，也要考虑家庭的收支平衡。公司的部分，要计算资本支出、现金流、净利润等变动

因素。当公司有净利润时要保护起来，作为家庭的保障和公司的准备资金，万一有紧急的开销，这笔资金就可以应急。对创业的老板建议：收入是冒高险得来的，转存的财富就要靠低风险的稳定投资来增长。

（二）被动收入

图3-5　被动收入

被动收入是只要付出一点努力，就能定期从资产中获得现金流收入。被动收入主要来自于物权、股权、债权和版权。

1.物权收入：来自于出租所有财产而获得的租金。如房租、地租、机器设备租赁等 。

2.股权收入：股东因投资的股份所得的收入。如所投资的公司赚钱，使可获得公司每年提供的股息、股利以及将股票卖出，赚取差价的盈利收入。

3.债权收入：债权人因借贷现金所得的利息收入。如购买债券所得的利息、借钱给人的利息、把钱存在银行收取的利息等。

4.版权收入：因授权专利或其他知识产权而获取的收入。如写作、创作音乐和创作软件或游戏的版权收入等。

工作收入和被动收入加起来除了可供目前的生活开销，也要积蓄起来作为投资或者退休的需要。

五、固定开支和非固定开支

如收入支出表（表3-3）所示，支出分为固定支出和不固定支出。

按照需求可分为必要和不必要支出。

1.固定支出

每个月或每年固定的开支，如房屋租金或房屋贷款、水电燃气费、交通费、网络及电话费、保险费、税金等。如表3-所示。

2.非固定支出

不定期支出，如日用品费、服装费、交际费、房屋装修费、旅游度假费、医疗费及子女大学的学费等。如表3-3所示。

3.必要开支

维持生活的必要支出，固定支出大多属于必要开支。

4.不必要开支

不必要开支是属于"能省则省"的项目，许多非固定开支属于不必要开支。

理财有一个重要的概念，就是合理支出。消费之前，先想一想这是我需要的还是我想要的，可不可以以更低的价格买到类似的或具有相同功能的替代品。从小地方开始节省，就可聚沙成塔。

（1）买现成的还是自己开伙

有许多人喜欢每天上班时喝一杯4美元的星巴克咖啡，加上一片饼干，一年就花了2400美元。但如果自己买高级的咖啡豆在家煮，一杯平均1美元，一年下来就可省1000—2000美元。还有许多人喜欢上餐馆外食，午餐和晚餐加小费一天就是20—100美元，相当于小小的退休账户的存款。如果在家自己煮食，一年可省下70%外食的餐费，还可兼顾营养均衡。

（2）买感觉还是买实用

有些人喜欢追求名牌，同样的一双鞋，一般品牌的鞋大约只需30美元，但高级的名牌至少300美元以上。为了追求名牌，往往把可以省下的钱给花掉了，为了面子而伤了里子。心想偶尔追求流行买个名牌，但东

花西花，不知道钱花到哪里去了？这主要是消费习惯的问题。买东西应该考虑买经济实惠的用品，长期积累聚宝盆才会越来越大。

（3）避免冲动购物

仔细看看家里的东西，尤其打开家里的储藏柜和走进车库去看一看，有哪些东西买来没用几次就收起来了？当初因为一时冲动就买下，买来后没时间或忘记退，就列入了后悔购物清单。所以在购物前先仔细想想，我真的需要这些东西吗？

对美国一般工薪族而言，房租或是房贷就占了1/3—1/2的收入。在单身时，如何在住宿上省下费用，就变得非常重要。建议刚踏出校园，开始工作的年轻人，如果工作地点离父母家近的话，可以搬回家住，补贴父母一些伙食费，这样就可省下房租和伙食费。大学以后求学阶段离家念书，毕业后与父母同住一段时间，可促进亲子的感情且能减轻生活的开销，因结婚后就难得与父母同住；如果父母家离工作地点太远，就可找室友合租公寓和学习自己煮饭避免外食，一方面自己煮食比较健康，一方面也可省下外食的大笔开销，同时节省了做饭的时间；另外还有一种方式是陪伴独居老人换宿。在许多大城市里，有些老人家独自居住，家里有空房间，于是提供年轻人免费陪住，只要陪老人家讲讲话，一起吃饭，不影响年轻人的作息和上班时间，这样一来就可以省下房租的费用。

少年不储蓄，老大徒伤悲。

六、储蓄的正确方式

储蓄要有目标和顺序，才能一步一步达成最终的个人财务目标。

1.第一步：储存紧急备用金

储蓄的第一个目标，要存下能支付3个月到6个月的开销作为紧急预备金，如果面临短期失业、重大生病、转业或其他特殊突发状况，这笔钱就可以拿来应急。举例来说，房租或房贷、水电燃气费、交通费、保险费等每月固定开销是4000美元，那么手边至少要有12000—24000美元的存款，这些钱不能用来做任何投资，存在银行储蓄账号用来作为紧急预备金。

2.第二步：储存在减税和延税的退休账户

充分利用政府提供减税或延税储蓄、投资账户，将税前的收入储存在个人退休账户，以减低每年应缴的税金。有些公司提供401K★，甚至提供401K★★加码福利退休账户，都是储蓄税前收入的首选。根据收入金额日常开支而定，华人大多会储蓄至税务局所决定的最高限度。因为华人有良好的储蓄习惯，不欲多交税金，而美国人却以眼前生活质量为先，先花钱而后存钱。

3.第三步：将储蓄用于中长期投资

可以用储蓄来买房地产共同基金、年金、政府债券或股票等金融产品，这些都是属于中长期投资。

4.第四步：将储蓄用于非固定的大笔支出

拿储蓄作为装修房子、度假和子女的教育基金等，这些就是前面讲的非固定支出。

5.第五步：储蓄用于子女教育基金和退休后的生活安排

年轻时的储蓄和投资，有助于用于子女的教育基金或稳定老年生活，应付经济变量。

6.第六步：用不完的储蓄留给子孙后代

如果储存的资产自己用不完，可传给子孙后代，或捐给社会慈善机构。

自己做完收入支出表的功课后，专业人士可帮助您设计并运用不

同的投资工具，也可预估您在10年、20年、30年之后的资产价值和现金流。在规划财务的过程，要自己先做功课，聘请专业的财务规划师可以帮您作全面的规划，而会计师可以帮您合法节税。当有专业团队一起合作，您的收支规划就能更加完善。

成功理财案例：

我有个客户，取得硕士学位后就在湾区工作，初入社会年薪6万美元，扣掉税后，收入也有4万多美元。但年轻人赚钱容易，花钱也容易。他在外租房子，每月房租2500美元，每天在外吃饭，上班天天喝星巴克咖啡，开辆好车，每个月的收入，月底就见底。后来我帮他作财务规划，发现他的父母家离他的工作单位不远，经过跟他的家人商量，我建议他搬回家和父母同住，每个月交给父母300美元的伙食费，午餐从家里带便当，每个礼拜晚上跟朋友出去用餐一两次，这样一来就省下了住宿和大部分的伙食费，一年存下3万多美元。和父母同住3年后，他的存款和投资就累积了10多万美元。结婚后，太太也在单身时存了几万美元的存款，夫妻俩加起来有20多万美元的资金，贷款买了市价100多万美元的房子。婚后就有自己独立的空间，生活有了好的起点。

理财博士温馨提示：
- ◆　编列收支预算
- ◆　善用记账工具
- ◆　秉持开源节流
- ◆　养成储蓄习惯
- ◆　细水长流　丰衣足食

我的收入和支出：

列举出固定收入和非固定收入，以及固定支出和非固定支出。

再看看哪些收入可以有机会增加，哪些支出可以有机会减少。

按 4% 通货膨胀或收入增长比率，5 年、10 年后的金额　　月收入

	现在	5年后 （金额（1+0.04）^{5}）	10年后 （金额（1+0.04）^{10}）	退休后 （美元）
工作收入	金额	金额	金额	金额
本人薪水				
配偶薪水				
其他工作收入				
被动收入（股权、债权、物权、版权）				
房租收入				
股权：有价证券（股票，债券，基金）收入				
版税／专利收入				
利息收入				
其他被动收入				
退休金收入				
社会安全基金（本人）				
社会安全基金（配偶）				
公司退休给付基金（本人和配偶）				
其他退休收入				
总计				

按 4% 通货膨胀或收入增长比率，5 年、10 年后的金额　　　　月收入

	现在	5年后 （金额（1+0.04）⁵）	10年后 （金额（1+0.04）⁵）	退休后 （美元）
固定开支	金额	金额	金额	金额
房贷或房租				
水电费				
电话费				
房屋地价税				
家务清洁费 / 保姆费				
托儿费用				
眷养费				
汽车贷款				
船或休旅车贷款				
其他货款				
人寿保险费				
医疗保险费				
汽车保险费				
房屋保险费				
其他保险费用				
固定开支总计				

注：

$$通膨率_{(今年)} = \frac{CPI_{(今年)} - CPI_{(去年)}}{CPI_{(去年)}}$$

	现在	5年后（（金额（1+0.04）^{5}）	10年后（金额（1+0.04）^{5}）	退休后（美元）
不固定开支	金额	金额	金额	金额
休闲娱乐费				
治装费/个人用品开支				
居家用品开支				
婚丧喜庆酬费				
医疗费				
书报杂志订阅费				
慈善捐款				
信用卡费用				
房屋整修费				
其他开支				
不固定开支总计				
预计每年储蓄金/进聚宝盆的资金				

第四章　债务管理

当有人问爱因斯坦什么是人类最伟大的发明，他简单地回答："复利"。

——爱因斯坦

"水则载舟，水则覆舟。"

——荀子

理财宝典金言玉语之四：债务承担自我评估：贷款心理，工作性质，收入高低，资金分配，贷款时间。

潘先生是20世纪80年代从中国来到美国念书的留学生，潘太太在一旁工作支持家用。在取得工程学位后，他留在美国就业。他在大公司工作几年加上太太工作累积的存款买下自住屋。5年后，潘先生在工作上累积足够的经验，想出来创业。由于手头的资金不足，于是他把升值的房子当作抵押，向银行贷款作为创业基金。由于潘先生拥有工程的专业知识和独到的眼光，公司成立几年后就快速成长累积资金。他看到国内深圳刚开始发展有前途，他便回国在深圳设厂和分公司，目前公司已在中国股市上市。潘先生是一个穷学生，到美国发展，第一笔做生意的资金就是以房屋抵押的贷款。他的学识、经历结合了天时、地利、人和，现在总资产已经累积到亿万，员工500多人。是一个运用贷款放大投资效益的成功案例。

"水能载舟，亦能覆舟。"贷款在资金的运用上扮演着财务杠杆的作用。贷款可以放大投资的效益，以手上仅有的资金通过贷款而达到数倍的效果；也可以加大投资损失，加重债务负担而让人喘不过气来。对华人传统的观念来说，一般人都不愿意贷款，但是西方的金融是靠贷款建立财务杠杆。例如公司发行股票和债券，就是用投资人的钱来融资做生意。对公司和家庭而言，债务都要妥善管理，合适的贷款和贷款的比例，对资金成长是有利的。

一、贷款的杠杆作用

贷款在财务结构中可提供杠杆作用。房贷、车贷和学生贷款，是许多人在规划财务时不可或缺的工具。利用贷款来投资房地产，或是创业，也是许多人致富的助力。以买房子为例，自备款只有2万美元，如果可以向银行借到8万美元，就可立即买到10万美元的房子，而不用

等到自己存到10万美元才能买房子。这样一来现在就可拥有自己的房子，以租金偿还银行的房屋贷款，等20年或30年房贷还清后，就一身轻松。但是租房子不管20年或30年，房子依旧不是自己的，租客仍然要付房租。以投资而言，一块钱赚一块钱的力量有限，如果10块钱的投资，1块钱是自己的，9块钱是借来的，就可放大投资的规模，增加致富的速度。

图4-1 杠杆作用

二、贷款的风险

贷款可以放大投资的效益，也可以加大投资的损失。投资总会有风险，不能保证稳赚不赔，不管有没有赚钱，都必须按时支付利息。如果投资的回报低于贷款的利息，或者甚至赔钱，那么资金就会被套牢，除了本金之外，又要还利息，就会入不敷出而债台高筑，债权人就要另外找现金来支付本金和利息，也就是用好的钱去补救不成功的投资资金。这是许多人宣告破产、房屋被银行收回去的原因。

（一）巧妙运用贷款的诀窍

至于贷款究竟是利还是弊，要依据贷款比例、投资的回报率以及个人的偿债能力而定。不要过度使用杠杆，就可以得到贷款的好处。

至于贷款会增加总投资报酬率还是增加总投资亏损率，取决于自有资金和贷款的比率（也就是杠杆倍数），以及资产报酬率和利率的差距（也就是利差）。利差如果是正数，就可增加报酬；如果利差为负数，就会增加亏损。

总报酬率的计算如以下的公式所述：

举例：自有资金\$30,000，净利10%，贷款\$20,000，贷款利息6%，由不贷款回报10%升到12.67%的回报。

总报酬

$$10\% = \frac{净利}{自有资金} = \frac{\$3,000}{\$30,000}$$

$$6\% = \frac{期初净值 \times 资产报酬率 - 贷款 \times 利率}{自有资金}$$

$$= \frac{\$30,000 \times 10\% - (\$20,000 \times 6\%)}{\$30,000}$$

$$12.67\% = \frac{(贷款 + 自有资金) \times 资产报酬率 - 贷款 \times 利率}{自有资金}$$

$$= \frac{(\$20,000 + \$30,000) \times 10\% - (\$20,000 \times 6\%)}{\$30,000}$$

$$12.67\% = 资产报酬率 + \frac{贷款}{自有资金} \times (资产报酬率 - 利率) = 10\% +$$

$$\frac{\$20,000}{\$30,000} \times (10\% - 6\%) = 杠杆倍数$$

（二）利率的决定

利率对日常生活与经济体系的运作有举足轻重的影响，各国的官定利率受到国家政策的影响。但国际通用基础利率受伦敦银行同业拆放利率的影响（London Inter Bank Offered Rate，简称Libor）。美国的利率受到联邦基金利率的影响，也就是银行跟银行之间相互隔夜拆款利率。各国

银行的贷款利率和债券发行利率再以政府决定的官定利率来决定。

（三）短期、中期、长期贷款

贷款分为10年以上的长期负债，如房屋贷款；5年到10年的中期负债，如学生贷款；5年以下的短期负债，如汽车贷款、信用卡债、消费性贷款和小额信用贷款等。中期和短期的债务需要有纪律地执行收支平衡，在期限内将贷款还清。长期贷款如房贷要考虑的因素比较多，详述如下：

1.房屋贷款

房屋贷款（Mortgage）是最常见的贷款，也与屋主的生活息息相关。房屋贷款利率相较其他种类的贷款利率来说是最低的。自住屋的贷款利率又比投资房的贷款利率还低。由于屋主住在自住屋内，房屋贷款是贷款人优先支付的，并且银行在放款前都会先确认贷款人的信用度和偿还能力，所以房屋贷款的风险低，利率也就最低。房屋贷款分为第一房贷和第二房贷。第一房贷是购屋时跟贷款机构取得的房贷，如果购屋者无法取得足够贷款来买房，就会向第二家贷款机构申请第二房贷。如果找不到第二家贷款机构愿意提供房贷，在房市不景气时，有些卖方会要买方写下借据，让买方本金加利息在买房后5年内还清，借款的风险由买主承担。

以买卖50万美元的房子为例，购屋者只有15万美元的自备款，贷款机构只愿提供买方30万美元的贷款，这30万美元就是第一房贷。但其中还短缺5万美元，买方可寻求第二家贷款机构提供第二房贷5万美元。如果买主可以取得第二房贷就可购屋；但如果买主无法取得第二房贷，有些卖主就会让买主写下5万美元的借据，让买主于5年内还清。如果5年内买主无法付出房贷而让房子沦为法拍屋，房子拍卖40万的话，30万会用来偿还银行，由于卖主对这个房子拥有留置权，剩下的5万就会还给欠账人。

下表是计算每月支付房子贷款的案例:

表4-1 房贷总结

房价:		$500,000
首付30%		$150,000
需贷款金额70%		$350,000
第一贷款（银行）金额	$300,000	
利息	4%	
贷款期限	30年	
每月还款额		$1432.25
第二贷款（卖主）：金额	$50,000	
利息	6%	
贷款期限	5年	
每月还款额		$966.64
每月贷款及付本金的总额：		$2398.89

2.房屋贷款管理

房贷要考虑的因素包括贷款比例和还款能力、利率、浮动利息或固定利息。贷款前要多方比较贷款公司或银行的利率、费用及服务，多比较、多了解和多学习不同贷款的差别。

（1）贷款金额

贷款金额的高低取决于个人偿还能力的高低。买房子时，建议付房价的20%作为头期款，最多贷款金额为80%的房价 。每月房贷的金额不要超过1/3的税后收入。实际计算先以1/3的税后收入，算出每月房贷金额后，以可贷到的利率倒推可以借到30年的房贷总数，这个总数不要超过房价的80%。

以一个月6000美元税后收入的家庭，每月的支付房贷2000美元；以每月2000美元的房贷加上可以拿到最好的利率4%的话，倒推30年的房

贷，总贷款金额就不要超过美元42万美元，算出购买的房价最好不要超过52.8万美元。

（2）还款能力

虽然30年贷款本金加利息的总房贷金额高过15年贷款本金加利息的总房贷，还是建议以30年的房贷为优先考虑。除了可以减轻每个月的贷款负担，另外考虑通货膨胀的因素，30年的房贷是最好的选择。如果选择15年贷款，手头会比较紧，虽然总价付的少，但就会把孩子的教育基金或是退休基金等其他用途的资金挪过来用。刚买房子的家庭开始几年的开支会增加，如果以后储蓄增加，可以多付贷款，提前将贷款付清，达到15年贷款的目的。

买房子是享受生活的基础，房贷的金额要以自己能承担的预算来考虑，不要让每个月的房贷变成一种负担。如果被房贷压得喘不过气来，甚至成为房奴，还不如去租房子，用较少的资金享受同样的生活质量。在贷款前，先估计个人的还款能力，不至于落得无法偿还而破产的地步。虽然美国的法令允许破产的人可以用7年来重建信用，有重新开始的机会。但就财务规划的观点，破产是不乐见的地步。破产的人白白浪费了人生中宝贵的7年时光，这个代价太大了。

虽然传统的华人不愿贷款，即使贷款，贷款比例也不会太高。但新一代的年轻人生活方式和以前不一样，花钱不手软。我有一个客户求学时用父母亲的附卡刷卡买东西，账单由父母支付，想买就买，想花就花。等到大学毕业开始工作时，23岁时就已经是入不敷出，光是信用卡债就欠了2万多块，还欠父母和朋友的钱。他刚开始工作刚起步的薪资不高，信用卡的利率又高，利滚利的话，照他的收入也无法还清债务。在迷茫中，他父母让他来到我的办公室，我建议他以破产法13章申请破产来重整债务。虽然他的信用会受影响，但是信用卡债就不需要再还了。

于是他改掉乱花钱的坏习惯，重新整顿自己，有新的方向，每个月负债转成开始结余，从跌倒的地方站起来。30岁出头才重新建立自己的信用，比起从小就养成储蓄的同学落后了7年。其他同学23岁起已经开始存个人退休账户，准备买房子，他却晚开始了7年。

（3）贷款利率

从以下的2个表格可以看出不同贷款利率和贷款期间的总贷款金额。4%利率贷款30年所付出的总房贷是借的1.7倍； 4%利率贷款15年所付出的总房贷是借的1.3倍； 7%利率贷款30年所付出的总房贷是借的2.4倍； 4%利率贷款15年所付出的总房贷是借款的1.6倍（见表4-2、表4-3）。

表4-2　贷款比例（1）

贷款金额（美元）	利率	贷款期间	总房贷金额	每月房贷	总房贷金额／贷款金额比例
$300,000	4%	30	$515,609	$1,432	1.7
$300,000	5%	30	$579,767	$1,610	1.9
$300,000	6%	30	$647,515	$1,799	2.2
$300,000	7%	30	$718,527	$1,996	2.4

表4-3　贷款比例（2）

贷款金额	利率	贷款期间	总房贷金额	每月房贷	总房贷金额／贷款金额比例
$300,000	4%	15	$399,431	$2,219	1.3
$300,000	5%	15	$427,029	$2,372	1.4
$300,000	6%	15	$455,683	$2,532	1.5
$300,000	7%	15	$485,367	$2,696	1.6

（4）固定利息或浮动利息

常用的贷款为30年或15年固定利率贷款，由于15年固定利息还款的期限比30年短，月付款高，银行要求贷款人的收入的要求比较高，才能符合贷款资格。而30年贷款，利息稍高，月付少，贷款时间长。总款高。

另外也有浮动利息的贷款，头5年贷款利率低，贷款人每月支付的房贷金额低，屋主可以轻松地买下房子。但5年后的利率会随着市场利率的波动而改变。如果市场的利率往下跌，预测5年之后利率会降低，则可选择浮动利率。

但目前的利率是历史上较低的时机，如果5年之后利率涨得很高，屋主就可能无法承担每月多出来的房贷，这时若遇到房价下跌，屋主就有缴不出房贷而让房子沦为法拍屋的风险。

所以在买房子前就要先计划好房屋持有的期限，如果要在买房5年内要把房子卖掉，就可以在银行贷款时选择浮动利率。若打算持有房子超过5年，就选择固定利率贷款，以免让自己面临利息上升的风险。

图4-2　选择利率

3.如何取得房屋贷款

贷款方可以直接向银行、贷款公司或者通过房贷经纪人申请房屋贷款。通常银行会提供军公教人员较低的房贷利率，若您服务于公职，贷款前可先询问贷款机构是否提供优惠方案。

（1）银行贷款

最常见的贷款的方式是银行贷款。银行贷款利息低，但放款审核比其他贷款方式严格，除了以房地产作为抵押外，还会审查借款人的所得、信用、资产状况，再酌量核贷。

（2）信用社银行贷款

通常信用社银行的利率又更低，选择房贷时，可以先询问附近的信用社银行作比较。

（3）其他贷款方式

房地产的贷款方案分为长期、短期、定期和活期，除了常见的银行贷款外，另有贷款房地产的公司、私人借款。在美国则有政府贷款，还有卖方贷款，卖方愿意帮买方贷款一部分，让买方在二到五年内偿还。

4.如何选择贷款方案

银行放款时除了收取利息，还要收取贷款手续费。有些银行或是贷款公司宣称免收贷款手续费，但是利率就比较高。有收手续费的贷款通常利率比较低。所以在贷款时，要计算贷款所要支付的总花费、贷款手续费和可支付的首付，再找2—3家银行或贷款经纪人讨论。

5.其他房屋相关贷款

购屋时除了跟贷款机构取得房屋贷款外，还可以利用房屋资产净值来向银行借贷所需资金。房屋资产净值是指房屋市值扣除房屋贷款余额中间的差额。以市值80万美元的房屋为例，扣除30万美元房屋贷款余额，这50万美元的差额就是房屋资产净值，可向银行申请房屋净值一部分金额作为房屋净值信用贷款或房屋净值贷款。

（1）房屋净值信用贷款

房屋净值信用贷款（Home Equity Loan）是美国常见的贷款，一旦

银行核准屋主申请的额度，屋主在需要资金周转时就可随时使用这种信贷，通常用来整修房屋等。这是一种循环信用，屋主取得信用额度后，只有在取出贷款时才需要偿还本金和利息，当屋主资金宽裕时可以提前还清贷款，下次有需要时再直接取出额度内贷款。

（2）房屋净值贷款

与房屋净值信用贷款（Home Equity Loan）相似，是以房屋净值向银行申请的贷款，银行评估后提供屋主房屋净值贷款的金额。

6.外国人买房申请贷款

美国的有些华人开业的银行提供外国人申请房屋贷款，只是利息会比美国人高，首付比例要比美国本地居民高，一些贷款金额也会比给美国人的低。外国人买房作为投资房的话，屋租的收入可以支付房贷和房屋的其他开销，长期来说房子增值，贷款降低租金增加，是很好的投资方式。

（1）新移民以现金买房，再以房子抵押作贷款

新移民如果有足够的现金，但在美国还没有建立信用，建议可用现金先买下房子，取得房屋的拥有权后，再花时间建立在美国的信用，之后再以房子为抵押申请贷款。这样就可以贷款来作教育基金、退休金等运用。有一对夫妇3年前从中国投资移民来美国，当时以150万美元现金在纽约买了一栋房子。由于当初付现买房容易杀价，他们跟屋主买了好价钱。经过3年，目前房屋市值180万。由于先生在国内的企业这3年来起起伏伏，也不敢保证未来每年国内的企业收益足够拿到美国来养家。经过朋友介绍，向我咨询理财建议，我建议他们作贷款重组，把60%的房屋价值，也就是108万的现金领出来。以一年2000美元来买200万，10年定期的人寿保险。剩下的钱就来买美国债券。目前美国地方政府债券有5%或6%的年利率，他们的房贷利率是4%，所以债券的收入可以用来弥

补房贷的开销。如果家里临时有事急需资金，就可以卖部分债券来贴补家用。这是一种灵活运用贷款的案例。

（2）准时还款，建立信用

美国是重视信用的社会，建立信用记录非常重要。信用分数的高低会影响许多方面，申请贷款和信用卡，雇主和房东都会查你的信用，也会影响贷款金额的多少和利率的高低。信用分数越高，贷款利率越低。

（3）提高信用分数

信用分数是用来评估个人信用的好坏，满分为850分，只要信用分数740分以上就属最优良的信用，可贷到最低的利率。一般来说信用分数要在700分以上，才是银行可以接受的信用。如果您目前的信用分数只有500多，务必找出分数低的原因，要花时间去建立信用，等提升到700分以上，才可申请贷款购买房子。

美国信用分数

<580	580-669	670-739	740-799	>800
非常差	差	中等	良好	优秀

图4-3　美国信用分数

准时还款可助于信用的建立，欠款超过30天不付就会影响信用分数；欠款超过90天不付会严重影响信用分数。每个月准时付房屋汽车贷款、水电费、电信费等各种账单，没有犯罪和欠钱的历史可建立良好信用。每个月付清信用卡全部余额，会增加信用的分数。

（4）目前房屋贷款利率低

许多国家目前的利率水平，几乎降到历史谷底。全球利率从1980年后持续下滑，当时的贷款年利率大约14%、15%，但目前只要3%的利率。这些年申请银行房屋贷款，贷款人支付的利息低，因此很多早年在

高利率贷款的屋主，会作贷款重组，如把原先6%的贷款利息降为3%，少付一半，就有更多资金可以运用到其他家庭的开支或者增加储蓄额。贷款利息低，可减轻买房的压力，成为鼓励买房的动力。

（5）别让不动产贷款压垮你

图4-4　不动产贷款

由于房地产投资所需资金庞大，因此贷款是房地产投资重要的环节。西方的地产投资，大多以贷款方式进行，很少以全额现金投入。以贷款的方式购买房地产，保守些，最好准备20%，贷款房价的80%。因为贷款金额少，每个月付的房贷金额较少，压力小。以美国为例，加州、纽约地区的房价非常高，如果只付了头期款的5%或10%，贷款的额度会很高，本息摊还的结果，可能最后无法承担。

（6）贷款债务管理

现代家庭基本的财务结构，收入支付各种贷款占了工资的30%。所以贷款管理非常重要，若退休前能还清所有的贷款，就可大幅降低退休后的开销。以30年的房贷来说，贷款者必须每个月按时付款，房子才不会被银行收回、拍卖。所以，必须有稳定的工作收入或其他收入来供养房子。而3—5年的车贷，也需定期偿还。一旦连续3个月不付车贷，银行贷款部就要收回汽车，信用也受到影响。

7.信用卡贷款

图4-5　信用卡贷款

信用卡便利消费，不用随身带现金，属于一种短期贷款，可以先消费后付款。但我建议千万不要把信用卡作为贷款的工具，每月付清欠款。信用卡贷款利率很高，最高可达百分之二十几，利息不能抵税，利滚利后，欠款额越来越高。使用信用卡，要先以当月能付清的金额作为付款预算，付清当期的账单，才不会发生信用卡债务问题，从而影响到个人的财务信用。如果有信用卡债的问题，就可考虑第二份工作，增加收入来源来偿还卡债。

8.逆向贷款

美国有些银行还提供逆向贷款业务，即对于没有储蓄，但房屋仍有净值的老人，可将房屋抵押给银行来贷款现金，用贷款得来的现金生活。在贷款人辞世后，房屋的所有权和处置权就归银行。贷款人的继承人无权处理房屋。对于有子女的老人，在万不得已的情况下，不建议采用逆向贷款业务。银行根据逆向贷款的时间、金额和出售的房价，决定是否有钱给受益人。

成功理财案例：

张太太是来自中国的留学生，在她取得医师执照后，留在美国加州落地生根。她作为医师执业两年后，找到我为她作财务规划。由于医生的收入优渥，开业两年后他们夫妻俩就存到首付，我建议她先买自住屋。她

买房的时机很好，3年后房价上涨了20%。我再建议她利用自住屋的房屋资产净值贷款，加上一些自己的储蓄当作首付，投资第一栋租屋。当时房价很低，租屋所产生的现金流每年产生5%的投资回报。她投资房地产的眼光很好，房增后，她再以房屋资产净值贷款加上租屋产生的回报，和他们夫妇部分储蓄，作为20%的首付，向银行贷款80%的房价，再另购租屋。她以此模式投资套利，买下了好几栋租屋，把租屋交由专业的物业公司管理，她继续做执业医师。她一方面有医师的主动收入每年税后结余10万美元，另一方面又有投资房产租金所产生的被动收入，两种收入来源让她快速累积资金。她开业15年后，我建议她拿出100万资金，再向银行贷款500万买下她执业诊所的整栋商业地产，开始投资商业地产，她向房客所收的租金，足以支付所有的房贷。总体而言，她的房屋贷款占了她的总财产的40%。目前为止，夫妇俩在美国20年以医生执业的总收入600万美元，税后总结余200万元。用这种贷款投资的方式，现在却累积了2500万美元的总价值，净值2000万美金，贷款的作用放大了她的投资效果。

理财博士温馨提示：

◆　贷款扩增购买力

◆　贷款扩增投资力

◆　贷款犹如两刃刀

◆　放大收益或亏损

◆　利率还款要算好

◆　运动得宜建信用

我的资产和贷款：

列出目前家庭的贷款和债务，预计几年可以还清，做出平均每个月的还款计划。

资产和贷款

资产：

名称	现在市场价值	成长率（短期/中期/长期）	目的
支票户口			
储蓄户口			
存款单			
债券型共同基金			
公司债券			
股票型共同基金			
普通股			
教育型个人退休账户			
个人住宅			
车/船			
家具			
珠宝			
收藏品			
个人物业			
出租物业			
有限合营公司			
企业利益			
401K退休账户			
个人IRA退休账户			
SEP IRA			
其他退休账户			
总资产			

贷款：

名称	原本金额	现在金额	每月支付	利息率	还清时间
按揭					
房屋净值贷款					
个人/汽车贷款					
信用卡贷款					
学生贷款					
总贷款					

财产净值（总资产—总贷款）：	

总资产		总贷款	
比例：总贷款/总资产		低于30% = 贷款平衡	高于30% = 贷款过度

第五章　税务和财务的关系

世界上只有两件事是不可避免的，那就是税收和死亡。

——本杰明 · 富兰克林（美国建国元勋）

上之取于下，固不可太过，亦不可不及。

——丘浚（明代理学名家）

理财宝典金言玉语之五：税后的收入才是您的净收入，减去贷款的资金才是您的净资产，花费是您的生活品质。

黄先生和黄太太年轻时居住在北加州湾区，夫妇俩都有稳定的工作。结婚没多久，他们30多岁时就在北加州先买了一栋首付5万美元、价值25万美元的小房子。等小孩上学后，把原先的小房子卖掉，

搬到好的学区，换成价值50万的大房子。后来子女独立离家后，儿子搬到洛杉矶成家，他们把湾区的大房子卖掉，减去开支和加建的开支，免缴50万美元净增值。在持有大房子的这16年，房屋增值至120万美元。卖房后，他们就到洛杉矶另买两栋各价值60万美元的小房子作为出租屋收租金，并在湾区买一栋首付6万，贷款50万的小房子自住。夫妇俩在湾区又住了10年，到了退休的年纪就把湾区的房子卖掉，免缴50万美元净增值，在洛杉矶儿子家附近买一栋小房子，既有自己的生活空间，又便于儿孙们就近探访。夫妇俩买卖房屋时，运用自住房子免缴50万美元增值税的省税方式，并不用缴交屋增值税。两人工作时积累了100多万美元的401K股票平衡型基金，具有延税的功能。他们退休后每月的房租扣掉房屋的开销，有4000美元净收入，加上两人每月的社会安全退休金3500美元，每个月收入7500美元，房屋贷款的利息还可以抵税。到了70.5岁时他们才开始领出401K的强制最低提款。夫妇俩卖掉湾区的房子买洛杉矶的房子所多出的钱以及其他的储蓄总共加起来200多万美元，这就是他们手中所捧的聚宝盆。他们把这200多万美元用来买免税的地方政府债券，每年可提供10万美元的利息作为他们的收入。他们退休后每月7500美元的收入，加上10万美元的债券利息收入，一年有19万美元的收入，因为债券利息免税，以房贷利息和其他的免税扣除额加起来计算，他们退休后这么高的收入，每年只需要缴纳不到1万元的税金。在他们的资产配制上，401K还在增长，房子的增值也远超过通货膨胀，200万美元价值的债券除了提供收入之外，也很容易变现，让他们享受到税务优惠，同时资金上也有弹性。他们在财务上自主，既保证自己的生活质量，又住在儿子附近，有自己的空间，真是一个美满幸福快乐的家庭。这是财务智商高的表现：年轻时创造财富，合理投资，巧妙利用债券的优惠，增加升值，保护资产，享受退休生活。

一、税的历史和重要性

中国赋税制度起源甚早，可追溯于春秋时期管仲建议齐国试行"相地而衰征"；鲁国实行"初税亩"，也就是征收土地税的开始。赋税为政府财政收入的主要来源，赋税改革往往是中国古代政治改革的主要内容。至于收多少税收，如何使国家收入和民众负担在过与不及之间取得平衡一直是各国政府极力追求的平衡。美国税务制度始于1913年，至今经过18次重大修改，其税收制度和税收政策受到许多国家的效仿。

图5-1　税务

1.税收是政府的财政来源

各国政府征收各项税收后，用来巩固国家安全、建立公共设施、增进教育发展、贫富再分配、建立社会安全基金等。此外，政府也利用改变税法和税率来刺激经济发展，用关税保护国内企业，或是以优惠关税作为国际互惠交流的手段。

2.纳税是国民应尽的义务

国家各项公共支出仰赖于各种税收提供的收入，依法纳税是国民应尽的义务。纳税金额高代表所得的收入高。

二、专业会计师规划税务

税务规划要由专业的会计师来操作，可以达到合法省税避税和减税的效果。虽然现在网络报税盛行，只要通过报税软件一步一步地回答问题就可自行报税。但是如果在固定工资外，还有其他业外收入或是投资报酬，就建议找会计师咨询规划或提供报税服务。对于公司企业和外国移民或外国公司来说，更需要由专业的会计师来提供税务咨询与服务。许多专业会计师合法省下来的税金，远远多于支付会计师的服务费用。本章提出税务和财务规划相关的部分，关于详细的税务咨询，就要找专业的注册会计师。

三、美国税法

美国的联邦、州、地方三级政府，对赋税实行三级税收。美国历届总统上任后，也会对税法提出修改的意见。特朗普总统上台后，美国国会参众两院于2017年12月20日通过30年来美国最大规模的减税方案。

（一）新税法将属人主义改为属地主义

美国原为"属人主义"（Residency）的税制，美国公民和税务居民，他们的"世界收入"（Worldwide Income）都要向美国政府报缴所得税，"世界财产"（Worldwide Estate），也在美国遗产和赠予税的课税范围。在过去三年在美住满183天（以加权平均法计算，当年日数除以一，前一年除以三，再前一年除以六后相加超过183天就算居民），就需要申报其全球资产及缴交该付税项。

特朗普总统税改后，改成属地征税体制：美国境外收入征税体制变动，税改前，采取全球性税收制度；税改后，改成属地征税体制。而企业的离岸盈利需缴纳一次遣返税便可将海外盈余汇回来投资美国，流动资产将纳税15.5%，而非流动资产则纳税 8%。

（二）财产披露

如果美国人的财产只在本国内，税务局（IRS）很容易查到。如果美国公民或居民在国外有财产，就需要披露国外的财产，如果不披露财产，就会被视为逃税。如果会计师参与隐瞒，也会一同被罚款，还有刑事处分。

税务规划是理财规划中重要的一环，也与财务规划息息相关。跟钱打交道，也就会跟税打交道。所得越高，缴交的税率就越高。个人所得收入高低有不同的税率；不同的投资项目也有不同的税率；投资时，除了买入时的应付税外，卖出时也需要付增值税；长期投资与短期投资也有不同的税率。在投资房地产、股票、债券、基金等产品，或其他不同的投资项目时，要先考虑税务对每笔买卖的影响。真正的收入是指税后的净收入。

1.税后净收入

个人的所得不是赚多少就进口袋多少，必须扣掉应付的税款才是税后的净收入。在规划收支时，要把税务也考虑进去。所以合法的节税和省税，才能增加净收入。

2.个人所得税

美国的个人所得税分为4种申报方式：单身、夫妻共同申报、夫妻分别申报、户长申报。

家庭人口越多，免税额越多。家庭成员多，得有更高的收入才能维持生活质量。以目前的税率来说，收入12000美元以下就免税。

（1）不同投资项目有不同的税率

房屋增值税、土地增值税、股票增值税、股利的税、营业税、收藏

品增值税、赌博收入税等的税率均不同。

（2）长期投资与短期投资获利的税率不同

超过一年以上的投资就属于长期投资。长期投资获利的税率较短期投资的税率更低。以股票每日买进卖出为例，对高收入的日内交易（day trade），如果赚钱，按个人的所得税支付税。但如果赔钱，一年只能扣除3000美元来扣抵股票之外的收入所得税。

四、省税的策略

依照美国税法，个人的工作收入（Earned Income）和被动收入（Unearned Income）的部分开销可以减税，与公司营业相关的开销可以减税。一般纳税人不清楚合法扣抵的项目，咨询专业会计师可以帮助合法节税和避税。

（一）节税和省税

根据减税条款，扣除减税项目税额或是慈善捐款，可以减少税务的负担（Tax Saving）。

（二）合法避税

将部分收入存放在可以延税的退休金账户（IRA，401K），可以合法避税（Tax Avoidance）。

（三）非法避税

包括故意或非故意虚报支出，隐瞒收入都属于非法避税（Illegal Tax Avoidance），也就是逃税。身为纳税义务人需要了解税法以免触法。纳税人故意或非故意触法，轻则罚款，重则坐牢。

（四）省税的策略

利用合法的节税方式可以减少应缴税款，包括：

1.增加合法扣除减税额

自住屋的贷款利息、利用雇主提供的健康储蓄账户（Health Saving Account，HAS）扣抵合格的医疗费用、慈善捐赠等都可以增加合法减税额。

2.善用延税退休计划

401K、IRA、Roth IRA都是可以减税并延税的退休计划，在不影响目前的生活质量下，依据收入储存最高免税额度。

3.善用免税和延税额度

对于居住5年的自住房投资收益，美国政府对公民和居民，一人有25万美元的免增值税额度，夫妻二人合计有50万美元的免增值税额度。买卖商业地产或租屋时，可以同类资产交换（1031 Exchange），将原物业的盈利重新投资于类似的商业地产中，来延迟缴税。

4.直接存款于子女的账户

为未成年子女开设银行储蓄账户，因存入的金额牵涉赠予，最多可以有1050美元的免税额。

5.选择最佳税率的投资项目

就投资而言，最好是以最高税率20%的增值税来缴税。普通收入如下表所示，税率介于10%—37%之间。如果您的所得税率高，投资收益税率的高低就要纳入考虑。举例来说，股票红利和领出年金的获利是以普通收入税率来计算的。如果投资的年金为延税的退休计划，在退休时收入较低，退休后领出时缴交较低税率。而股票债券如果投资一年内获利卖出，高收入的投资人的税率可高达37%，等于37%的收益都要缴税；但如果投资超过一年获利，税率最多20%。此外，高收入的投资人可充分利用美国地方政府发行的债券的免税优惠和保值的功能。

表5-1　2018年美国个人所得税率　　　　　（美元）

税率	单身	户长申报	夫妻共同申报或丧偶	夫妻分别申报
10%	$9,525以下收入	$13,600以下收入	$19,050以下收入	$9,525以下收入
12%	$9,525-$38,700	$13,600-$51,800	$19,050-$77,400	$9,525-$38,700
22%	$38,700-$82,500	$51,800-$82,500	$77,400-$165,000	$38,700-$38,700
24%	$82,500－$157,500	$82,500-$157,500	$165,000-$315,000	$38,700-$157,500
32%	$157,500-$200,000	$157,500-$200,000	$315,000-$400,000	$157,500-$200,000
35%	$200,000-$500,000	$200,000-$500,000	$400,000-$600,000	$200,000-$300,000
37%	$500,000+	$500,000+	$600,000+	$300,000+

（表头合并单元格"2018年所得税率"跨所有列）

6.家庭收入计划

对于有家族企业的家庭，如果父母的收入高，可以利用发放公司的薪资和红利的方式，转移部分收入给在家族企业工作的成年子女。这样就会降低父母名下的收入，也会降低父母的所得税金。

最低税负制（Alternative Minimum Tax，AMT）。最低税负制是要让所得很高，但因享受各项租税减免，而完全免税或税负非常低的个人或是企业体，对国家财政有基本的贡献。所以，大多数已纳税且没有享受租税减免的纳税义务人，不会适用最低税负。

五、公司税、遗产税、赠予税和隔代移转税

（一）公司税

表 5-2　　2018 年美国公司所得税率　　　（美元）

2018 年所得税率	
税率	
15%	$50,000以下
25%	$7,500 +25%超过$50,000部分
34%	$13,750+34%超过$75,000部分
39%	$22,250+39%超过$100,000部分
34%	$113,900+34%超过$335,000部分
35%	$3,400,000+35%超过$10,000,000
38%	$5,150,000+38%超过$15,000,000部分
35%	$6,416,667+35%超过$18,333,333部分

公司税比一般个人所得税要复杂许多，但可扣抵税额的项目也较多。公司设立的初期就要设定好公司设立的性质，是独资、合伙人、有限责任公司（LLC）、C类型公司（C Corporation）还是S类型公司（S Corporation）。需咨询律师和会计师设立适合公司发展的形式，因牵涉的税率也和公司如何贷款，公司未来的规模和远景，是否发展为跨国公司等有关。

（二）遗产税、赠予税和隔代遗产税

美国的遗产税（Estate Tax）、赠予税（Gift Tax）和隔代遗产（Generation Skipping Transfer Tax）是一起考虑的。无论是生前赠予或是过世后将财产转移给子女或是隔代转移至孙子女，三者总的免税额度是往生者过世当年的免税额度。遗产税的规划将于本书第十八章遗

产规划中详述。

表5-3 个人遗产税，赠予税和隔代传承税

个人遗产税，赠予税和隔代传承税（美元）		
年度	免税额	税率
2018	$1120万	40%
	每年免税额	终身免税额
赠予税	$1.5万	$1120万
隔代赠予税	-	$1120万
境外配偶每年免税额	$15.2万	

六、海外人士在美国投资的税务

外国人在美国投资股票债券的收益免税，这是优惠外国人在美国投资。就其他增值税来说，根据外国人的所属国家与美国是否有投资优惠来决定税率。美国与中国有投资互惠协议，然而美国与中国台湾地区没有投资互惠协议。所以中国大陆的投资者会比中国台湾地区的投资者，所需缴交的税率低。

（一）外国人遗产税免税额

外国人在美国的遗产税免税额只有6万美元。以外国人在美国投资房地产而言，如果当初以个人名义购买，一旦财产拥有人过世，以上百万或上千万美元获利来说，要缴交遗产税的金额高。

（二）先设立好投资目标

外国人在美国投资时就要先设立好投资目标。要考虑好投资的资产获利后要拿回本国，还是留在美国生根传给下一代。

（三）以公司名义投资

大部分跨国投资都是以公司的形式投资，公司没有生命期限，是持续运转，即使公司的设立人过世，公司所有权还可以转移至继承人或其他买主。在税务上有极大的优惠。

成功理财案例：

方先生和方太太在中国台湾完成硕士学位后，方先生来到美国攻读博士学位。方先生毕业后就留在学校做学术研究。在孩子读小学以前，方太太都在家里带孩子。孩子上学以后，方太太开始到学校教书。夫妻俩省吃俭用在南加州圣地亚哥买了一栋自住屋和投资一间公寓。孩子上了大学之后，先生的工作调到北加州湾区工作。目前，孩子已经大学毕业，没有子女教育基金的负担后，他们想卖掉其中一间圣地亚哥的房子来转买北加州湾区的房子。于是，他们找我来为他们作财务规划。我了解到他们的财务目标是在15年后退休时，有一栋自住屋和一间租屋，并且房贷都可以付清，退休后便可以房租来作补充退休金。夫妇俩都在学校机构工作，学校提供的退休金可以提供生活基本开支。但我发现他们的投资都在房地产上，他们超过50岁，过去没有充分利用延税的学校提供的403b退休计划，所以我建议他们每年放18500美元，学校可以加码（Match）他们3%的薪水，以每年7%的投资回报累积15年，这样在退休时就可以累积大约86.5万美元。这样不仅可以降低目前要缴的收入所得，退休后未付清的房屋贷款就可以从个人退休账户里领出来支付贷款。

理财博士温馨提示：

◆ 税收为国家财政之本

◆ 纳税为国民应尽义务

◆　税率高低看收入多寡

◆　合法节税增可用收入

◆　税务财务分析相结合

我的税务计划：

购买或利用网络上免费运算税务软件来试算应缴的税额。这样可以帮助了解报税的结构和减税、免税及延税的项目及优缺点。最后可以请会计师帮忙规划报税，报税软件可以帮助自己了解是否有充分运用减税、免税及延税的项目。

1.是否做过个人的税表

_____

_____

_____

2.是否做过公司的税表

_____

_____

_____

3.是否充分运用房地产的省税项目

_____

_____

_____

4.是否充分利用个人退休账户公司退休账户等延税方式投资

_____

_____

_____

5.是否充分利用投资项目或公司开销等合理税务核销（Tax Write Off）项目

_____

_____

_____

6.是否了解自己的社会安全税金？可在https://www.ssa.gov/myaccount/建立自己的账号并查询

_____

_____

_____

7.建议请专业注册会计师咨询并报税

_____

_____

_____

表5-4　2017年个人报税表

Form 1040 Department of the Treasury—Internal Revenue Service (99)
U.S. Individual Income Tax Return 2017 OMB No. 1545-0074 IRS Use Only—Do not write or staple in this space.

For the year Jan. 1–Dec. 31, 2017, or other tax year beginning , 2017, ending , 20 | See separate instructions.

Your first name and initial | Last name | Your social security number

If a joint return, spouse's first name and initial | Last name | Spouse's social security number

Home address (number and street). If you have a P.O. box, see instructions. | Apt. no. | ▲ Make sure the SSN(s) above and on line 6c are correct.

City, town or post office, state, and ZIP code. If you have a foreign address, also complete spaces below (see instructions).

Presidential Election Campaign
Check here if you, or your spouse if filing jointly, want $3 to go to this fund. Checking a box below will not change your tax or refund. □ You □ Spouse

Foreign country name | Foreign province/state/county | Foreign postal code

Filing Status
Check only one box.
1 □ Single
2 □ Married filing jointly (even if only one had income)
3 □ Married filing separately. Enter spouse's SSN above and full name here. ▶
4 □ Head of household (with qualifying person). (See instructions.) If the qualifying person is a child but not your dependent, enter this child's name here. ▶
5 □ Qualifying widow(er) (see instructions)

Exemptions
6a □ Yourself. If someone can claim you as a dependent, **do not** check box 6a
b □ Spouse
c Dependents:
(1) First name Last name | (2) Dependent's social security number | (3) Dependent's relationship to you | (4) ✓ if child under age 17 qualifying for child tax credit (see instructions)

If more than four dependents, see instructions and check here ▶ □

d Total number of exemptions claimed

Boxes checked on 6a and 6b
No. of children on 6c who:
• lived with you
• did not live with you due to divorce or separation (see instructions)
Dependents on 6c not entered above
Add numbers on lines above ▶

Income

Attach Form(s) W-2 here. Also attach Forms W-2G and 1099-R if tax was withheld.

If you did not get a W-2, see instructions.

7 Wages, salaries, tips, etc. Attach Form(s) W-2 | 7
8a Taxable interest. Attach Schedule B if required | 8a
b Tax-exempt interest. Do not include on line 8a | 8b
9a Ordinary dividends. Attach Schedule B if required | 9a
b Qualified dividends | 9b
10 Taxable refunds, credits, or offsets of state and local income taxes | 10
11 Alimony received | 11
12 Business income or (loss). Attach Schedule C or C-EZ | 12
13 Capital gain or (loss). Attach Schedule D if required. If not required, check here ▶ □ | 13
14 Other gains or (losses). Attach Form 4797 | 14
15a IRA distributions 15a | b Taxable amount | 15b
16a Pensions and annuities 16a | b Taxable amount | 16b
17 Rental real estate, royalties, partnerships, S corporations, trusts, etc. Attach Schedule E | 17
18 Farm income or (loss). Attach Schedule F | 18
19 Unemployment compensation | 19
20a Social security benefits 20a | b Taxable amount | 20b
21 Other income. List type and amount | 21
22 Combine the amounts in the far right column for lines 7 through 21. This is your **total income** ▶ | 22

Adjusted Gross Income

23 Educator expenses | 23
24 Certain business expenses of reservists, performing artists, and fee-basis government officials. Attach Form 2106 or 2106-EZ | 24
25 Health savings account deduction. Attach Form 8889 | 25
26 Moving expenses. Attach Form 3903 | 26
27 Deductible part of self-employment tax. Attach Schedule SE | 27
28 Self-employed SEP, SIMPLE, and qualified plans | 28
29 Self-employed health insurance deduction | 29
30 Penalty on early withdrawal of savings | 30
31a Alimony paid b Recipient's SSN ▶ | 31a
32 IRA deduction | 32
33 Student loan interest deduction | 33
34 Tuition and fees. Attach Form 8917 | 34
35 Domestic production activities deduction. Attach Form 8903 | 35
36 Add lines 23 through 35 | 36
37 Subtract line 36 from line 22. This is your **adjusted gross income** ▶ | 37

For Disclosure, Privacy Act, and Paperwork Reduction Act Notice, see separate instructions. Cat. No. 11320B Form **1040** (2017)

续表

Form 1040 (2017)   Page **2**

Tax and Credits	38	Amount from line 37 (adjusted gross income)		38
	39a	Check { ☐ **You** were born before January 2, 1953, ☐ Blind. } **Total boxes** if: { ☐ **Spouse** was born before January 2, 1953, ☐ Blind. } checked ▶ 39a		
	b	If your spouse itemizes on a separate return or you were a dual-status alien, check here▶	39b☐	
Standard Deduction for—	40	**Itemized deductions** (from Schedule A) or your **standard deduction** (see left margin)		40
• People who check any box on line 39a or 39b **or** who can be claimed as a dependent, see instructions.	41	Subtract line 40 from line 38		41
	42	**Exemptions.** If line 38 is $156,900 or less, multiply $4,050 by the number on line 6d. Otherwise, see instructions		42
	43	**Taxable income.** Subtract line 42 from line 41. If line 42 is more than line 41, enter -0-		43
	44	**Tax** (see instructions). Check if any from: a ☐ Form(s) 8814 b ☐ Form 4972 c ☐		44
• All others: Single or Married filing separately, $6,350	45	**Alternative minimum tax** (see instructions). Attach Form 6251		45
	46	Excess advance premium tax credit repayment. Attach Form 8962		46
Married filing jointly or Qualifying widow(er), $12,700	47	Add lines 44, 45, and 46 . . . . ▶		47
	48	Foreign tax credit. Attach Form 1116 if required . . .	48	
Head of household, $9,350	49	Credit for child and dependent care expenses. Attach Form 2441	49	
	50	Education credits from Form 8863, line 19	50	
	51	Retirement savings contributions credit. Attach Form 8880	51	
	52	Child tax credit. Attach Schedule 8812, if required . .	52	
	53	Residential energy credits. Attach Form 5695 . . .	53	
	54	Other credits from Form: a ☐ 3800 b ☐ 8801 c ☐	54	
	55	Add lines 48 through 54. These are your **total credits**		55
	56	Subtract line 55 from line 47. If line 55 is more than line 47, enter -0-		56
Other Taxes	57	Self-employment tax. Attach Schedule SE		57
	58	Unreported social security and Medicare tax from Form: a ☐ 4137 b ☐ 8919		58
	59	Additional tax on IRAs, other qualified retirement plans, etc. Attach Form 5329 if required		59
	60a	Household employment taxes from Schedule H		60a
	b	First-time homebuyer credit repayment. Attach Form 5405 if required		60b
	61	Health care: individual responsibility (see instructions) Full-year coverage ☐		61
	62	Taxes from: a ☐ Form 8959 b ☐ Form 8960 c ☐ Instructions; enter code(s)		62
	63	Add lines 56 through 62. This is your **total tax** . . . . ▶		63
Payments	64	Federal income tax withheld from Forms W-2 and 1099 .	64	
If you have a qualifying child, attach Schedule EIC.	65	2017 estimated tax payments and amount applied from 2016 return	65	
	66a	**Earned income credit (EIC)**	66a	
	b	Nontaxable combat pay election	66b		
	67	Additional child tax credit. Attach Schedule 8812 . . .	67	
	68	American opportunity credit from Form 8863, line 8 . .	68	
	69	Net premium tax credit. Attach Form 8962	69	
	70	Amount paid with request for extension to file . . .	70	
	71	Excess social security and tier 1 RRTA tax withheld . .	71	
	72	Credit for federal tax on fuels. Attach Form 4136 . . .	72	
	73	Credits from Form: a ☐ 2439 b ☐ Reserved c ☐ 8885 d ☐	73	
	74	Add lines 64, 65, 66a, and 67 through 73. These are your **total payments** ▶		74
Refund	75	If line 74 is more than line 63, subtract line 63 from line 74. This is the amount you **overpaid**		75
	76a	Amount of line 75 you want **refunded to you.** If Form 8888 is attached, check here . ▶ ☐		76a
Direct deposit? ▶ See instructions.	b	Routing number	▶ c Type: ☐ Checking ☐ Savings	
	d	Account number		
	77	Amount of line 75 you want applied to your 2018 estimated tax ▶	77	
Amount You Owe	78	**Amount you owe.** Subtract line 74 from line 63. For details on how to pay, see instructions ▶		78
	79	Estimated tax penalty (see instructions)	79	

Third Party Designee   Do you want to allow another person to discuss this return with the IRS (see instructions)? ☐ **Yes.** Complete below. ☐ **No**

Designee's name ▶   Phone no. ▶   Personal identification number (PIN) ▶

Sign Here
Joint return? See instructions.
Keep a copy for your records.

Under penalties of perjury, I declare that I have examined this return and accompanying schedules and statements, and to the best of my knowledge and belief, they are true, correct, and accurately list all amounts and sources of income I received during the tax year. Declaration of preparer (other than taxpayer) is based on all information of which preparer has any knowledge.

Your signature	Date	Your occupation	Daytime phone number
Spouse's signature. If a joint return, **both** must sign.	Date	Spouse's occupation	If the IRS sent you an Identity Protection PIN, enter it here (see inst.)

Paid Preparer Use Only

Print/Type preparer's name	Preparer's signature	Date	Check ☐ if self-employed	PTIN
Firm's name ▶			Firm's EIN ▶	
Firm's address ▶			Phone no.	

Go to *www.irs.gov/Form1040* for instructions and the latest information.   Form **1040** (2017)

来源：https://wwwjrs.gov/pub/irs-pdtyFJ04Q.pdf

表5-5　2017年公司报税表

来源：https://www.ii-s.gov/pub/ii-s-pdf/fl 120.pdf

Form **1120S**			**U.S. Income Tax Return for an S Corporation**			OMB No. 1545-0123
Department of the Treasury Internal Revenue Service			▶ Do not file this form unless the corporation has filed or is attaching Form 2553 to elect to be an S corporation. ▶ Go to *www.irs.gov/Form1120S* for instructions and the latest information.			20**17**

For calendar year 2017 or tax year beginning _____ , 2017, ending _____ , 20 ____

A S election effective date		Name	D Employer identification number
B Business activity code number (see instructions)	**TYPE** **OR** **PRINT**	Number, street, and room or suite no. If a P.O. box, see instructions.	E Date incorporated
C Check if Sch. M-3 attached ☐		City or town, state or province, country, and ZIP or foreign postal code	F Total assets (see instructions) $

G Is the corporation electing to be an S corporation beginning with this tax year? ☐ Yes ☐ No   If "Yes," attach Form 2553 if not already filed

H Check if: **(1)** ☐ Final return **(2)** ☐ Name change **(3)** ☐ Address change **(4)** ☐ Amended return **(5)** ☐ S election termination or revocation

I Enter the number of shareholders who were shareholders during any part of the tax year .   .   .   . ▶

Caution: Include **only** trade or business income and expenses on lines 1a through 21. See the instructions for more information.

Income	1a	Gross receipts or sales	1a	
	b	Returns and allowances	1b	
	c	Balance. Subtract line 1b from line 1a		1c
	2	Cost of goods sold (attach Form 1125-A)		2
	3	Gross profit. Subtract line 2 from line 1c		3
	4	Net gain (loss) from Form 4797, line 17 (attach Form 4797)		4
	5	Other income (loss) (see instructions—attach statement)		5
	6	**Total income (loss).** Add lines 3 through 5 . . . . ▶		6
Deductions (see instructions for limitations)	7	Compensation of officers (see instructions—attach Form 1125-E)		7
	8	Salaries and wages (less employment credits)		8
	9	Repairs and maintenance		9
	10	Bad debts		10
	11	Rents		11
	12	Taxes and licenses		12
	13	Interest		13
	14	Depreciation not claimed on Form 1125-A or elsewhere on return (attach Form 4562)		14
	15	Depletion **(Do not deduct oil and gas depletion.)**		15
	16	Advertising		16
	17	Pension, profit-sharing, etc., plans		17
	18	Employee benefit programs		18
	19	Other deductions (attach statement)		19
	20	**Total deductions.** Add lines 7 through 19 . . . . ▶		20
	21	**Ordinary business income (loss).** Subtract line 20 from line 6		21
Tax and Payments	22a	Excess net passive income or LIFO recapture tax (see instructions) . . .	22a	
	b	Tax from Schedule D (Form 1120S)	22b	
	c	Add lines 22a and 22b (see instructions for additional taxes)		22c
	23a	2017 estimated tax payments and 2016 overpayment credited to 2017	23a	
	b	Tax deposited with Form 7004	23b	
	c	Credit for federal tax paid on fuels (attach Form 4136)	23c	
	d	Add lines 23a through 23c		23d
	24	Estimated tax penalty (see instructions). Check if Form 2220 is attached . . . . . ▶ ☐		24
	25	**Amount owed.** If line 23d is smaller than the total of lines 22c and 24, enter amount owed .		25
	26	**Overpayment.** If line 23d is larger than the total of lines 22c and 24, enter amount overpaid		26
	27	Enter amount from line 26 **Credited to 2018 estimated tax** ▶ Refunded ▶		27

Sign Here	Under penalties of perjury, I declare that I have examined this return, including accompanying schedules and statements, and to the best of my knowledge and belief, it is true, correct, and complete. Declaration of preparer (other than taxpayer) is based on all information of which preparer has any knowledge.		May the IRS discuss this return with the preparer shown below (see instructions)? ☐ Yes ☐ No
	▶ _____ Signature of officer Date	_____ Title	

Paid Preparer Use Only	Print/Type preparer's name	Preparer's signature	Date	Check ☐ if self-employed	PTIN
	Firm's name ▶			Firm's EIN ▶	
	Firm's address ▶			Phone no.	

For Paperwork Reduction Act Notice, see separate instructions.   Cat. No. 11510H   Form **1120S** (2017)

创富篇

第三部分

第六章　投资的概念和运用

成功的投资需要时间，纪律和耐心。

——巴菲特

如果在竞争中，你输了，那么你输在时间；反之，你赢了，也赢在时间。

——李嘉诚

理财宝典金言玉语之六：投资五大要素：知识，观念，时间，标的和实操。

　　Tom和Susan是美国人，夫妻俩都是在政府机关工作的中层管理人员。夫妇二人年轻时就开始累积储蓄和投资，他们有投资的观念和信念，这些储蓄都投资在股市和共同基金上，有纪律性地长期运作，虽然是中等收入，30年以后两人的资产净值已增加到600万美元。夫妇俩是典型的美国小康富裕家庭，由于投资成功，他们随着家庭的成员增加从小房子换到大房子，子女离家上大学后，又选择风景优美的新墨西哥州的小城居住。夫妻俩工作稳定，一辈子没有做过地产投资，不为房子的管理操心，也不需要和房客打交道，开心自在地过日子。3年前，他们60岁，拥有足够的资金，也没有养育儿女的财务负担，新墨西哥州的房价50万美元，宽敞舒适，没有贷款，还有高尔夫球的俱乐部，退休生活稳定，有收入，有资金。这是因为夫妇两人在年轻的时候就有投资的观念和合适的运用，才会有今天的平安稳定的退休生活。

一、钱生钱，利滚利

　　中国台湾著名经济学者朱敬一曾说："如果有人跟你说他薪水很高，表示他不够有钱。" 一般的上班族靠着自己的劳力赚钱，即使薪水很高，对财富的积累还是有限。上班族每天忙碌，一旦停下来就没有收入。无论薪水高低，只要理财得当的话，生活可以过得平稳。但谈到致富的话，要把挣来的钱省下来作投资运用，靠着钱赚钱加乘的力量才算大。财富积累的关键取决于钱滚钱的功力。如投资得当，钱挣钱的力量远远大于人挣钱的力量，至于要怎么用钱来赚钱，说来简单，做起来并不简单。投资是要不断监控，并随时更新组合的。

（一）钱滚钱的概念，时间对投资回报的加成效应

表6-1 以不同投资回报率在投资期间所产生的不同报酬率

年回报率	4%	5%	6%	7%	8%	9%	10%	11%	12%
第1年	1.04	1.05	1.06	1.07	1.08	1.09	1.10	1.11	1.12
第2年	1.08	1.10	1.12	1.14	1.17	1.19	1.21	1.23	1.25
第3年	1.12	1.16	1.19	1.23	1.26	1.30	1.33	1.37	1.40
第4年	1.17	1.22	1.26	1.31	1.36	1.41	1.46	1.52	1.57
第5年	1.22	1.28	1.34	1.40	1.47	1.54	1.61	1.69	1.76
第6年	1.27	1.34	1.42	1.50	1.59	1.68	1.77	1.87	1.97
第7年	1.32	1.41	1.50	1.61	1.71	1.83	1.95	2.08	2.21
第8年	1.37	1.48	1.59	1.72	1.85	1.99	2.14	2.30	2.48
第9年	1.42	1.55	1.69	1.84	2.00	2.17	2.35	2.56	2.77
第10年	1.48	1.63	1.79	1.97	2.16	2.37	2.59	2.84	3.11
第11年	1.54	1.71	1.90	2.10	2.33	2.58	2.85	3.15	3.48
第12年	1.60	1.80	2.01	2.25	2.52	2.81	3.13	3.50	3.90
第13年	1.67	1.89	2.13	2.40	2.72	3.06	3.45	3.88	4.36
第14年	1.73	1.98	2.26	2.57	2.94	3.34	3.79	4.31	4.89
第15年	1.80	2.08	2.39	2.75	3.17	3.64	4.17	4.78	5.47
第16年	1.87	2.18	2.54	2.95	3.43	3.97	4.59	5.31	6.13
第17年	1.95	2.29	2.69	3.15	3.70	4.32	5.05	5.90	6.87
第18年	2.03	2.41	2.85	3.37	4.00	4.71	5.55	6.54	7.69
第19年	2.11	2.53	3.02	3.61	4.32	5.14	6.11	7.26	8.61
第20年	2.20	2.65	3.20	3.86	4.66	5.60	6.72	8.06	9.65

表6-2　时间对投资的回报

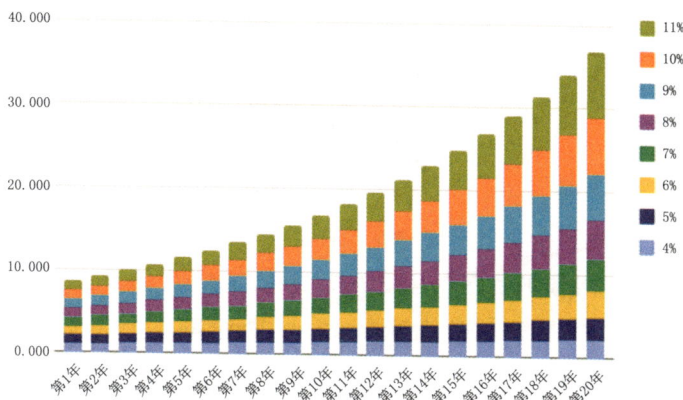

以72规则（Rule of 72）来简单计算：

- 每年4%的投资回报率需要18年能翻倍（72 ÷ 4=18）。
- 每年7%的投资回报率需要10.3年能翻倍（72 ÷ 7=10.3）。
- 每年10%的投资回报率需要7.2年能翻倍（72 ÷ 10=7.2）。

二、时间对投资的酬赏

从时间对投资的酬赏来看，以每年固定7%的投资回报率来计算，每10年可以将投资本金翻倍。如果投资在Individual Retirement Account（个人退休账户）账号里，投资期间就可延迟缴税，等到退休后领出IRA的投资收益才需要缴税。以不同年纪开始投资一万美元，到了65岁的回报就不同为例，一位25岁就开始投资的人，到65岁期间有4个10年，等他到了65岁，他的本利回报就为16万美元（1×2⁴）。但如果35岁才开始投资的人，到65岁期间只有3个10年，等他到了65岁，他的本利回报只有8万美元（1×2³）。越早投资，积累下来，回报越大。

25岁 45岁 65岁

图6-1 财富积累

（一）制定投资目标，再以时间来积累回报

美国的绩优股（或称蓝筹股，Blue Chips）的年平均投资报酬率为7%。如果想要超过市场平均报酬率，这要靠大师或是短期的好运气才能达成。在投资目标的选择上，要选择自己熟悉有把握的产品进行投资。如果一项投资报酬宣称可有30%的回报，但若投资失败会把本金给赔掉；有另一项投资报酬只有4%的投资目标，但可以有保证百分之百的回报，您的选择会是什么呢？以股神巴菲特的投资原则来看，他会选择4%的投资目标，再以时间的积累来得到酬赏。虽然他的投资回报远超过4%，但他的原则始终没有变。

三、投资、投机和赌博

在选用钱滚钱的模式前，首先要认清投资、投机和赌博的差异。三者最大的差异在于风险的高低、预计回报时间长短不同。

（一）投资

指投入资金后，投资人期望可以从投资目标中得到现金收入和资产增值的收益。

1.现金收入

购置物业可赚得租金，购买股票可得到股利、股息，存款可得利息等。

图6-2 投资

2.资产增值

股票升值或房价上涨后会有资产升值价。虽说是投资人期望在投资项目上获利，但投资项目有不同大小的风险，投资错误也可能会血本无归。

（二）投机

投机项目的风险比投资项目的风险大很多，并且投机项目在短期内一般不会产生现金收入，它的价值是由买主决定。如果找不到买主，投机项目有价无市。项目本身是没有保证的投资，要根据投资者本人的眼光和调查而选定自己是否合适这项投机。投资公司也是一种投机，是否可以从中获利，还是会丢钱，要根据投资人的眼光而决定。投资收藏品、艺术品以从中获利也是属投机或投资项目。不懂收藏品或艺术品而作投资是属于投机，而对专业的收藏家和有专业研究的投资人来说是属于投资。例如美国人很喜欢收藏棒球明星卡，喜欢的人觉得很值钱，不喜欢的人觉得只是废纸一张。

图6-3 投机

（三）赌博

所谓"十赌九输"，说明赌博的风险很大。在回报概率极低的状况下，赌徒还是孤注一掷，希望能得到加倍的回报，但有少数的专业赌徒，擅长分析胜算概率也能得到回报。事实上许多赌博的人，时常带有侥幸的心理和赢钱的期望，从赌博中得到的快感远远超过实质的收益。真正能靠赌博赚钱的人少之又少，投机得利的人也许可以短期受益，但往往把赢来的资金又拿回去赌场赌博，最后亏空一场。

图6-4　赌博

（四）投资、投机和赌博的区别

下表列出了投资、投机和赌博的区别。

表6-1　投资、投机和赌博的区别

	投资	投机	赌博
投资人个性	保守、有纪律	积极求快	胆大冒险
持有期间	长	较短	最短
承担风险	较小	较大	最大
实现投资得利或损失花费时间长短	慢	快	极快
所得报酬来源	长期投资回报产生收入，如股利、利息、资本利得	短期投资价差回报产生资本利得	靠运气和机率得到投资回报
决策的方法	客观基本面的分析来作决策	依市场信息来作决策	不重分析，迷信运气
参考讯息多寡	多且详尽	信息较少	道听途说，凭运气

四、投资前需要考虑什么

在投资之前，先要有思考的习惯，以保住现有财富的前提下努力回避风险；对于自己不懂或者没有深入调查的项目不要投资；考虑预计回报的比例和时间；要有耐心让时间来积累回报；先用5年的时间假设性投资，了解市场，不要用真钱进场；在犯错时承认错误，化错误为经验；努力学习投资的规律和规则；拜成功的权威人士为师，投资要格外谨慎，投资前考虑如下要素：

（一）用理智而非情绪投资

（二）投资期限的选择

（三）投资工具与目标的选择

（四）投资与资产配置的平衡

（五）投资回报与税务的考虑，认清投资目标的景气周期

（六）运用多元化的投资策略

五、不用情绪投资

投资人理智上都很清楚，要"逢低买进，逢高卖出"。但是大多数的投资人受到情绪的影响却反其道而行，与科学理财的法则相悖。以股市投资为例：

（一）散户投资理论

根据散户投资理论（Small Investor Theory），当散户开始往股市投资时，往往就是市场要往下跌的时候。在股市交易中，散户进场前先观望，当股市行情低时不敢进场。在市场攀升时，看到别人开始赚钱，自己才对股市产生信心而跟着买进，但其实已经错过了快速攀升的浪头。进场不久后股市达到最高点，期盼再往上扬的股市却开始往下掉，心里开始慌张。

有些投资人索性把股票给卖了；有些投资人，心有不甘非要等到股市回升才肯退场，但等着等着，受心情的影响，也只好低价卖掉离开股市。

（二）如何用理智投资

投资的策略有消极性投资和积极性投资两种。根据美国基金数据研究公司"Dalbar"2017年4月对投资者行为定量分析显示：自1997年至2016年，S＆P500指数的平均年报酬率为7.68%，而个人投资者的平均年报酬率为4.79%。从这个数字看来，个人在股市由忙进忙出的买卖，还不如跟着股市的大盘指数走。

1.消极的投资策略——先做好投资布局

消极的投资策略是指投资人长期持有某个投资产品来获利。根据有效市场假说，要先做好投资的布局，跟着市场前进，市场高不进、市场低不退，就可从中获利。

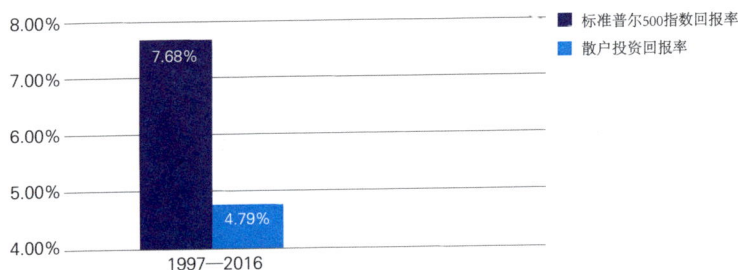

图6-5 过去20年的平均回报率

根据诺贝尔经济学奖得主尤金·法马（Eugene Francis Fama）所提出的有效市场假说（Efficient-Market Hypothesis）：在证券市场中，当市场的信息充分反映到市场的价格时，这个市场就是有效市场。在有效市场中，积极投资策略的获利并无法超越市场长期的平均获利。具体的说，在有效市场中，只要把投资的布局做好，就不需要短期在市

场里频繁地买进卖出，也不需要考究市场的走向，做市场分析。比如一个客户挑选S&P 500的市场基金，他长期下来就会得到S&P 500大致相同的长期回报率，如果他买的是债券，就会得到跟债券指数大致相同的回报率。

2.积极的投资策略

与消极的投资策略相反，积极的投资策略是借由收集市场的信息，通过主观的判断在市场价格高低不同的时间点买进卖出，试图借由套利避险来追求最大投资收益。

征服股海的投资界超级巨星彼得·林区曾说："投资股票不下功夫研究，跟玩牌不看牌是一样的。"所以下功夫研究股市是用理智投资股市的重要因素。如果不想下功夫深入研究股市，进场前可以考虑采取消极的投资策略，与信得过的财务规划师商讨并建立一个投资模式，定期回顾。

六、长期投资和短期投资

按照投资期限的长短可分为短、中和长期投资。短期投资是指3年以下的投资，中期投资是指3—7年的投资，长期投资是指7年以上的投资。投资期限长短的不同，所投资的产品也不同。无论短期、中期和长期的投资布局，都需要配合个人资产配置。

表6-3　投资期限、目标、工具

投资期限	投资目标	投资工具
短期（3年以下）	维持资金流动性并获得投资收益	存款账户、货币市场基金、短期债券等
中期（3~7年）	获得较高稳定收益	平衡性&成长性共同基金、中期债券、房地产、固定年金
长期（7年以上）	长期持有并获得高收益	绩优股、房地产、浮动年金、指数年金、收藏品等

七、选择投资工具

在选择投资工具或确定投资目标前，要先了解投资风险与报酬的关系，如同投资风险与报酬金字塔图所示，低风险的投资是为了保本而获取低回报，高风险的投资则是冒着失去本金的风险来换取高回报。每个人风险的承受度不同，每个人得到的回报可以依照诺贝尔经济学奖得主哈里·马科维茨（Harry Markowitz）提出的有效边界（efficient frontier）来对照，以承担风险的高低来换得回报率的大小（见图6-6）。

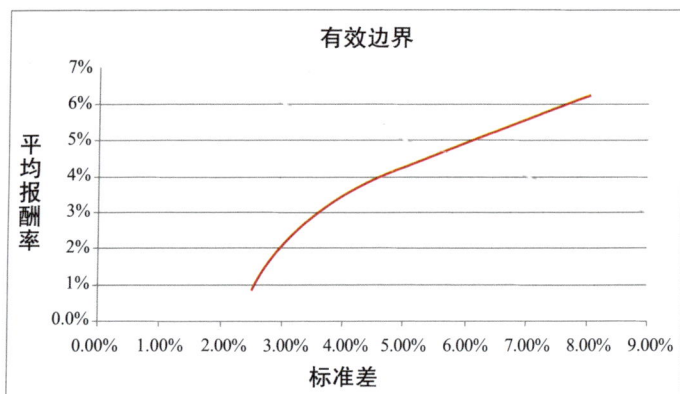

图6-6 有效边界

如图6-7所示，比方说要拿到6.5%的回报，就要承担4%标准偏差的风险。如果想拿10%的回报，就要承担6%标准偏差的风险。

E(r)回报、风险、贷款组合

不可能无限制上升

有效边界

切线资产组合

非最佳组合

资产市场线(CML)

无风险的回报(Rf)

期望报酬率

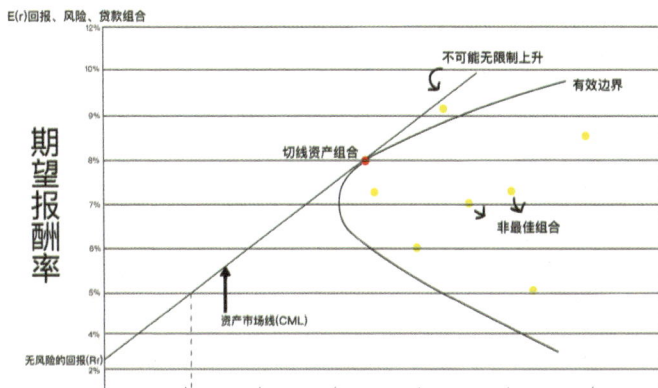

图6-7 风险、回报、贷款组合

横轴代表标准偏差，纵轴代表预期收益。斜线代表最好的回报，也就是说在这一条线上的回报和担当的风险成正比，是合适的组合，担当风险低回报低，担当风险高，回报相应就高。曲线代表有效边界。曲线上的落点代表有效边界，曲线下方的落点，代表风险很高，但回报很低，是不值得的投资的非最佳组合。

另，有效边界的曲线不会无限延伸，说明愿意冒的风险越高并不会带来更高的回报，对长期投资者而言，回报不可能持续地往上升。

八、平衡投资与资产配置

投资和资产配置与投资者的年纪和个性有关，要找出适合自己的个性化投资。一般中产阶级在年轻时的风险承受能力比年纪大时强。例如一个投资者30岁时，股票占总资产的百分比可达80%，20%为现金或是固定回报产品，如政府与公司债券等；到他40岁时，股票的比例下降至70%，30%为现金或是固定回报产品；到他50岁时，股票的比例下降至60%；到他60岁时，股票的比例要下降至40%；到他70岁时，股票的比例要下降至30%；到他80岁时，股票的比例为20%。但对于资产雄厚的投资人，即使到了60岁，他仍会非常积极地投资。由于股票和固定回报产品比例不同，每年平均受益会降低，风险指数也会降低。

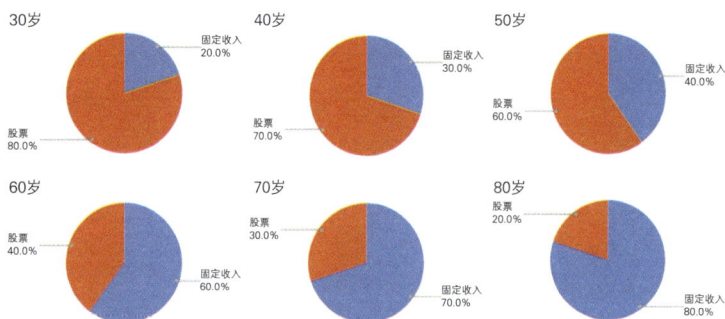

图6-8　资产布局参考

*这里的股票代指优质成长股和成长型共同基金的组合

投资回报与税务的考虑

投资回报不仅是买卖的差价而已，真正的收益必须是计算税后的净利，这才是实际的收益。高收入的投资者可以考虑长期拥有股票，如果股票不卖掉，涨价那个部分就不需要缴税，或者用政府提供优惠税收的投资项目，美国地方政府的免税债券，虽然利息低，但可提供稳定的利息收入而且不需要向联邦或地方政府缴税。基于税收的优惠和收入的稳定性，美国地方政府的免税债券更适合高收入的投资者。

九、投资目标与景气周期

在设定投资目标时，就要认清投资工具的景气周期，确定好投资的期限和预计的投资回报率，即在买进时就要设立好卖出的条件和时间，

并且看清楚大环境是否适合这样做。比方说投资10万美元，一开始就设定预期回报率是7%或10%，为了达到这个回报率，要多长的时间。以投资房地产为例，在买房子前就要先定个投资目标，投资房子的目标是要收租金还是要等升值。如果设定目标是要收租的话，一开始就算好租金的回报率，因为有收租金，即使房子不升值，也达到了投资的目标；如果买房子是为了房子升值后卖掉，设立的目标就如同投资10万美元买房子，希望10年后房价涨到20万后卖掉。至于认清大环境的形势是否适合，就比方屋贷款的利率低，那是买房的好时机，但考虑到房价已经持续攀升了8年，那么买房后，房价开始跌的概率就会很高，如果这时候买房子的话就要有心理准备。2008年美国经济大萧条，地产受影响，有些地区房价下跌30%—50%。

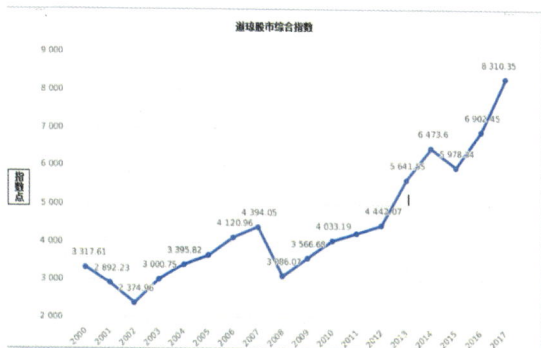

图6-9　投资走势

来源：https://www.statista.com/statistics/189758/dow-jones-composite-index-closing-year-end-veluse-since-2000/

十、多元化的投资策略

多元化的投资策略就如同不要把鸡蛋放在同一篮子里一样，进行分散投资，如投资股票、债券或房地产等不同领域的投资组合来降低投资风险。比方说买几幢房的风险比买一幢房子的风险小；投资股票基金的风险就比投资单一股票的风险还要小。一般来说，投资人的投资组合包括股票、债券、现金等组合体，投资时间，受益的回报会不一样。

图6-10　多元化投资

投资就像跑步一样，有百米冲刺，也有马拉松长跑。此外，投资的工具也不尽相同，就长远来看，投资需要效法马拉松的精神，只要朝着正确的方向走，中间的脚程无论快慢，都可以稳健地抵达终点。虽然有些人在短期投资里获得好的回报，如同在短跑上冲刺赢得好成绩，但如果无法在后续的投资中持续获得良好的回报，之前的回报也会被吞没而无法支撑后来的投资。投资的前提和大环境不停地转变，许多投资人过去投资获利的模式，不能保证未来同样的投资模式会得到相同的回报。长期投资是马拉松式的稳当投资，需要不断地学习，不断提高财务智商，成为财务不倒翁，最终达到全赢的终点。

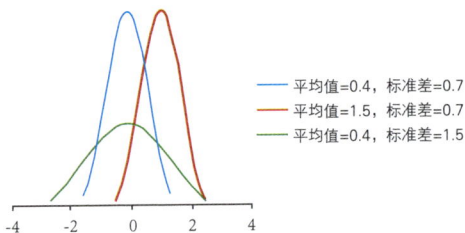

平均值=0.4，标准差=0.7
平均值=1.5，标准差=0.7
平均值=0.4，标准差=1.5

图6-11　标准偏差

★ 数据源：Quantitative Analysis of Investor Behavior" Dalbar, April 2017.

标准偏差（Standard Deviation）是一种表示分散程度的统计观念。标准偏差运用在股票以及共同基金投资风险的衡量上，是根据基金净值于一段时间内波动情况来计算。标准偏差越大，表示净值的涨跌较剧烈，风险程度也较大。

成功理财案例：

李先生是从中国台湾到美国求学的留学生，拿到硕士学位后就留在美国一高科技公司担任工程师，他在工作上表现良好，薪水丰厚。在他50岁时，也就是1999年初被裁员。擅长分析又对数字敏感的他看到股市一路攀升，于是就想用投资股市来代替收入，他买了两台计算机，以100万的存款投资，每天忙进忙出，在股市作日内交易（Day Trade）。他早上4点起床做功课，准备当天的股市交易，6点开始进入股市操作，几个月下来，在股市的获利比从前的薪水收入还多，解除了他失业的恐慌。

由于股市短线获利是属于短期资本收益，在隔年缴税时他发现1/3的获利都得缴税。当时他的孩子们已从大学毕业，他被裁员后转向股市投资，家庭和工作的结构都有很大的改变，于是他找我为他做作务规划，重新配置资产。我了解到他1年多来的股票交易，股票已有200万的现值，但他投资的股票，90%是放在科技股，并且他还向证券公司贷款，做融资交易。我帮他规划财务时，刚好是"911"事件前，科技股已开始往下滑。我建议他要趁股市好的时候赶快卖掉60%的股票，先还掉向证券公司借的60万贷款，用剩下的100万资金去购买美国政府免税债券，不再做融资交易。再把剩下40%的股票转作长期投资，不再做日内交易，避免股市下跌的风险。他接受了我的建议，在"911"事件后股市大跌时，原先40%的股票也就是价值80万的股票折半变40万，但原先60%的股票已转成100万美元的债券，两者加起来还有140万的价值，这就保住了他辛苦2年来的获利。折半变40万的股票，长期持有，坐收股息，后来股票的价值涨到比之前的价值更高，因此他没有赔钱。从此以后他就把握长期投资，后来又找了一份工作。虽然他的工资比年轻时高科技公司的高资要低，但他的投资收益可以供他和太太平稳的生活。从此他从短跑的投资运动员成为长跑的投资运动员。

理财博士温馨提示：
- ◆ 投资如同赛跑
- ◆ 短跑者跑短线
- ◆ 长跑者跑长线
- ◆ 钱赚钱积财富
- ◆ 用投资不投机
- ◆ 靠理智非情绪
- ◆ 慎选投资商品
- ◆ 长期积累回报

我的理财投资经验和理念：

1.总结投资成功的经验

_____

_____

_____

2.总结投资失败的教训

_____

_____

_____

3.学习掌握投资观念和方案

Ⅰ.长期、中期、短期的投资

_____

_____

_____

Ⅱ.理性投资

_____

_____

_____

Ⅲ.投资的方向和目标

_____

_____

_____

Ⅳ.个人投资的资源

_____

_____

_____

Ⅴ.了解投资大环境

_____

_____

_____

Ⅵ.选择消极投资还是积极投资

_____

_____

_____

Ⅶ. 本国境内和境外的投资，资金的分配

_____

_____

_____

Ⅷ. 投资的费用和回报

_____

_____

_____

Ⅸ. 自己投资还是请专业人士指导

_____

_____

_____

第七章　投资风险与报酬的金字塔

第一条原则，永远不要亏钱。第二条原则，永远不要忘记第一条原则。

——巴菲特

扩张中不忘谨慎，谨慎中不忘扩张……讲求的是在稳健与进取中取得平衡。船要行得快，但面对风浪一定要挨得住。

——李嘉诚

理财宝典金言玉语之七：在探讨投资规划之前，必须先了解投资风险与回报的关系和大环境，提高财务智商，建立投资目标，确定投资方向之后再策划投资。

　　王先生和王太太是从新加坡到美国的第一代移民，他们现年45岁和43岁，两人的年薪总计9万多美元，在德州拥有价值30多万的一栋房子，贷款15万。在银行账户里平均存有5—8万的紧急备用金。先生自己做小生意，太太在学校当老师，学校里提供全家的健康医疗保险、太太的收入和人寿保险，太太加入的学校提供403b退休计划，并且存到学校加码的上限。403b退休计划和夫妇俩投资的共同基金都放在中等风险的投资。只有5%的资金投资在股票上。夫妇俩各有150万足够的人寿保险，其中100万是定期保险，50万是储蓄保险。他们有两个孩子，都在念高中，他们已为子女存有5万元的教育基金，可供他们第二年的公立大学学费，第三年就要靠子女自己争取奖学金或半工半读以维持上大学时求学的费用。目前夫妇俩的总资产净额为30多万。他们夫妇俩是典型的小康家庭，有社会安全基金和退休计划福利，财务架构平稳厚实，建立在投资风险金字塔的中层。他们的财务结构就像一个不倒翁一样，即使是短期失业或是经济环境的短期变化，也不会受影响。

一、投资风险与投资回报

（一）投资风险小，回报低；投资风险大，回报高

　　一般而言，投资的风险越小，相对产生的回报也越低；投资的风险越大，产生的报酬也越高。

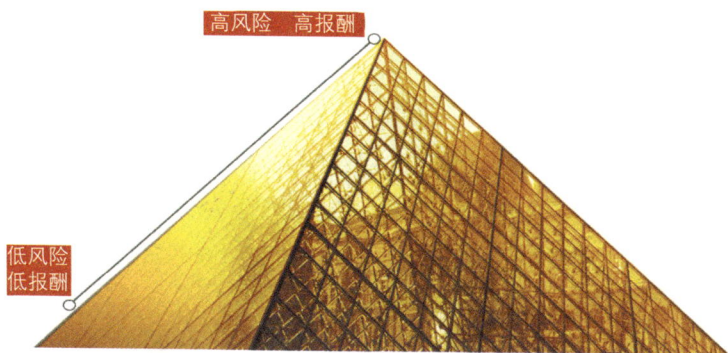

图7-1 风险和回报

（二）了解投资与市场关系的 β 值

一般投资大众往往只着眼在投资报酬上，却忽略了解投资的风险和报酬的关系的重要性。我们常用 β 值来评估某一投资对象相对于股市大盘的表现情况，如纽约证券公司等。比方说一项投资的 β 值为2，表示投资项目的风险为平均投资市场变化的2倍。当我们市场的预期上升是6%，这项投资的预期回报是12%，但是若市场预计下跌6%，那这项投资的预期损失则为12%。所以在投资之前，除了考虑投资回报的数字之外，也要先做功课了解该项投资与市场关系的 β 值，评估可以承受的风险，审慎思考之后再进行投资。

二、先模拟投资，再进场投资

对于高风险，需要专业知识才能操作的投资项目，建议投资者先在相关的公司工作或是利用模拟投资，积累几年的经验。如能成功从中获利后，再用自己的储蓄基金开始投资，不被感情上的想法而左右投资；如不能成功，也不会真的赔钱。如同下水游泳之前，需先试试水温，确认自己的游泳技术能否经得起大风大浪，水深注漩涡，而非贸然跳进表面平静的湖泊。

三、投资风险与报酬金字塔图

投资风险与报酬的关系如图所示：金字塔的底部是投资项目的地基，无论金字塔高度和宽度的尺寸如何，必须要有稳固的地基作为支撑。金字塔若盖得越高大，地基就要跟着建立得越厚实，金字塔若盖得小，仍然要有小而稳固的地基，这才能支撑地基以上的投资项目，而不至于因基础缺少稳固性让整个金字塔失去重心而崩塌。

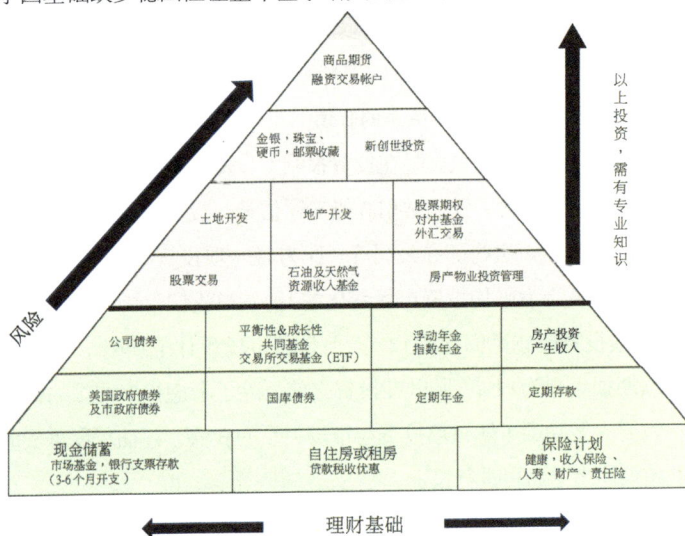

图7-2 投资金字塔

四、理财地基：紧急预备金、自住房、保险计划

（一）先预留3—6个月理财基础开支的现金储蓄或近期所需资金

每个家庭都需要预留3-6个月开支的现金储蓄或是预计近期可能需要动用的资金，现金储蓄包括银行的存款和容易变现的市场基金。

（二）买房或租房，有自住房

先要有一栋自住的房屋，也许是通过买房或是租房的方式获得，其可作为遮风避雨的地方。如果以贷款来买房的话，贷款利息可以用来抵税，有税收上的优惠。另外，买房的话，如果房屋的价值升值，产生了更多的价值，就会产生房屋净值（Home Equity）。

（三）以保险作为风险管理的屏障

要规划个人的健康、收入、生命、财产和责任的保险，将这些要素作为风险管理的屏障。

五、金字塔从底端开始，越往上的风险越大

金字塔底端的投资风险小，容易保本，但投资的报酬低。金字塔顶端的投资属于风险最大的投资，最容易血本无归，但投资的报酬却是最大。

（一）低风险

金字塔的第一层：政府债券及市政府债券、国库债券，固定年金、定期存款等保住本金的金融商品

1.美国政府债券及市政府债券（U.S. Government & Municipal Bonds）

债券是一种债务证书，政府债券的发行主体是政府。它是指政府财政部门或其他代理机构为筹集资金联邦政府发行的称政府债券（Government Bond），地方政府发行的称地方市政府债券（Municipal Bond）。如果你住在债券发行的那个州，购买居住地区市政府债券就享有利息免税的优惠。

2.国库债券

国库券（Treasury Notes & Bills）的债务人是国家，其还款保证是国

家财政收入，所以它几乎不存在信用违约风险，是金融市场风险最小的信用工具。由于国库券期限短、风险小、流动性强，因此国库券利率比较低。

3.固定年金

固定年金（Fixed Annuity）是一份保险公司与保户间的合约，合约中，保户进行一次或多次付款，之后保险公司以保户投入金钱的投资效益给受益人每年一笔款项。固定年金的利率和年份是固定的。保险公司按合约中的利率给付保户定期定额年金。如不领取利息，利息可以延税。

4.定期存款

最常见的金融产品就是银行的定期存款（Certificates of Deposit），按月份或年份存款，到期结算 。这种金融产品具有高度的市场流通性（Market Liquidity），也是储蓄的入门产品。定期存款就是银行和客户在存款之前会约定好存款的金额、利率和期限的一种存款方式。若约定存款的期限越长，定存支付的利息也就越高。通常约定的利率是固定的，无论利率上涨或下跌，存户仍然收到这个约定的利率。每个账户有FDIC（Federal Deposit Insurance Corporate）$250K本金的保证。

（二）中风险

金字塔的第二层：公司债券、平衡性和成长性共同基金、浮动年金、个人房产投资管理。

1.公司债券

债券是一种债务证书，公司债券（Corporate Bonds）是由工商企业机构给投资者的债务证据，承诺在一定时期内支付约定利息并到期偿还本金，是一种债务的有价证券。公司债券主要分为有担保公司债券和无担保公司债券。后者的风险较前者高，因此伴随较高的报酬率。风险是

公司的信用和财产来担保，一旦公司经营不佳甚至破产，投资者就会损失本金。

2.成长性共同基金

共同基金（Growth Mutual Funds）是由证券投资信托公司以发行公司股份或是受益凭证的方式，募集小额投资人的钱，将多数人的资金积累成基金，妥托专业的投资基金经理人操作管理，并由信托保管银行为投资人保管基金资产，投资基金需自己承担其赚赔的风险。

基金是群众集资，交给专业经理人来投资管理，意味着投资人找专业基金经理人帮忙决定直接投资目标。投资人经过选择和购买基金而作间接投资。基金的好处是可以小额投资，最少每月50美元买入一个单位，而不必像投资房地产或单一股票那样拿出大笔的资金。另外，专业的基金经理人通过收集和分析市场信息而作出投资决定、操作基金。所以股票基金的风险比单一股票的风险还要低很多。基金是一个由基金管理人员共同操作组合，因此当基金组合里的一个公司破产，其他公司股票不破产，投资者的投资不会因为一家公司的破产而受很大的影响。单一公司股票破产时，持有该公司的股票会赔到连本金都赔完了。

3.浮动年金

浮动年金（Variable Annuity）与固定年金相同处，是保险公司与保户间的合约。与固定年金不同之处，为浮动年金的利率非固定，而是由投资市场的回报来决定。投资商品是与保单联结在一起，有风险高的股票、基金组合或债券组合等其他投资工具。浮动年金还有延税的功能。

4.收入型房产投资管理（Income Producing Real Estate）

收入型房产投资是投资人通过购买不动产，以出租的方式获取房产投资的固定收入。投资人需承担房价下跌的风险。

（三）高风险

金字塔的第三层：股票交易、石油及天然气资源收入基金、房产物业投资管理。

金字塔第三层以上难度高的投资选择和项目，需要有执照的专业人士和有专业知识的人士才能操作得当，投资失败得自行承担责任。如果个人对以上层次的投资项目有兴趣的话，建议先模拟投资几年，获成功经验和信心之后，再用本人的储蓄进入市场投资。专业投资人才可以选用的金融产品如下。

1.股票交易

股票交易（Industry Stock Trading）市场分为首次公司发行股票（Initial Public Offering，IPO）的一级市场以及对已经发行的证券进行买卖，转让和流通的二级市场（Secondary Market），也就是证券交易所、期货交易所、外汇交易所等柜台买卖。

2.石油及天然气资源收入基金

以石油及天然气资源为投资目标的共同基金（Oil & Gas Income Funds）。

3.房产物业投资管理

投资人购买不动产后，交由专业的房产物业管理（Managed Real Estate Program）公司维护和管理物业。资金多、规模大，如汽车旅馆、公寓出租房等。房产物业投资管理受市场影响大。

金字塔的第四层：土地投资、地产开发、股票期权、对冲基金、外汇投资。

1.土地投资

土地投资（Raw Land Investment）是指购买未经开发的土地，持有一段时间直至土地升值至有利可图时出售给其他买家，以赚取利润。但

土地有可能几十年都不增值。投资者每年还要支付土地税、土地管理费等。华人心中的"有土斯有财"的概念不一定适用西方的每一块土地。如果没有看好地区，很可能是赔钱的买卖。

2.地产开发

地产开发（Real Estate Development）是指以盈利为目的投资开发房地产项目，从立项、规划、土地出让或转让、拆迁、建设到销售等一系列经营行为。地产开发必须有大量的资本投入，例如用于竞投拍卖的土地，要向政府当局上报计划书，申请建筑工程，获批后才能把建造工程外包给建筑公司，申请银行贷款建造楼房，楼房建成后分别由销售公司卖给不同的投资者。

3.股票期权

股票期权（Stock Option）是一种合同，是在未来特定时期内（规定过期日之前）按照约定价格（Strike Price）买入或卖出特定股票（Underlying Stock）的一种交易选择权。

（1）经理股票期权

股票期权（Stock Option）的一种形式是指经理股票期权（Employee Stock Owner，ESO），即企业在与经理人签订合同时，授予经理人未来以签订合同时约定的价格购买一定数量公司普通股，经理人有权在一定时期后出售这些股票，获得股票市价和行权价之间的差价，但在合同期内，期权不可转让，也不能得到股息。在这种情况下，经理人的个人利益就同公司股价表现紧密地联系起来。现在很多大公司以ESO发行给高层经理和主管人员，像金手铐一样连接着他们，让有能力的人为公司作贡献并得到奖励。

（2）市场上交易的股票期权

股票期权的另一种形式是市场上交易的股票期权，并非由上市公司发行，是股票本身的一种衍生物。投资股票期权，是在股票期权的期限内，按照约定价格买卖的权利，以市场上的股票价格波动来获取利润。

4.对冲基金

对冲基金（Hedge Fund）又称为避险基金或套利基金，是利用期货、期权等金融衍生产品以及与其相关的股票行使买权和卖权等风险对冲的操作技巧。虽然对冲基金也被称为避险基金，但对冲基金的操作方式和买卖的金融商品是高风险的投资。

5.外汇投资

各国的汇率（Currency Market）受到本国的政治经济状况、国际的收支、通货膨胀、利率和货币政策等因素影响。外汇投资的风险很大，因为汇率浮动受到以上许多因素的影响，要预测外汇的走向很困难。可以运用外汇来避险，建议长期持有某个外币。以家人侨居在美国为例，建议长期持有美元作为资产的一部分，不用频繁地买进卖出，如果将外汇作为投资买卖的一部分，比例不超过总资产的10%。

金字塔的第五层：金银、珠宝、硬币和邮票收藏以及创业投资。

1.金银、珠宝、硬币和邮票收藏

金银、珠宝、硬币和邮票等（Gold，Silver，Gems，Coins & Stamps Collection）收藏品是被人们逐渐看重，经过岁月积累价值。收藏品是一种中长期投资，收藏品的价值随着时间和稀有性而提高。因为买卖的市场非常小，再加上易受经济环境的波动和市场销售时欣赏程度的变化，不容易变现。

2.创业投资

创业投资（Venture Capital Investment）指具备资金实力的投资家对具有专门技术并具备良好市场发展前景，但缺乏启动资金的创业家进行资助，并承担创业阶段投资失败风险的投资。投资家投入的资金换得

企业的部分股份，日后获得红利或出售该股权获取投资几倍甚至几十倍的回报。投资新创公司需要眼光、专业背景和经验。如果没有专业的判断，贸然投资新创公司的风险很高。再好的产品也不一定有市场的需求，当产品无法在市场上销售，最后只会投资受挫。

金字塔的第六层，也就是最顶端一层，其包括商品期货、金融期货和融资交易投资。

1.商品期货

商品期货（Commodities Future）是目标物为实物商品的一种期货合约，是关于买卖双方在未来某个约定的日期以签约时约定的价格买卖某一数量的实物商品的协议。商品期货交易，是在期货交易所内买卖特定商品的标准化合同的交易方式。

2.融资、融券交易投资

投资人以手上的资金或证券作为抵押，向证券公司借钱来买股票称为融资（Margin Account）；如向证券公司借股票的话则称为融券。这是对于想买进股票而资金不足，或想卖出股票而欠缺股票的投资人，由证券公司提供借贷的交易方式。这种借贷方式进行的投资虽有机会放大投资报酬与获利，但也大幅提高了投资的风险。举例来说，如果投资人在"信用交易账户"里存放100万美元，向证券公司借50万美元，投资人就可以150万美元来作股票投资。如果股票升值话，投资人可自由决定何时卖出股票套利变现；但是如果股票跌幅超过融资保证金的比例，证券公司就会通知投资人去补差价（Margin Call），如果投资人没有补足差价，证券公司就会自动卖掉投资人信用交易账户里的股票，以维持融资保证金的比率。投资人对于被卖掉的股票只能认赔，而无法自行决定何时卖股票，也无法等到股票回升到更高的价位再变现。我有一位客户没有投资股票的经验，先生去世后得到一笔理赔金，经由证券公司介绍她融资交易投资，被业务人员说动了，将80%的资金投入股市，并融资投资，用贷款再买更多的股票，当股票下跌时，被迫补差价，结果赔掉了亡夫留给她80%的遗产。

注释：

★β值：用于计算某一段特定时间内，个别资产（如个股）报酬受到系统风险（如股市）影响的大小，通常以一个称为β（Beta）的数值来表示，亦即市场（如：指数）报酬变动时，个别资产之预期报酬率发生变动的程度。它所反映的是某一投资对象相对于大盘的表现情况。其绝对值越大，显示其收益变化幅度相对于大盘的变化幅度越大；绝对值越小，显示其变化幅度相对于大盘越小。如果是负值，则显示其变化的方向与大盘的变化方向相反；大盘涨的时候它跌，大盘跌的时候它涨。如果β=0，表示没有风险；如果β=1/2，表示风险仅为市场的一半；如果β=1，表示风险与市场风险相同；如果β=2，表示风险是市场的2倍。

成功理财案例：

许先生如同许多华人一样，认为黄金是保值的投资，喜欢购买黄金。在他找我为他作财务规划前，他的80%的投资都放在黄金投资上。黄金的指数在1986—1996年间都不涨。许先生冒了很大的风险，但每年只有2%的回报。于是我建议他留下占8%总资产比例的黄金，也就是卖掉手上80%的黄金，将这50万美元转买长期投资的股市S&P 500的成长基金。这20年来，这些成长基金的价值已涨到200万。如果他当年不把大部分的黄金卖掉，现在的黄金价值只有120万左右，黄金是典型高风险低回报的投资。经过我将他的财产重新配置，目前200万的资产配置是一个保守的架构，有成长有收入，十分稳定。

图7-3　黄金和股市对比图

来源：https://www.gold-barren.eu/gold-price-chart-euro-usd-history.htm

理财博士温馨提示：

◆　投资风险高回报大

◆　投资风险低回报小

◆　认清风险才能决定

◆　模拟投资方才进场

我的风险承受能力评估

1.下列哪一项更加真实地反映您的风险承受能力以及您的投资目标
（　）

（1）资产保值，我不愿意承担任何投资风险

（2）尽可能保证本金安全，不在乎收益率比较低

（3）产生一些的效益，可以承担一定的投资风险

（4）实现资产较大增长愿意承担很大的投资风险

（5）实现资产大幅增长，不需要保证本金安全

2.您预期将在未来几年开始使用账户内的资金（　　）

（1）1年以内

（2）5年以内

（3）5年—9年

（4）10年—20年

（5）20年以上

3.为了实现一定的投资效益，您愿意承担的风险范围是（　　）

（1）我不愿意承担任何投资风险

（2）为了实现每年2%的收益我愿意承担损失1%的风险

（3）为了实现每年5%的收益我愿意承担损失10%的风险

（4）为了实现每年10%的收益我愿意承担损失20%的风险

（5）为了实现每年10%以上的收益我愿意承担损失30%以上的风险

4.您对此账户的每年的固定收入期望是（　　）

（1）我不期望从此账户上获得任何收益

（2）3%

（3）4%

（4）5%

（5）6%以上

5.您对目前"我希望投资尽可能保证本金安全，不在乎收益率比较低"的看法是（　　）

（1）十分同意

（2）同意

（3）没有意见

（4）反对

（5）十分反对

6.您在未来将会如何使用此账户内的资金（　　）

（1）我希望将资金基本用于生活必需开支

（2）我希望将大部分资金用于生活必需开支

（3）我希望大部分资金可以自由支配，部分用于购买生活必需品

（4）我希望可以自由支配资金

（5）我不希望自己使用这笔资金，希望将资金留给继承者

7.假设您投资的\$75,000在一年内升值至\$100,000（盈利33%），然后您的投资又突然贬值至\$85,000（损失15%），您将会（　　）

（1）将投资产品全部卖出以免未来的投资会有15%或更多的损失

（2）将投资产品部分卖出并将资金投资于风险较小的产品

（3）根据投资经纪人的建议进行投资

（4）引起一定程度的注意但不做任何改变

（5）购买更多次投资产品因为它虽然有高风险也有高收益

选项（1）（2）（3）（4）（5）分别对应分值1分、2分、3分、4分、5分，总分与风险承受能力多对应关系为：

低风险：7—21分；

中风险：22—28分；

高风险：29—49分。

第八章　房地产投资

　　房地产最重要三件事情：第一要看地段，第二要看地段，第三还是要看地段。

　　　　　　　　——哈罗德·萨缪尔爵士（英国房地产大亨）

　　有德此有人，有人此有土，有土此有财，有财此有用。

　　　　　　　　　　　　　　　　　——《礼记·大学篇》

　　理财宝典金言玉语之八：贷款是投资房地产成功的杠杆，也是投资房地产失败的滑梯。

　　我刚到美国时搬进Rose家做管家，由于信任和友好相处，她把我当她女儿一样对待，在我拿到硕士学位后，她成为我的客户，我为她作理财规划。Rose和前夫在20世纪50年代以14000美元开始投资第一栋房地产，赚了钱之后又投入房地产。1981年，我为她工作时，除了她的自住屋和度假屋之外，在她名下还拥有美国南加州300多套的公寓。她50岁后，就将所有的公寓都交由专业的物业管理公司管理。在她将近65岁时，觉得自己一辈子都投入在房地产上，虽有物业公司打理，但是许多事还是得由她作主很操心。20世纪90年代房地产市场刚上升的时候，她虽知道房地产将来还会再增值，但她年岁已高，毅然决然把所有的公寓卖掉，净值500万，保留自住房、度假屋和少数投资房。她把赚来的钱购买免税的地方政府债券1000万，每一年光是利息收入就有50多万，500万做共同基金、股票的组合，平均每年7%—8%增长，她不需要再为房子操心，可以真正享受生活而没有烦恼。后来她从原本的大房子，搬到圣地亚哥市中心的高级公寓居住，偶尔到她的度假屋度假，日子过得简单、悠闲，子孙经常去看望她。她持有的地方政府债券和共同基金后来也稳定地增值，在她过世后这些债券和基金顺利地转给她的第二代和第三代子孙。这是一个毕生投资房地产且在退休后合理的资产分配的成功案例。

　　另外分享一个以房地产投资的失败案例。我有个朋友年轻时在房地产投资赚了一笔钱，中投资，大投资，公寓投资，商业投资，土地投资，一路成功。68岁退休后他看好赌城拉斯维加斯投资开发大批高级住宅，他卖掉所有的地产，为了延税做了延税交易（1031 Exchange）于是他和几位朋友合伙投入大笔资金，期望兴建好后卖掉赚更多的钱。但高级住宅盖好后遇到金融风暴，高级住宅销售率低，但造价又很高，因而无法支付银行贷款利息，他的资金被套牢，整个投资项目宣告破产，最后血本无归，赔掉一辈子在房地产积累的财富。可惜了毕生的心血，70岁后还要为晚年的生活操劳担忧，生活质量大大下降。

　　每个人都需要有个栖身之所，所居住的房子，也许是自己购买，也许出租房，或是住父母的房子。对华人而言，"有土兹有财"是一个根深蒂固的观念。拥有一栋属于自己的房子，是每个华人的梦想。房地产投资也是华人热衷的投资项目。许多华人，起码拥有一栋自住的房子，有些人还有多栋投资的公寓、房子、旅馆和其他的地产并将其作为保值、增值和抵御通货膨胀的屏障。

一、买房还是租房

　　年轻人开始工作后，有了储蓄，第一个梦想就是要有自己住的地方，这也是独立生活的第一步。从租房子到买房子，通常在结婚成家后或工作地点和收入稳定后。在美国购买房地产者，一般都是靠自己的薪水储蓄下来，先买小房子，再换大房子，然后用大房子换更好的房子，但目前中国大城市的房价很高，对于年轻人而言，要存钱买房子，其实是遥不可及，因为房价所得比太高，以他们的收入，很难买得起房子，即使是双薪夫妻，靠着薪水生活，按照现在的房价，一辈子也买不起大城市的住房，所以究竟要先买房还是先租房，可以依照以下几个基本原则来做衡量：

　　（一）工作的稳定性

　　现有的工作和工作地点在未来的3—5年内会不会有变动？贷款需要15—30年偿还，是一种长期的还款责任。能否承担？

　　（二）收入的稳定性

　　目前生活收入的来源，有没有可能会突然中断。

　　（三）贷款的准备

　　是不是已经有足够的头期款可以支付买房子的需求。

　　（四）买房后的风险管理

　　买了房子后，是不是有足够的金钱可以支付与房屋相关的房屋地产

税、保险费、管理费和维修费用等。

（五）积累足够自备款并选好地点再买房

通常租房子的费用比买房的开销低，经过一段时间积累储蓄，以购买人生的第一栋房子，筹措自备款。

大部分的人想住在离工作地点近的地方，上下班方便。工作机会以大都市最多，薪资也比较高，但大都市里的房租也高。因此大都市旁的卫星城市是不错的居住地选择，距离工作地点不太远都可选择；或是住在大城市里，但住得小一点，简约一点。再以节省下来的房租找一个适合退休生活的中小型城市购置房产，先出租，租金收入可以分担房贷，退休后再搬到这里生活。如果买了两栋，一栋自住，一栋出租，退休后还有一笔固定投资收益。而且房地产经过20、30年后，不仅保值，还能增值，也就是说，在大城市工作，在小城市买房，可以兼顾生活品质，也不会被房屋支出压得太辛苦。

改革开放后，中国的房价直线上升，以至许多年轻人买不起房。建议先租房，住离工作较近的房子，存钱买有发展前途、适合退休生活居住的房子。以中国南部地区的城市为例，在深圳附近的珠海买房子，房价便宜许多。现在可以出租，今后可以做度假或者长住屋，在有发展潜力的地区买房子，现在未发展时价格合理，未来20、30年地方发展起来后，房地产就会增值。

二、贷款预算

买房子是一大笔开销，所以要买什么样的房子，与拥有多少资金以及未来承担贷款的能力有关。购屋的预算以保守计算可以拿出20%—30%的头期款的金额，以及每个月的收入1/3支付房贷来估算。以要购买一栋价值30万元的房屋为例，买房时手上要付出6万美元至9万美元的现金作为头期款，以贷款21万美元至24万美元，30年4%的房贷利率来算，每个月的房贷为1400—1500美元，每个月的税后收入就至少要有 4200—4500美元来供养房子和生活需要。

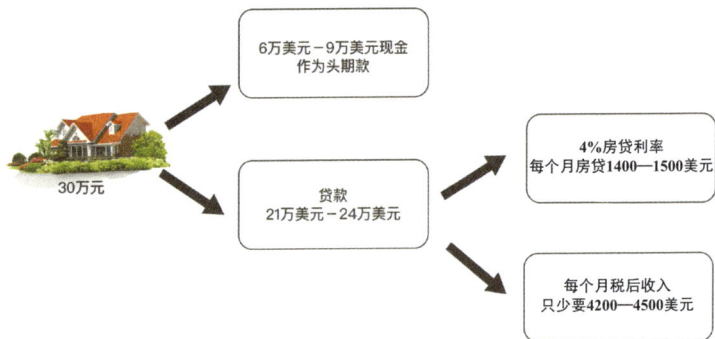

图8-1 贷款预算

依据人生阶段的不同，定出购房计划。在工作地点稳定后，可在附近买栋康斗公寓（Condo），这样可省下通勤时间及交通费。如果是以贷款买房，购屋贷款利息可以用来抵税，购屋预算要以收入能够负担为衡量。

先租再买承租的房子。如果你喜欢现在的租房，在美国租房子前可以跟房东先谈好先租再买的合约。比如说租房前3年可以先付高于市场行情的租金当作未来买房子的头期款，等3年到了之后再决定是否要买。如果3年后房客决定要跟房东买租屋，过去3年所付出的所有房租可以折抵房子的头期款。如果3年后房客决定不买房东的房子，房东已收了高于市场的租金3年，也没有损失。

三、自住屋的需求

（一）随生活形态而改变
美国的中产阶级，一栋自用住宅，两部车，这些都是生活必需品。

然而美国人的一生，通常会换上许多次房子，平均5年一次，往往根据工作地点、收入和人生规划的变动而改变。

（二）房子由小换大，再由大换小

人们对于房子的需求，随着人生各个阶段的需求，由小换大，再由大换小。刚结婚时，年轻夫妇住小房子就已足够。随着夫妻收入的增加，生儿育女。到了子女上学年龄，考虑到小孩就学的需要，可能要换成大房子，搬到离学校近或比较好的学区。等到孩子长大，离家独立生活后，夫妻俩会搬到自己喜欢或适合退休生活的地区，原来的房子可出售，改住比较小的房子，以减少在房地产上的支出；或者把原来的住屋作为出租的房子，增加收入的来源。

（三）房子由大换小的价差，可补充退休金

退休后把大房子换成小房子，卖掉总价高的，买入总价低的，再加上原有房地产在几年间的增值，房地产可回馈一些现金，以这些现金来充实退休金。可充分利用美国税制提供的夫妇享有50万元的住屋增值免税额。

举例来说（见表8-1），一对夫妻1990年花 $200,000 买套房子（5万首付，15万贷款，15年付清），2010年卖房价为$800,000，减去$10,000装修及手续费等净增值为$500,000，享受夫妻各$25万美元的自住增值免税额。该夫妻再用40万美元买小房，10万美元可充实退休金。

表8-1　自住房屋增值计算

2010年卖房价格	$800,000
减1990年买房	$200,000
减装修及手续费	$100,000
等于增值（免交税）	$500,000

小房换大房

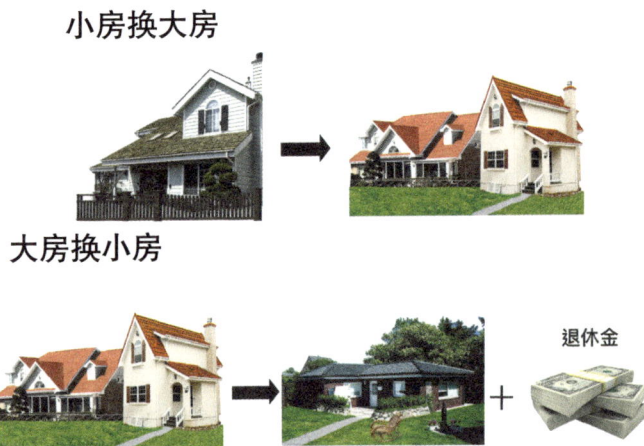

大房换小房

退休金

图8-2　自住房屋的买卖

（四）自住屋为生活必需品

自住的房产应该被视为生活必需品，而不是投资。虽然有些地区的房地产在10年、20年后，会有明显的增值，但因为你就住在里面，卖了就没地方住，除非部分出租，才能有一些租金收入，是房产就会具有增值空间，然作为自住屋，不变现，就没有回报。

四、房地产投资

房屋除了自住之外，也有投资的用途，投资房地产（Real Estate Investment）可以收租金、赚价差，抑或为营业之用。美国有些地区的房价很稳定，历年房价没有很大的变动。但美国有些地区的房价波动较大。以加州为例，加州的房价大约10年一个循环，房价高低起伏。但长期来讲，房子是在升值，当房价在上涨时，可以申请房屋净值贷款把现金领出来；当房价往下走时，以现金当作投资房屋的首

付，来投资租屋。随着景气的循环逢低买进，投资租屋，以这样的模式投资，许多华人在三十几岁开始买房，到了60岁左右就可以在加州或外州有几栋租屋。这时就可以把其中几栋卖掉，留2、3栋作为自己和儿女自住的房屋，就不用花那么多的时间来管理。卖房所赚来的钱就可作为退休金基金和年金的运用，享受退休生活。

投资房地产有以下几种类型：

（一）购买度假住宅或第二个家

如一年出租超过14天就被视为出租房。

（二）购买租用住宅收租金

收租用的房地产，就是买了住宅之后，出租给他人，收取固定的租金。买的住宅可能是公寓或独栋房子等。无论是买一栋或多栋，都是以收取租金为目的，作为收入来源。如果投资房产收租，就期望能够提供现金流。但是有些房价高的地区，投资初期的几年可能现金流是负数，收的租金不够支付贷款和其他房屋维护费用。要等几年后租金增加才能逐渐打平而提供现金流。在投资租屋时，需要先评估和计算投入的金额和回报的比例是否有投资的价值。

（三）房地产增值后变现获利

如果房屋位在好区的话，经过一段时间还会增值，可出售赚价差，获得更多资金或再投资更多的房地产。可以利用1031延税交换房子的税务条款，买价位更高的房子，增值部分可以延税。

（四）购买商业地产、商办大楼收租金

如果资金有限，可以合伙一起购买商办大楼、购物中心。收取租金外，长期还有增值的空间。

（五）公司购买商办厂房，供自己公司做生意

购置房地产为自己做生意，或是兴建公司的办公室和厂房，这是一

种投资。有些业主以资产买地盖厂房，不用承租他人的土地及房屋，支出的现金流稳定，有助于稳固公司营运。

（六）自己购买商办厂房，租给公司做生意

购买商业地产的方式，除了以公司名义购买外，公司业主还可以用私人资金购买归于名下。再将办公楼或厂房租给公司作为营业场所。这样，公司营业场所的租金，又回到个人的资产。公司可以用合理的价格租到厂房，业主的财产也会增加，是双赢的局面。在个人财产和公司资产分开处理的状况下，即便日后公司转手卖掉，只要买家仍然租用同一个地点作厂办，业主的个人收入和房子增值仍然可持续成长。

（七）自己经营、投资汽车旅馆

汽车旅馆是指小型旅馆，30—40间或中型连锁旅馆，夫妇投资汽车旅馆自己经营，既有收入又有工作可以做，虽然很辛苦，但也是一种扩大资产的好方法。因为汽车旅馆在20世纪80—90年代大幅增值，许多华人将生意经营得有声有色。有些投资者在小型汽车旅馆增值后，以1031延税买卖形式将原有小型汽车旅馆换成中、大型的旅馆或正规酒店扩展更大的房地产事业。

五、地产开发投资

（一）土地开发是高风险的投资

土地投资与地产开发（Land Investment and Development）是投资风险和报酬的金字塔的第四层，是一种高风险高报酬投资。为何说投资土地的风险大？纯粹土地投资，获利来源是靠未来土地增值，但若十年后才能卖出，持有土地的这段时间无法获取现金流，还要支付出管理成本和税金。如果买进土地却长期卖不出去，就会变成烫手山芋，不但没有资金进来，持有不动产的税金及开销还需投资者拿现金

去支付，例如整地费用、地价税。如果在土地上动工盖房子，还要支付建筑费和土地及房屋税等大笔现金。买土地、开发土地是一种长期持有的投资，这类投资需要有好眼光，能找到好的地区，才有大幅升值的机会。

（二）地产开发是高风险高回报的投资

高风险投资就有高报酬的可能，土地投资风险高，但如果看准了，回报就相当高。所以，在进行土地买卖前，必须先搞清楚政府对于这块土地的规划和城市未来的发展方向，并确认土地的使用分类，是工业区、住宅区还是商业区。如果今后政府改变土地使用权，未来升值的空间价值相差会很大。一般来说，好的土地可以盖房子建地，但如果这块土地不开发，几十年不涨价的情况很常见，投资人要做好周全的市场调查和研究。

（三）认清"生土地"或"熟土地"

土地开发根据价值及性质的差异，可分为"生土地"和"熟土地"。生土地指的是没有水电、没有完善道路的土地，这种土地比较便宜，但无法立即开发，必须等政府把水电接通才有开发的可能性。已有水电和道路的就是熟土地，可以马上开发。

六、私募地产投资信托

私募地产投资（Real Estate Investment Trust，REIT）属于高端资产群的投资，地产信托式的投资，风险高，报酬不保证，如果是投资项目好，则会按合同给红利和增值回报，每年可能有5%—7%的收入，且还有增值的前景。如果投资的项目不适合，这种信托组合也有破产的风险。因为是由私募管理人员控制掌握，投资项目的管理费用、开支很高，投资人很难把握升值的空间和固定的回报。

七、投资房地产的风险

（一）房地产为长期投资，房市受景气影响

房地产是极佳的投资，保值、增值速度应该比通货膨胀率增长高。投资房地产的缺点是房地产变现不易。难以短期买卖赚差价，除非是泡沫化的市场，否则不太可能短期获利。投资房地产虽然有景气循环，长远看来，好的投资可达每年5%—7%的回报率。有人在地产景气循环中，赚到可观的财富。投资地产需要人力或是专业的管理人才。

（二）房地产变现不易

房地产变现不易，找买家需要时间。正常房地产的买卖，需要遇到经济景气和买家的支付能力，要3个月到1年的时间才会成交。当将近退休时，需作地产重新配置，若房地产的投资获利未达预计回报时，可留下部分的房地产，其他部分卖掉变现或转成其他保守型投资，让过去积累的投资提升退休后的生活质量。

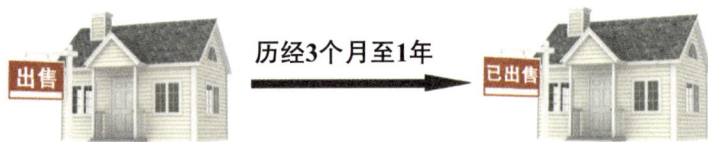

图8-3 房地产变现

（三）房地产需要管理，自己管、找人管或子女接班管

房地产投资是一种积极性投资。房地产需要管理，就投资租屋而言，需要找房客、收租金和维修房子。如果遇到不付租金的房客还要打官司驱离，损失几个月的租金。投资者要考虑自己是否有精力和能力维持房地产而生财，是否要自己管理还是花钱找专业人士管理或者让子女接班管理，投资前都要列入考虑。如果在三四十岁时投资房地产，到了

退休的年纪，无力管理时可以卖掉变现；如果手边资金充裕，也可以将房地产作为遗产传给后代，受益人不用交房子的增值税。

八、外国人在美国购置房地产

外国人在美国购置房地产不可以当作移民的条件，但可以和美国公民一样享受私人房地产权。美国房地产是国外房地产公司和个人投资理财的良好工具。外国人在美国购置房地产时，需要有律师和会计师的协助，来界定清楚房地产的拥有权是属于投资者本人，或是赠予亲友，还是以公司的名义来拥有。若出租房地产的话，租金收入要以外国人或外国公司的身份和税率来报税。外国人拥有美国房地产要特别注意传承计划，万一房地产投资人过世了，房屋的拥有权会落在谁的身上，并注意美国政府对外国人课征的遗产税。

九、房地产买卖请教专业人士

房子是耐久财，所以法律文件一定要审慎处理。房子原有的贷款和房屋留置权（Property Liens）是否还清，过户前不清理，过户后就成为买主要承担的风险与责任。购置房屋最好请房地产经纪人、托管交易公司（Escrow Company）或是律师等专业人士来厘清债务状况与责任，并把关买卖及处理法律文件。 房子的拥有权要考虑清楚，用信托、用夫妻共同拥有，还是和子女共同拥有，事先和会计师或财务计划师咨询。

十、我适合投资房地产吗

投资房地产要考量个人的情形和外在环境因素再作决定。外在环境包括金融市场状况、利率走势、银行房贷政策、政府房地产政策等；个人的情形包括是否有资金可长期投资房地产，是否有精力和心力管理房地产等因素才能决定是否适合投资房地产。

成功理财案例：

赵先生是来自印尼的华侨，20世纪90年代开始与妻子在圣地亚哥创业，他从事的是五金材料行业。夫妻俩一同创业3年后，公司营利扩张，规模有20多名员工。这时我和他的会计师共同规划公司计划，建议赵先生在圣地亚哥先买一块土地，等公司累积更多资金时再来盖厂房和办公室。土地购买两年后，他累积足够资金，加上银行贷款，以公司的名义在公司的土地上盖厂房和办公室。盖好宽敞的厂房和办公室后，公司的土地和厂房价值升值的很快，此时圣地亚哥商业用地和办公大楼的租金也持续上涨。由于赵先生公司的办公用地是自买自建，不需要负担逐年升高的租金，宽敞的厂房也能满足公司成长后所需额外的空间，使得公司的营运成本较竞争的同行低。所以，历年来公司利润收益较同行高，也不会因同行削价竞争而降低公司产品的质量。创业十年后，公司营运稳定，在我的帮助下，他开始建立自己的退休金计划，购买自己居住的房子，也建立家庭的资产。这是企业运用自己公司的房地产和生意相结合的成功的例子。

理财博士温馨提示：

- ◆ 栖身之处不可少
- ◆ 自住投资都重要
- ◆ 计算贷款偿还力
- ◆ 出租房产有收入
- ◆ 专业把关免麻烦

我的购屋计划：

1.工资和工作稳定性

_____

_____

_____

2.头款资金来源

_____

_____

_____

3.买房地区

_____

_____

_____

4.居住时间

_____

_____

_____

5.每年养屋的开销（税，保险，维修，贷款等）

_____

_____

_____

6.贷款的评估

_____

_____

_____

7.购房经纪人的选择

_____

_____

_____

8.专业贷款经纪人的选择

_____

_____

_____

现有房地产的评估

地产	地产一	地产二	地产三
地址			
所有权			
房产税（每年）			
按揭明细			
贷款开始日期			
贷款原始金额			
利息率			
贷款期限			
每月支付（本金+利息）			
现今市场估价			
剩余贷款金额			
租金收入			
出租开支 ●房地产税 ●保险/管理费 ●维修等其他开支			
报税前的总收入			

第九章　金融投资——股票和债券及其他投资

判断对错并不重要，重要的在于正确时获取了多大利润，错误时亏损了多少。

——乔治·索罗斯（著名的货币投机家，股票投资者）

贵上极则反贱，贱下极则反贵，贵出如粪土，贱取如珠玉。

——《史记·货殖列传》

理财宝典金言玉语之九：鸡蛋不能放在同一个篮子，但也不要放在太多的篮子里，稀释每项投资的资金和收益。

教文是早期留学生，50年前从中国台湾大学毕业后就到美国念电机工程学专业，拿到硕士学位后就留在美国一公司工作。由于工作稳定，公司的福利又好，他的退休基金除了401K之外，还有公司提供的退休养老金（Pension）和政府的社会安全退休金。退休时，他的房贷已经付清，太太已经过世，他的退休生活自由自在。他住在子女附近，四周邻居有几个华人退休家庭，互相关心，退休前他买了长期护理保险，没有后顾之忧。由于退休后他的财务基础非常稳固，他拿出一部分资金来投资几家公司的股票。其中，他用30万美元，以20美元一股的价格买入苹果公司计算机的股票，长期以苹果公司发放的股利作为他的补充收入，10年后，股票涨到120美元的时候他也没卖。因为他的生活不缺钱，他打算把这些股票留给他的子孙。在他70多岁时，他找我帮他作财务和遗产规划，他在苹果股价涨到150美元时，留一部分继续投资苹果股票，卖掉一部分，股票套现的钱一部分转投资S&P 500科技股以降低投资一家公司的风险，一部分配置共同基金等。股票的部分作长期投资由他亲自管理，作出买卖决定。他每年从不同投资的股利中拿出3万美元捐给慈善机构、文艺机构和佛堂，用来回馈社会，又可以减少税金。

一、金融投资

金融投资与股市的行情有关。下图是美国知名基金评级的权威机构——晨星公司（Morningstar）的统计，自1926年股市至今不同金融市场成长历史。从图中的6条曲线可以看出，小型股、大盘股、政府债券、固定回报投资、国库债券和通货膨胀的起伏。股票和债券市场的衰退与复苏与战争、失业率、物价、最低工资、旱害、美国总统去世等重大的历史事件有关。不同类型的金融市场升值的程度不同，如果找到好的投资组合，长期下来会有相当可观的回报。如果期望炒短线，在股市里忙着进进出出，不一定是长期投资的赢家，一个错误的判断和决

定也许会将几十年的获利前功尽弃，反而得不到市场成长趋势的回报。

图9-1 股市走势

来源：http://www.raymondjames.com/soundwealthmanagement/pdfs/
sbbi-1926.pdf

请参考上图金融市场91年来的回报，风险和通货膨胀

二、股票的定义和分类

股票（Stock）是股份证书的简称，是股份有限公司为筹集资金而发行给股东作为持股凭证并借此取得股息和红利的一种有价证券，拥有股票者代表拥有部分股权。股票持有者可以进行股票的买卖和转让。

（一）按股票权利分类

股票分为普通股（Common Stock）和特别股或称优先股（Preferred Stock）等不同股权。

普通股既没优先权也没有限制基本权利，特别股（或称优先股）则享有优先权，也会有限制基本权利。如果公司发放股利，就会发给优先股持有人。

（二）依照上市公司的规模分类

大盘股（Large-Cap）为市场资金5亿美元以上的公司发行的股票；

中型股（Mid-Cap）为资金2亿美元至5亿—10亿美元之间的公司发行的股票；小型股（Small-Cap）为资金300万—2亿美元的公司发行的股票。如果股票的每股价值低于一美元，被称为细价或低价股（Penny Stock），这种股票的风险很高，被归类为垃圾股。

（三）依是否受景气的周期的影响分类

受市场循环影响的股票。比方说休闲旅游业和高档消费品和奢侈品等很容易受到景气好坏的影响，市场经济繁荣时，这种股票容易升值，市场萧条时，这种股票容易下跌。而提供民生消费如水力、电力等公司的股票较不易受经济高低起伏的影响。

三、衡量投资回报的方式

衡量投资回报的计算方式有许多种，如果事先做功课，投资有方向感，成功的比例也就更高。但如果没有事先做功课，只是盲目地投资就是投机，风险大，成功概率小。所以，建议投资人在投资前先以科学理财的公式评估，衡量股票的价值以及理想的回报。在此就常用的几种衡量方式列举如下：

（一）净现值

净现值（Net Present Value，NPV）是指投资项目所产生未来现金流的折现值与投资项目成本之间的差值。投资前设定好方向、投资期间和预计的回报，以净现值来分析，评估投入的现金，和卖掉的价钱是否可以达成投资目标。

净现值＝未来报酬总现值—投资总额

$$NPV = \sum_{t=1}^{n} \frac{C_t}{(1+r)^t} - C_0$$

公式中：

NPV—净现值

C_0—初始投资额

Ct —第t年现金流量

r—贴现率

n—投资项目的寿命周期

（二）内部报酬率

内部报酬率（Internal Rate of Return， IRR）是利用现金流量反推每年平均报酬率的工具。

$$\$0 = （原始投资额x-1）+ CF1 / （1+IRR）^1 + CF2 / （1+IRR）^2 + ... + CFX / （1+IRR）^x$$

CF1：第1期现金回报；CF2：第2期现金回报； CF3：第3期现金回报；CFX：第X期（也就是最后一期）现金回报。

这可以利用Excel计算出来。只要输入原始投资的金额和每一年的现金回报，利用IRR公式就可以计算出内部报酬率。

1.股息收益率

股息收益率（Return on Equity，ROE）衡量相对于股东权益的投资报酬的指标，将税后净利扣除优先股股息和特殊收益后的净收益除以股东权益。

$$\frac{净收益}{股东权益} = 股息收益率$$

其中，以公司分红的增长率来看公司是否成长得很稳定，除了往上增值之外，是否可以稳定发放股利。投资股票时，收益不仅是评估收回的投资额，还有要评估全部可得股利。

2.股票市盈率比

股票市盈率比（PE Ratio）指每股市价除以每股盈利，换句话说，为了赚一元钱，要花多少钱来买这家的股票。市盈率比越低就表示投资者可以较低的成本取得获利，获利的机会越大；相反，市盈率比越高就表示投资者以较高的成本获利，获利的机会就越小。但是经营不善的公司，就算市盈率比暂时偏低，还是不值得投资。

四、分散投资

如同鸡蛋不要放在同一个篮子，但也不放在太多篮子里一样。投资时要分散风险，但也不要太过分散，从而稀释每一投资项目的资金。投资前要先了解股票的特性、自己的性格和投资期间长短。散户投资者（Small Investor）单凭自己研究而投资股票，风险很高，散户的时间和精力有限，不可能工作之余天天看盘追着股价起落。所以，建议投资者选择适合的共同基金或是ETF基金长期投资。可以一笔钱投资或者用定期定额投资法（Dollar Cost Average），也就是每个月固定投资300-500美元不等，当基金上涨时，可买的基金单位少，当基金下跌时，可买的基金单位多。这是一种科学且有纪律的投资方式。最终需要卖出收成时是按照基金单位乘上市的价格来计算。如果用定期定额投资法，同样的资金，买的单位多，卖出时收成比一次买断方式要高。

（一）选择正确投资方向

美国的股票市场是成熟的市场，有效边界的曲线不会无限延伸。长期来说，愿意冒高风险并不会带来更高的回报。只有把投资的布局做好，就不需要在股市里频繁地买进卖出，即使短期赚到小利益，长期平均下来不见得能胜过大盘的走势。如果股市平均收益8%，如果想要获得12%-15%或更高的回收，短期有可能但长期很困难。在市场成熟的情况下，想要投资报酬率要胜过蓝筹股的7%-8%成长率是不容易的。在新兴发展国家如东南亚和南美洲的国家，股市发展和受益的空间大，选对投资项目，可以得到很高的回报。赚的机会虽多，但赔的机会也多。在中国，目前的股市还未达到有效的市场，但最终还是会迈向成熟的。

五、影响股市波动的指标

宏观来说，股市大盘会受到重大的历史事件影响，1963年美国总统肯尼迪遇刺身亡、2001年"911"事件、2008年次级房贷风暴等股市狂跌。微观而言，公司的负责人轮替或过世也会影响股票，如Steve Jobs辞去执行长的职位，苹果计算机的股票当天就重挫7%。这里举几个例子：

（一）道琼斯指数

道琼斯指数（Down Jones Industrial Average Index），这是美国历史最悠久的股票市场指数之一，又称道琼斯工业平均指数。包括美国30间最大、最知名的上市公司加权平均出来的指数。这也是美国股市上涨或下跌的重要指标。

（二）散户投资理论

当散户开始往股市投资时，也可能股市有往下跌的预兆。

（三）"元月效应"

"元月效应"（January Effect）因为年底报税结算的关系，投资人在12月份往往会卖一些赔损的股票或升值股票。一月份时，投资人又进入市场买回原股票或买新股票，而影响一月份的股市。股市表现良好，那一年股市走势可能会好。相反的，如果一月份股市表现不好，那一年股市走势可能会差。这是因为同时各家公司前一年底结算的财务报告已经出来，可以看出前一年是赚钱还是赔钱。同时，各家公司也已订出新年的计划和发展的方向，一月份的营运就要进入状态。如果前一年盈利不佳，今年就会比较保守；如前一年获利丰收，今年就会扩展。以零售商为例，每年圣诞节是销售旺季，如果圣诞节销售量大，说明消费者购买力强，来年商品的采购和销售就会扩展。但如果圣诞节销售量不佳，来年的营运就会趋于保守。投资者在作新年投资规划时，可以将一月份的效应作为参考之一。

（四）美国总统大选周期

通常美国总统大选（President Election）年股市也会较平常年有较好的表现。由于美国总统任期第四年也就是大选年，每任政府为求连任通常会不断释出振兴政策，加上竞选者的承诺，投资者也会受到影响。

（五）其他经济指标

其他的经济指标和政策如就业率（Unemployment Rate）、消费者指标（Comsumer Index）、税率改革、前一年国民经济总产值等都为当年股市涨跌和起落的参考指标。

六、债券的定义和风险

（一）债券的定义

可分为公司债券、金融机构债券、政府债券和国际债券。债券（Bond）包含以下四个要素：

1.债券面值

债券面值（Face Value）是债券发行时的票面价值，通常1000元美元。

2.债券利率

债券利率（Coupon Rate）是为发行者在债券发行时同意付给投资人的票面利息率。通常长期的债券利率比短期的要高。

3.债券价格

购买债券的价钱（Bond Price）可能是按照债券面值，也可能会以高于债券面值，或是低于债券面值的价格购买。以1000美元债券面值，5%的债券利率为例，当市场利率高于5%，投资者就不会想持有债券，会以低于债券面值买卖，如980美元买卖，也就是低于债券面值价格购买；当市场利率低于5%，投资者会想持有债券，就会以高于债券面值买卖，如1005美元买卖，也就是高于债券面值价格购买。

4.到期日

到期日（Maturity Date）是指发行者偿还本金的日期。

5.可赎回债券

可赎回债券（Callable Bond）是指在债券到期之前，发行者可以提前兑现。

（二）债券的风险

虽然债券属于低风险的投资，但还是有要面对以下的风险：

1.利率风险

利率风险（Interest Rate Risk）是指市场的利率有可能高于债券的利率。利息往上升，债券价值就会往下跌；利息往下跌，债券价值就会往上升。

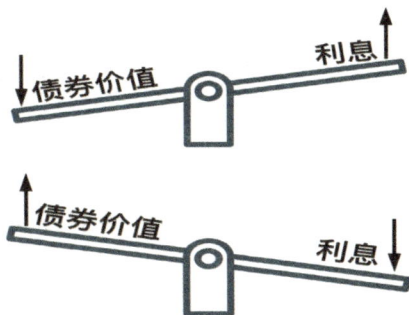

图9-2 利率与本票

2.信用风险

信用风险（Credit Risk）是指发行债券的机构有可能无法履行债券的合约。债券由第三者的金融公司来评估，分为16个等次，如表9-1所示，按信用由高到低排列。投资人要注意，A级的公司不可能永远保证是A。所谓的高利息债券（High Yield Bond）或称为垃圾债券（Junk Bond）会有破产的风险（Default Risk），所以购买债券时要谨值评估。

表9-1　债券等次

穆迪公司	标准普尔公司	惠誉国际公司
Aaa	AAA	AAA
Aa1	AA+	AA+
Aa2	AA	AA
Aa3	AA-	AA-
A1	A+	A+
A2	A	A
A3	A-	A-
Baa1	BBB+	BBB+
Baa2	BBB	BBB
Baa3	BBB-	BBB-
Ba1	BB+	BB+
Ba2	BB	BB
Ba3	BB-	BB-
B1	B+	B+
B2	B	B
B3	B-	B-

来源：https://learnbonds.com/6891/bond-credit-ratings-table/

3.通货膨胀风险

通货膨胀风险（Inflation Risk）是指债券到期日领回的本利比不上通货膨胀后的货币价值。

4.流动性风险

流动性风险（Liquidity Risk）是指用来购买债券的资金不一定马上可以兑现，如果提前将债券兑现时，债券的价值有高有低，也许要支付手续费。

5.汇率风险

就购买国际债券而言，除了债券本身的风险之外，还有汇率风险（Currency Risk）。外币汇率的高低会影响债券实际的价值。

七、共同基金

共同基金（Mutual Fund）是群众集资，交给专业经理人来投资

管理，意味着投资人找专业基金经理人帮忙决定直接投资目标。投资人经过选择和购买基金而作间接投资。基金的好处是可以小额投资，最少每月50美元买入一个单位，而不必像投资房地产或单一股票那样拿出大笔的资金。另外，专业的基金经理人通过收集和分析市场信息而作出投资决定，操作基金。所以，股票基金的风险比单一股票的风险低许多。基金是一个由基金管理人员共同操作组合，因此当基金组合里的一个公司破产，其他公司正常成长，投资人的投资资金影响不大。如果投资人选了破产的股票，该公司股票破产时，投资人的股资便血本无归。

共同基金组合除了美国国内股票的组合，还有国际的、各种行业的组合，也有债券的组合，包括国际的、政府的、大盘公司的、贷款公司的债券组合，等等。其组合的配置比买单一公司的债券风险低，选择多。

美国知名基金评级的权威机构晨星公司（Morningstar）每年都会对各种不同的共同基金进行3—5颗星的评估。投资时谨慎选共同基金做好配置，每年评估时只要做必要的调整即可。或者可以买S&P 500 Index，Down Jones 30等基金，跟着大盘股市走，以获得长期的稳定和收益回报。

基金的种类分为以下9种，如表9-2所示。

表9-2　基金的种类

大盘成长型（Large Growth）	中盘成长型（Mid cap Growth）	小盘成长型（Small cap Growth）
大盘平衡型（Large Balanced）	中盘平衡型（Mid cap Balanced）	小盘平衡型（Small Cap Balanced）
大盘价值型（Large Value）	中盘价值型（Mid cap Value）	小盘价值型（Small Cap Value）

八、交易所交易基金

交易所交易基金（Exchange Traded Fund，ETF）是一种兼具股票和共同基金特色的金融商品，又称为交易所买卖基金或指数股票型基金，是近几年成长快速的投资商品，它价钱低，像股票一样灵活。ETF与相关指数联动，具有共同基金组合性，但不需要基金经理人操作。费用比共同基金便宜，又兼具股票的弹性，在交易时间内可随时买卖，实时反映价格，不像共同基金于每日收市后依资产净值定价和完成交易。

九、浮动年金和指数年金

浮动年金（Variable Annuity）和指数年金（Index Annuity）是保险公司发行的金融产品，为挑选基金公司的投资组合。投资单位称为"单位"（Unit，而非共同基金称Share）。在年金产品中买卖的增值和领取的股利不需要缴税，公司年底不发1099给投资者，只要在领取年金时才需要缴增值税，具有延税的作用。投资年金的客户一般先运用401K和IRA来作退休金投资，有多余的资金才以年金来补充退休金或延税投资。但年金的解约续费较高，适合长期投资，不适合5年以下的短期投资。由于它具有延税的作用，适合高收入者进行长期投资。年金还可加入附带的福利，如保证投资者领取终身养老金，受益人保证利益和长期护理等福利提供给投资者，然而共同基金不能提供相似的保证。

（一）浮动年金

浮动年金是将投资商品与保单联结在一起，所以和投资组合中的股票、基金、债券等承担一样的风险，建议在购买前看好。

（二）指数年金

投资报酬率是与S&P500等金融指数相结合，具有收益的上限和底线。

以10%的指数上限为例，当S&P500指数上升20%，收益最多只能有10%的投资回报；但当S&P500指数往下跌，最低是拿0%的回报，而不至于赔本。

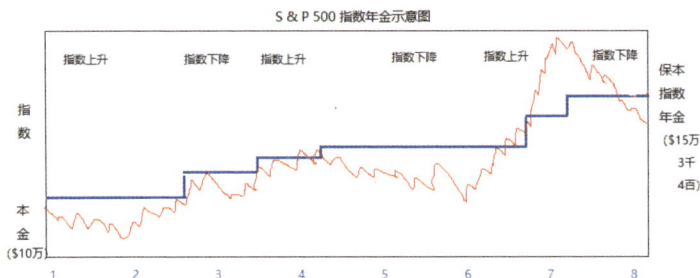

图9-3　S&P 500指数年金

如果投资者没有公司退休金，缴纳税率就比较高，短期不需动用的收入，可利用浮动年金和指数年金产品作为补充退休金，给投资者的不倒翁再加一层重心，退休后有固定的收入，或者让继承人受益，以上的投资都要事先看过说明书，了解风险和费用，作好整体布局和规划，让有经验的财务规划师或投资经纪人为您出谋策划。

成功理财案例：

孙先生是一名在高科技公司工作的工程师，他曾修读经济学，十分留意于社会经济的动态。他的工作稳定，收入丰厚，但除了作为工程师的工作收入外，没有其他的收入。他找我为他作理财规划，建议投资的方向。由于孙先生擅于分析且具有经济学的背景，他也对投资股票很感兴趣。因此，我建议他先以模拟投资的方式，关注股市行情，假设他拿钱出来投资在股票和期货上，观察和学习3年。在模拟投资的3年中，孙先生客观分析股市行情，在模拟投资下，每年他有平均10%的回报。等他熟悉投资的原则后，我建议他拿出30%的储蓄来投资股票和期货交易。这么多年实际投资下来，他平均每年会有12%的回报。他公司的福利很好，公司提供退休金计划，他在下班之余，把关注股市行情作为他的兴趣，并培养出投资股票和期货的专业知识。用30%的储蓄投资，即使遇到股市下跌，也不至于影响他整体的资金链和生活水平。这是上班族在工作之余学习中高风险的投资获利，增加额外收入的例子。

在一次我主讲的企业家座谈会中，我展示了投资与报酬的金字塔，提到企业家的公司是属于高风险的投资，不要花心思和精力去研究别家公司的股票，要把精力花在自己的事业上。因为自己的公司就是最好的股票投资，自己最了解公司是否赚钱，也最能掌握公司的发展。当市场不好的时候，企业家最知道如何去调整。听完我的演讲，王先生单独向我咨询，他说在经营公司之余，他拿出部分的资金投资美国和新兴市场的股票，他忙进忙出的作短线买卖，并将其作为业余的爱好，7年下来，他平均只有2%的年回报，让他感到很失望。在了解他公司的状况后，我建议他将股票的资金收回，用来扩展加盟店，请专业经理人复制成功经营模式，从营利中抽成。这样下来，投资回报会比投资在别家公司的股票获利高很多。再把他从公司获利的资金放在低风险容易变现的投资项目，一来可做家庭的保护，二来也可做公司急用时的周转金。于是我建议他买保守型共同基金、政府债券和固定年金。虽然十年来利率一直往下降，政府债券有收入并升值，他当时的固定年金的年利率锁定在6%，对他投资结构有很好的保障。

理财博士温馨提示：

- ◆ 低买高卖求获利
- ◆ 散户投资看大盘
- ◆ 牛市熊市要看好
- ◆ 长期投资把方向

◆　金篮银篮由你选

◆　不要选个破竹篮

◆　基金分散高风险

◆　债券年金风险低

◆　寻求保本好工具

投资布局参考：

30岁以前：流动资金5%—10%。

30岁—50岁：流动资金10%—15%；地产占70%；退休金和其他储蓄占20%。

50岁—65岁：流动资金10%—15%；地产占60%；退休金及其他储蓄占30%。

65岁以后：流动资金15%—20%；地产占30%—40%；退休金及其他固定收入基金储蓄占40%—45%。

Securities offered through IFS Securities, Inc., Member FINRA/MSRB/SIPC. 3414 Peachtree Road NE, Suite 1020,Atlanta, GA 30326. Advisory Services offered through IFS Advisory LLC. IFS Advisory LLC. and Julia Cheng Wealth Management and Estate Planning, Inc not affiliated. Securities offered through IFS Securities are NOT FDIC INSURED, NOT BANKGUARANTEED, and MAY LOSE VALUE. Please contact your financial advisor for information regarding specific investments. Investing involves risks,including possible loss of principal.Please consider the investment objectives, risks, charges and expenses of any security carefully before investing.

第十章　企业家创业

　　企业家总是寻找变化，对变化作出响应，并且把变化作为开发利用的机会。

——彼得·费迪南·杜拉克

　　陶朱五字商训：天，地，人，神，鬼。

　　天：为先天之智，经商之本。

　　地：为后天修为，靠诚信立身。

　　人：为仁义，懂取舍，讲究"君子爱才，取之有道"。

　　神：为勇强，遇事果敢，敢闯敢干。

　　鬼：为心机，手法活络，能"翻手为云，覆手为雨"。

　　期限要约定，切勿延迟，延迟则信用失。

理财宝典金言玉语之十：企业家是富有冒险和创新精神的人，他们以自己的创新力、洞察力和统帅力结合生产资源而经营发展企业，为社会带来经济效益。成功的企业家具备冒险精神，等待时机成熟，实现梦想。他们是财富的创造者，不仅为自己的家庭创造财富，也为社会带来极大的福祉。许多成功的企业家也是伟大的慈善家。企业家有梦想，他们有着乐观、积极、好学、果断、执着等优良品质。永无境地的学习和努力是企业家成功的基础。

一、创业圆梦

我多次在高中学校进行启蒙投资讲座，通过课程和讲座，培养高中生从年轻时就开始建立财务概念。在讲座中我问起学生们想不想成为百万或千万甚至亿万富翁，结果有80％的孩子毫不犹豫地举手，表示愿意。其他20％的孩子，则左顾右盼，不知该不该举手。"发财梦"从小就有了，如何梦想成真，就要靠他们今后几十年的努力奋斗了。

"美国梦"（American Dream）是大多数移民来美国的动力，在美国这片土地上，企业家层出不穷，无论年纪、种族和教育背景，都可在这片肥沃的土壤上把握机会，不怕失败，勇于创业。

（一）跟着兴趣和热情走

许多人向往赚大钱成为富翁，但是要怎么达成则是另外一回事。光靠领薪水来致富很难，致富得靠自己创业。至于从事哪个行业，要看自己对什么行业最感兴趣，最有热情。

（二）行行出状元

大学教授，除了教书，还会从事研究。如果把研究成果变成专利，拥有专利可以技术入股，也可以单纯出售专利，或领导公司经营，这样大学教授也可成为百万富翁、千万富翁甚至亿万富翁。高通（Qualcomm）的共同创办人，厄文·马克·雅各布斯（Irwin M. Jacobs）就是很有名的例子。厄文·马克·雅各布斯曾在麻省理工学院电机系担任助理教授、副教授，并在圣地亚哥加利福尼亚大学担任教授，1985年，与安德鲁·维特比共同创办高通公司，成为全球二十大半导体厂商之一。许多在餐饮业成功的老板，从服务生或打杂工起步，兢兢业业，长时间在餐饮业中工作，积累丰富经验后开始创业，越做越成功，最后发展成连锁餐饮集团。

（三）穷则思变，精神可嘉

世界著名的富豪约翰·戴维森·洛克菲勒（John Davison Rockefeller）、安德鲁·卡内基（Andrew Carnegie）都是贫穷出身，却成为当时的世界首富。

曾被美国财经杂志《财富》封为全球50位最伟大领袖的中国首富马云，来自香港继承岳父珠宝生意的郑裕彤，受封为中国台湾经营之神的王永庆都是贫穷出身，创造的企业雄霸一方。

（四）年龄不是问题

创业家也不受年龄限制，最好的例子就是快餐连锁店肯德基的创办者哈兰·山德士（Harland David Sanders），他在退休后创立了这个世界知名品牌，当时他已经65岁。现在企业家的年纪越来越轻，有的在念大学时就半工半读投入职场，寻找创业机会。有的甚至弃学从商，开始自己的事业，到了三四十岁，就成为亿万富翁，这样的例子，比比皆是。脸书（Facebook）的共同创办人，马克·艾略特·祖克柏（Mark Elliot Zuckerberg）就是很有名的从小创业例子。可见创业，只要有梦想，筑梦踏实，工作背景及年龄都不是限制。

二、我适合创业吗

（一）创业维艰

根据美国劳工局的统计，自1994年以来每年新创立的公司，到5年以后还能够维持下来的只有一半，其余的一半无法继续经营下去；到10年以后，还存留的公司只剩下1/3。

大部分是因为创业者本身的个性特质并不适合开公司，所以走了许多冤枉路，还是无法到达成功的那一端，损失了时间和资金。

（二）做员工还是当老板

许多人以为当老板比当员工好，所以会花很多代价去创业，但是忽略了创业的风险。开公司不是只靠资金就能成功，有热情是创业之前提，还要具有个人理念及经营观念，以及承担风险的勇气和判断力。所以，在决定走创业路前先做个自我鉴定，就可以少走冤枉路。

（三）成功的素质：十七条成功金律

曾经采访过500多名成功人士的美国作家拿破仑·希尔（Napoleon Hill），写下了脍炙人口的成功法则——成功的17条金律，有意创业的人先自我检视一下，企业家也可以参用。根据法则判断自己是否具备创业的心理特质，看看还有哪些方面需要提高：

1. 积极的心态。

2. 明确的目标。

3. 不懈的尝试。

4. 正确的思考方法。

5. 高度的自制力。

6. 培养领导才能。

7. 建立自信心。

8. 迷人的个性。

9. 创新制胜。

10. 充满热忱。

11. 专心致志。

12. 富有合作精神。

13. 正确看待失败。

14. 永保进取心。

15. 合理安排时间和金钱。

16. 保持身心健康。

17. 养成良好习惯。

——《拿破仑·希尔成功学17法则 》

这17条金律中，您可以自行评估符合多少条。当然不容易全部都具备，也许具备其中的几项。例如有积极的创业心态，却还没有明确目标。有些则是原先不擅长，但在创业时学习了解，不断进步，例如不知如何和他人合作，后来学会团队精神；有的则是学会安排时间、保持身心健康等。创业过程本来就是学习的过程，要达到成功的目标，就必须有所改变，这17条金律是500个成功者特性的总结，也是创业者努力的方向，符合越多项，成功的概率就越高。

三、创业的准备

如果决定创业后就要开始准备，准备创业需要"有梦""有才"和"有财"。

（一）准备期

需要花3年或更长的时间来学习、调查、了解、积累经验、预算和准备资金。了解自己的特点，是一人创业还是或合伙创业，并思考是否

要读MBA学位。

1.梦想

热爱于开创自己兴趣所在的事业，有动力持续用心打造自己的品牌。

2.预备自己的专业才能

专业的才能需要积累经验，然后从自己专长的行业里开始创业。例如医生、律师、会计师、工程师等，凡是大公司里做了几年，或者换了几家公司，看到、经历到受雇公司的成功模式，往往在开创自己的事业时比较有把握。在各行各业的创业模式也是相似，在自己爱好的领域里积累了丰富的经验，是帮助创业成功的条件之一。

3.预备创业的资金

如果自己只有技术而没有资金，就可以找有资金的人作为合作伙伴，一个有"才"，一个有"财"，相得益彰，可以提高成功的机会。

资金是很重要的一环，也是一个不容易到位的要素，针对新创事业，银行贷款意愿偏低，如果不想把自己赖以栖身的房子拿去抵押贷款，最好能找到一个可以提供资金的伙伴，有助于顺利启动创业。

四、企业的不同阶段

如同人类有生命周期，企业也有生意周期，包含了萌芽草创期、成长平稳期、扩张期、衰退及退出期或再进入扩展期。无论国内企业或是跨国企业，都会经历这个周期。但并非每个企业都照着企业周期循序渐进，有的如昙花一现，在草创期就进入衰退期并迅速消失；有些企业仅能勉强持平；有的企业则可稳健持续成长。无论企业是迈向成功显赫或是落入惨淡经营，完全取决于企业家掌握企业周期的能力。

a　公司上市

b　出售公司

c　交棒传承

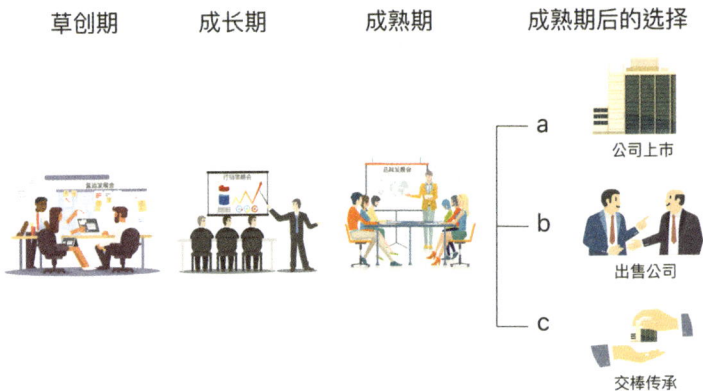

图10-1　企业成长的不同阶段

（一）草创期

1.决定公司成立形态

公司刚开始起步的时候，就要考虑以什么样的形态成立，是独资还是合资，是成立有限责任公司（LLC）还是C股份有限公司，或是S股份有限公司。

2.家庭支持

开创企业有家庭的支持很重要，如果得不到家庭的支持作后盾，家庭就可能成为创业的绊脚石。许多华人家庭公司始于一人创业，与家庭成员一起合作。

3.启动资金，税务规划

创业启动资金来源，公司股东，发展方向，是否用外资，家庭支持、税务规划，这都是企业起步时期要考虑的重要事项。公司成立之前最好要请教会计师、律师和银行家等专业人士。

4.建立公司信誉与口碑

公司的信誉与口碑是公司成长的动力。树立良好的口埠与企业形

象，保护家产，防止被告，才能有助于企业的发展。

（二）成长期

1.了解市场，扩大市场

企业的成长阶段时，要了解市场，以利进一步扩大市场，增加竞争力。

2.扩充资金，吸收人才

此时继续扩充资金、吸收人才加入企业团队。在成长过程中，经营者要认清竞争对手，评估市场前景。

3.提供员工福利安定员工

成功的企业经营不能只靠创业者单打独斗，员工是企业的重要成员，公司成长过程中需要员工的奉献，经营者就需提供必要的员工福利。公司刚刚成长的时候，虽然是以节省开销为主，但成长到一定程度后要分红给员工，才能鼓励员工安心为公司效力。

（三）成熟期

1.留住人才，招揽人才

成长期迈入成熟要期的关键在于留住人才，从稳定现金流中拨出资金，提供奖励，鼓励员工留下来。因为培养新员工费时耗力，所以要鼓励有经验的员工留下来为公司继续贡献。对于一些高阶经理人，创业者要运用"金手铐"的方式，让他们参与公司经营或享有公司股份，避免他们离开公司、自行开业，成为公司的竞争对手。

2.建立品牌

公司到了成熟的阶段，需要稳定现金流量及市场关系。巩固市场地位，建立品牌。

3.设立买卖合约

在公司成熟时，合伙人间就可以建立具有法律效力的买卖合约，同时设定企业移转计划。在买卖合约里，应包含人寿保险和残障保险，以免企业中核心人物的意外身亡或残障失能，造成对企业的伤害。如此一来，有助于建立企业在既有市场的利益。在遗产税的考虑下，也可帮助建立企业的价值。

4.成熟期后的选择

公司到达成熟期之后，会有几条路可以走，如扩大市场、发展分部，甚至再扩大成为跨国企业；或是成为上市公司，以股份制度经营，公司会越做越大，从个人领导变成集体领导的大公司。

（1）公司上市

公司上市是公司永续经营的重要方式，上市之后，持股可以出售或转让。创业者本人或家族，可以占有公司一部分的股权。因公司经营属于集体领导，创业者过世或失能也不会影响公司的永续经营，例如苹果公司的乔布斯过世之后，苹果公司依然健在、继续成长。公司有独立的管理，不管因为什么原因，公司之内主要人员变动，公司还是可以从市场上找齐各路人才，继续经营下去。许多创业者的梦想，就是让自己创造的公司上市，然后脱手。

（2）出售公司，卖掉公司股份

公司成熟后也可以考虑卖给竞争者或是公司雇员，也可以与其他公司合并，创业者也可以卖掉股份，退出经营圈，取得现金可以开始退休生活，或者从事新的事业和建立新的公司。

（3）交棒传承

1）交棒给子女或亲人

企业主可以传给有意承接公司的子女或家族成员继续经营。

但根据PWC（普华永道）对7届家族企业调查报告显示，企业从第一代顺利传到第二代的比例，大概只有30%，传到第三代只剩下12%，

超过第四代只剩3%。传承往往只能传到第三代。这并不是说第三代的聪明才智及能力，比不上第二代或第一代，而是第三代的梦想与第二代、第一代并不相同。梦想不同，愿景不一，对传承不感兴趣，自然就没有热忱，没有向前冲的动力。但成功传承公司的例子还是很多，像美国福特公司、日本松下公司。

2）交棒给专业经理人

将企业交棒给专业经理人经营，是维持公司永续经营的方式之一。

3）律师、会计师、财务规划师协助传承

一但要出售公司，或与其他公司合并，或传承给子女或家族时，在法律及税务的程序上，需要律师与会计师的协助，也需财务规划师的专业协助，务必做好文书档案的工作，以避免创业者在法律、税务或财务的后顾之忧。

（四）退出期

无论是退出或是转卖企业，是创业者将多年来的心血兑换成现金并功成身退的良机。因此变卖企业需要更为实际的评估，要寻找合适的评估公司如何处理财务上和心理上的损失，是企业主最终的重大挑战。

如果缺乏退出市场的策略，或是策略不当，都可能造成惨重的损失。

1.寻找买主

必须寻求潜在买主，买主有可能是资深经理人、竞争对手，或是家族成员。

2.通过买卖合约转移给合伙人

退出阶段要处理好买卖合约、老年人退休计划、财富管理、财富移转和移转控制，可以将此做成大笔交易，或是根据双方共同协议分期出售。

3.慈善事业的安排

取之于社会，用之于社会。成功的企业家在退出阶段时也应考虑到对慈善事业的安排，可以在公司运作的时候或者退出的时候成立慈善基金或是信托基金回馈给社会。

五、企业的风险管理

图10-2 风险管理

企业从迈入成长期一直到退出期，风险管理会越来越重要，风险管理包括了辨识风险、评估风险，以及选择风险管理的策略。公司到了成熟期的阶段，风险管理的重要性提高，可能要面对的风险，包括战争、政策变动、经济萧条、自然灾害，以及市场波动等，或是公司领导人辞世或突然身体健康变化无法领导的风险。因此，风险管理是企业延续计划很重要的一环。

（一）商业风险

商业风险包括市场定位、企业多角化经营成长以及商业成功所涉及的各种风险。这与个别产品与服务的特性有关。

（二）法规风险

法规风险包括遵守各项法令规章，如同法令、法规、产业标准、业务守则和合约的要求。另外也包含了履行合约的内容及程序、达成客户和社会环境的期望。华人做生意注重"情、理、法"，先讲情，再讲理，法律是最后的防线。但西方社会则是"法、理、情"，把法律放在最前面，在合约中明确双方的权利和义务，再谈理讲情。

（三）财务风险

财务风险包括流动资金、预算要求、税务责任、债权人和债务人管理、贷款比例、酬金和其他账户管理。创业者必须将家庭资产与企业资产区分开，以保护家庭财富。

（四）声誉风险

企业的整体行为、产品或服务特性、员工行为或其他与企业相关的个人行为皆会影响到企业声誉。

（五）健康与安全风险

健康与安全风险包含与企业相关的每一个人的安全。核心人物和企业家的生命和工作能力都是极其重要的，这涵盖了个人的安全以及工作场所的安全、公共环境的安全以及企业体所提供的产品和服务的安全。

（六）保全风险

保全风险包括企业营运的场所、人员和资产的整体保全，并且延伸至信息、知识产权、和技术的保全。

（七）环境风险

环境风险包含意外事故或天然灾害带来的损害，例如：火灾、水灾、冰雹或是暴风雨带来的损失。

（八）营运策略风险

营运策略风险包括建立、维持和扩张企业所需的策略规划、业务范围界定以及资源的要求。资源包含了促使企业成功地发展和传递优质产品、服务所需的人力资源和营运的需要。

六、企业家个人和家庭的考虑

图10-3 企业家

企业家冒险创业，除了实现自己的梦想，还可为家人带来收入与福利。在创业初期全力以赴，常常将得到的利润投入公司的运作，为自己和家庭留下的资金并不多。但当公司渐趋稳定，业务运作成熟时，公司负责人就要开始为自己和家庭来积累资金，并且保护财务。

（一）公司上轨后，创业者资产分配将企业和家庭资产分开

创业者在公司步入轨道时，可以把一部分投资的钱拿回来，并且要考虑资产分配的问题。一部分归属于家庭资产，一部分归属于公司资产，如此可提供创业者未来家庭的生活保障。

（二）公司稳定和高峰时，部分公司资产移至家庭资产，保护家庭资产

当公司走到稳定或高峰的阶段，业主可以把公司里部分盈余转到个人家庭，保留其余的部分让公司再继续成长。如果公司成长得很好，那么家庭里的财富净值会与公司同步成长。但是公司的风险总是比家庭

大，即使公司受到任何风险的冲系，如果家庭财富已经有保障，就不至于因为公司倒了，家庭也跟着受累。

（三）生意稳定后，部分结余转作稳定投资

创业及经营公司本身具有风险，所以结余后的投资必须着眼于稳定。不管是分给家庭的红利或是留在公司的资产，转投资的方向都要以低风险的目标为主。许多企业家们把赚来的钱积累到一定的程度后，就开始投资房地产或相关基金。房地产投资目标大，获利也比较高。但遇到房地产不景气时，需要一段时间复原，这期间资金就会被套牢，变现也不易。在公司或家庭急需现金时，不容易变现。因此，除了房地产之外，还可以考虑风险性低、容易变现的投资项目，如规划年金保险或是定期定额基金。

七、公司转卖或传承

（一）企业家的退休金

如果公司负责人到退休时，可以把公司转卖一笔钱，这样他就可以很轻松宽裕地度过退休生活了。如果公司没有人买或卖不出好价钱，但他之前已经运用公司赚的钱打好家庭经济基础了，所以还是能有稳定的退休生活。另外一个情况，年纪渐长，万一在某一个时间点身体不好、不能够继续经营公司的话，因为家庭基础已经打得很好了，即便离开公司，也不会影响企业家以后晚年的生活，等到身体好了想要再工作，仍然可以另起炉灶。

（二）利用人寿保险和买卖合约保障公司和家庭

人寿保险可以为独资公司的负责人或合伙企业的合伙人提供经济上的保障。公司的负责人是公司重要的资产，如果老板不幸去世，公司就失去了它原有的价值，而身故理赔金可以提供资金，以维持公司后续的

运转。而在合伙人之间会互保，互为受益人。通常合伙人的一方去世，身故合伙人的股权会落入法定继承人（Heir）手中。但如果合伙人间事先签订了买卖合约（Buy and Sell Agreement）的话，存活的合伙人可以利用已故合伙人的身故理赔金向他的继承人购买股权。这样一来可以保障公司的股权和经营权由合伙人掌控，而非落在不熟悉公司运作的继承人的手中。这笔身故理赔金也会成为已故合伙人留给遗族（Survivors）的遗产（Inheritance）。这对双方都有保障。这种通常伴随买卖合约的人寿保险，身故理赔金额是以公司的价值来计算。比方说被保险人为独资公司负责人，一家公司当时的价值为200万，就会以市价来作为负责人的身故理赔金额。以合伙人公司来说，合伙人的身故理赔金会以该合伙人持有公司的股份价值作为身故理赔金额。

成功理财案例：

吴先生和吴太太从小在加拿大长大，到美国加州念大学，所学的专业是农业发展，之后就留在美国落地生根。毕业后，夫妻俩认识了Sam，Sam对经营农场很有经验，于是夫妻俩就和山姆合伙在北加州投资了他们第一家农场，先生和Sam一起管理。他们的第一家农场经营得很成功，于是夫妻俩拿出部分农场收益，又和另一位有农场经营经验的合伙人Scott开设第二家农场。夫妻俩从两位合伙人身上学到许多宝贵的经验后，他们开始自己经营家族农场。30年多来，农场的收益和农地的增值以及他们将历年收益转投资外州的地产和事业，使他们夫妻俩累积的财富相当可观。到了将近60岁时，他们找我为他们规划理财，我建议他们将与合伙人经营的两个农场卖掉变现，一部分作为退休金，一部分传承，一部分作为慈善基金。他们育有3个子女，我建议按照不同方式将财产分配和传承给子女。老大对接手父母的事业有兴趣，也一直跟在父

母身边学习，所以我建议他们将家族农场的经营权和财产传承给老大。老二有自己的专业，在大公司工作，对家族事业没兴趣，于是我建议他们将变现的资金中老二应得的部分，以赠予的方式传承给老二。小儿子的部分，我则建议他们以人寿保险的方式，将财产传承给小儿子。夫妻俩除了妥善规划自己的退休金，另外将他们的资产按均分的比例，以三种方式传承给子女，也通过家族慈善基金会，为自己所处的社区和华人社团尽一份心力。他们为社区提供的服务受到美国主流社会的肯定，也赢得美国华人的尊崇。他们夫妻俩创业时从有经验的合伙人身上学习经营之道，再稳扎稳打地经营和拓展自己的家族农场，又在事业盈余时转投资结余，到了将近退休的年纪，将部分事业成功地卖掉变现，并且将留下的事业和丰厚的家产公地分配和传承给子女；此外还乐善好施泽被乡里，是企业家高财务智商的表现。

理财博士温馨提示：

◆　创业没有行业限制

◆　评估创业心理特质

◆　了解企业生命周期

◆　稳健扎根再求进步

◆　蒸蒸日上福利无穷

我的公司发展计划（创业筹备工作）：

企业成立日期	
启动资金来源	
员工人数	
企业模式	
责任有限公司，合伙公司，小型企业股份公司，股份公司	
股东之间的关系	
公司智囊团队，银行会计师，律师，规划师，贷款专业人士，保险专业人士	

现有企业规划：

对您来说：	非常重要	重要	不重要	执行方式
企业延续				
获取正式或非正式的企业评估				
市场开发				
团队合作，高层领导作用				
留住和吸引人才				
财务平衡				
在企业家不幸过世时提供还清商业贷款的资金和经营资金损失				
用盈利解决债务问题				
为企业家或重要员工的失能而作出规划				
买卖协议				
其他				

我的公司上市计划：

1.您对企业的估价，市场调查

_____

_____

_____

2.如果选择其他投资或发展，根据账面价值预估的回报率是多少

_____

_____

_____

3.年度平均创收，过去5年公司的财务报表，未来5年的财务预估

_____

_____

_____

4.账面价值估算（资产/债务），资本报酬率

_____

_____

_____

5.企业家额外的工资和分红

_____

_____

_____

6.税务方面的利率

_____

_____

_____

7.股票发行的准备和专业团队的组合，投资银行家、律师、会计师、发行公司，承销商等

_____

_____

_____

8.风险评估

_____

_____

_____

保富篇

第四部分

第十一章 风险管理和保险的运用

风险来自于不知道你在做什么。

——巴菲特（股神）

见利思害，见害思利，从而趋利避害，防患于未然。

——《孙子兵法》

理财宝典金言玉语之十一：没有安全感来自于没有找到提供安全保障的工具。

风险管理的目的在于将可避免的风险的成本及损失最小化。风险可分为外界的风险和内部的风险。外部的风险一般人无法抗拒，政治、经济、税务，利息浮动，战争等；内部的风险来

自于家庭本身的风险，生老病死、家庭破碎、家产分配不当、离婚等。本章要谈的主题是将可防备的风险和可转移的风险及早预备，以保护已有的聚宝盆。

这部分是第八章中投资报酬金字塔的理财基础。

一、风险的承担方式

我们平时可以积累存款以备不时之需，急用时就靠这些老本来应付。另外我们也可以存下一笔小钱去买保险，利用保险的赔偿来支付额外的费用。

依照由个人或是保险来支付意外产生的费用而分成四种方式：转移风险、分摊风险、自行承担风险和第三方承担（见图11-1）。

1.转移风险：风险完全转移至保险公司承担，理赔所有意外产生的费用。

2.分摊风险：风险部分转移至保险公司分担，承担理赔部分意外产生的费用，保户也负担部分费用。

3.自行承担风险：个人独自承担风险，没有保险公司来分担。

4.第三方承担风险：没有保险，个人又无法承担，最后由政府或是受害者承担。如车祸后肇事逃逸（Hit and Run），只能由受害者承担生命财产的双重损失。

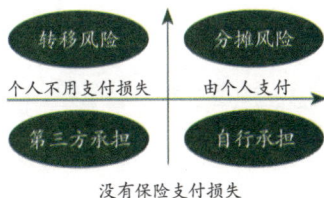

```
        转移风险              分摊风险

   个人不用支付损失        由个人支付

        第三方承担           自行承担

            没有保险支付损失
```

图11-1 风险承担方式

二、防患于未然

（一）意外和明天不知道谁先来

人的一生并非一帆风顺，正所谓天有不测风云，人有旦夕祸福。生命中难免会有一些意外，意外发生后的生活质量取决于能否事先防患于未然。

（二）意外的代价

一场意外可能造成个人或家庭的生命财产受到暂时或永久的伤害，甚至造成家破人亡。受害者失去健康，就必须花钱花时间接受门诊或是住院治疗，从而失去工作收入。严重的话，失去工作能力，甚至死亡。肇事者要面对法律的责任，必须付出损害赔偿。

意外发生后，如果没有事前的准备，我们临时要从哪里拿出钱来支付这些计划之外的费用呢？许多幸福的家庭因为这些突然的支出被压得喘不过气，或者因此支离破碎。那该怎么办才能防患于未然呢？

（三）用保险来补财务的漏洞

积累存款的方式是开源节流。工作、投资都是开源的方法；节省不必要的开支就是节流的方法。但是人算不如天算，人算不到的开支就由保险来算、来堵钱包的漏洞，也就是利用"今天的小钱来买明天的大保障"（见图11-2）。财务上的漏洞大小不可预知，我们可以利用保险来做补洞的工具。

图11-2 用存款支付意外产生的费用

（四）用保险来防不测风云

如果没有保险来防堵财务上的漏洞，就只能单靠攒下来的财产支付这些未知的额外费用，也就是"存下今天的钱，来付明天未知的花费"（见图11-3）。能存多少，要看个人积累的能力；要花多少，就只能看情况而定。

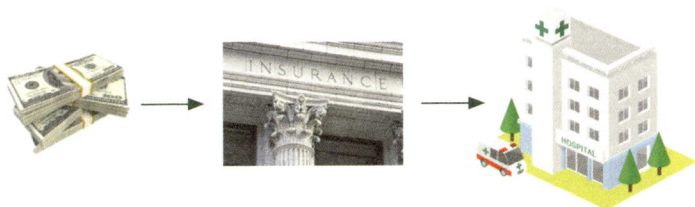

图11-3　用保险支付意外产生的费用

三、保险是未雨绸缪的工具

保险是一种未雨绸缪的工具，是个人通过购买保险，将意外产生的费用交由保险公司来分担，从而有一份安心的保障（Peace of mind）。至于该用多少钱来买多少保障，以及该选择什么样的保险产品来提供保障，这需要好好规划，我们也将在保险篇章中一一介绍。依个人的需要和保险所能提供的理赔金额和功能来决定。

四、客观和主观来考虑保险需要

一个人需不需要保险或该买多少保险，是依个人客观的财务状况和主观价值观来决定的。首先要看看自己需要由保险承担的财务风险有多少。个人的年纪、家庭状况和经济状况不同，需要也各有不同。年轻人和单身人士，没家累，收入少，需要有健康保险和汽车保险等与身体有关的保险。随着年纪的增长，收入增加，因结婚生子、父母和自己逐渐衰老等因素，家庭负担增加，就要加入人寿保险、房屋保险，甚至收入保险和长期护理保险。对于企业家而言，公司的员工仰赖老板的带领，业主承担的责任比一般受薪的员工更大，所需要保险分担风险的需求也就更多、更广、更复杂。

（一）经济责任和保险需求

由客观的经济责任和现有的生活水平来看保险的需求：经济责任重、生活水平高，就需要较多的保障；经济责任轻、生活开支低，所需的保障就少一点。（经济责任和保险需求的关系见图11-4）保险的作用，就是当发生意外，您的生活水平不至于受影响。

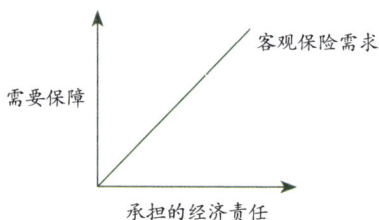

图11-4　经济责任和保险需求的关系

（二）客观财力决定保险需求

图 11-5　资产雄厚者

从拥有的客观财力来看：资产多，能承担的意外损失就大；资产少，能承担的意外损失就小。再考虑高低风险造成的损失多少，当能承担的金额小于意外造成的损失，就需要由保险来分担。如果能承担的金额大于损失，也可选择由小额的保费来分摊风险。或者不用保险的工

具，自行担保风险。（客观财力和所需保险的关系见图11-5）

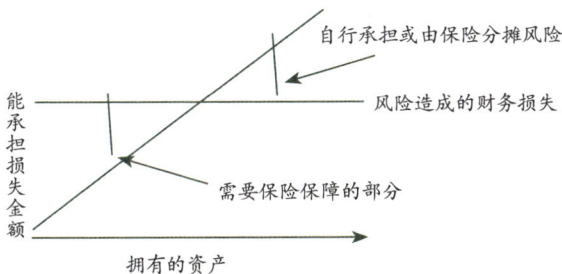

图11-6 客观财力和所需保险的关系

（三）主观的价值观判定保险需求

就主观而言，不管有没有财务和家庭负担，为了巩固现有的生活水平，保护既有的资产，或是为所爱的家人留下一笔资金，就需要保险公司在你身后，提供资金来弥补意外发生时经济上的损失。

五、保险的种类

保险的种类可依照保险的性质和对象分为以下两大类。

（一）个人保险类

承保的对象是个人的生命、健康、照顾和收入。

个人保险分为：人寿保险、健康医疗保险、长期护理保险和收入保险。

1.人寿保险：承保的是个人的生命，在受保人身故时，受益人领到理赔金。

2.健康保险：承保的是个人因伤病而产生的医疗开支。在医疗费用发生时，按保单约定的比例分摊受保人的医疗费用。

3.长期护理保险：承保的是个人因伤病而产生的长期护理开支。在受保人接受长期护理时，按照保单约定的金额分担长期护理费用。

4.收入保险：承保的是个人因伤病而造成的收入短缺。在个人因伤病而无法工作时，按照保单约定的理赔金额，作为受保人的替代收入。

图11-7　个人保险

（二）财产保险类

承保的对象是个人或企业的财产。

保险公司为恢复财产原有的价值而提供的补偿（Indemnity），以及因财产使用的连带责任而造成的损害赔偿。财产保险分为：房屋保险、汽车保险、责任保险、商业保险和专业责任保险。

1.房屋保险：承保的是房屋，在房屋受到天灾人祸时，提供屋房修缮的补偿和损失的赔偿，以及房屋使用时的连带责任赔偿。

2.汽车保险：承保的是汽车，在驾驶车辆发生事故时，肇事车主应付受害者生命财产的赔偿。另可担保驾驶人、乘客和所驾驶车辆的损害赔偿。

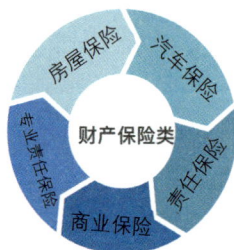

图11-8　财产保险

3.责任保险：承保的是因个人或企业的行为而造成他人生命财产的损害赔偿。

4.商业保险：承保的是因企业的运作不当而造成他人生命财产的损害赔偿。

5.专业责任保险（Professional Liability Insurance，包含Error & Omission 和Malpractice）：针对医师、会计师、律师等专业人士，因工作上的疏忽或失误而造成的责任赔偿保险。如医师投保医疗专业责任保险，承保公司在医疗纠纷发生时，需分摊受保医师的执业风险，赔偿病患或病患家属索赔的责任赔偿金。

图11-9　责任保险

六、转移风险、分担风险、自己承担风险、分散风险

保险目的有四个：第一是转移风险，风险过大自己无法负担，就要转给保险公司，让他们承担。第二是分担风险，小部分自己负担，支出让保险公司理赔。第三是自己承担风险，当你的资产达到一定规模，财务状况很好，若发生意外风险可以自己承担时，不需要花钱买保险。第四是分散风险，汽车、房子等都需要有保险，有人把寿险保得很高，但其他保险都没有买，发生意外就手足无措。在同样的预算下，应该买不同的险种，因为不知道明天会发生什么事。

七、资金有限如何妥善规划

保险的种类繁多，主要是针对各种不同的需要而设计。手上有限的资金要用来应付日常的开销、防备可能的财务漏洞以及做钱滚钱的投资。到底要怎么分配资产，才能在个人和企业的开源节流中找到平衡点呢？这需要咨询有执照和有经验的财务规划师，来做整体的财务评估和规划。尤其是责任重和资产雄厚的企业家，更需要有全方位的理财规划。把钱用在刀刃上，安排适度的资金来做未来的保卫，保护家庭和公司的净价值（Net Worth），无后顾之忧，充分运用净资产来积累财富，从而达到趋利避害的目的。

刚创业时保险的开支少，企业成长后，保险的需要和费用就增加，大概需要将公司收入的一部分分配保险的需要。一般参考比例为10%—15%。

成功理财案例：

以下是保险分配的参考数据。

■　夫妇俩都在公司上班，公司的福利如医疗、人寿、收入等保险，夫妇俩的5%—10%的收入可以用于个人和家庭的附加保险，比如汽车房屋、长期护理、储蓄人寿等保险，加固家庭财务结构。

■　企业家或自雇人士可以将公司收入的10%—15%支付在个人及员工的保险规划上，比如健康保险、团体收入、人寿险、公司责任险、财产险、产品责任险等。

理财博士温馨提示：

◆　人生无常意外难防

◆　事先规划未雨绸缪

◆ 有限资金防堵漏洞

◆ 利用保险转移分担

我的个人和家庭保险计划：

我的个人保险计划：

现有的保险：条例和合同

_____

_____

_____

检查每一份保险的合同和条例

_____

_____

_____

增加或减少条款

_____

_____

_____

咨询专业人员，评估保险需求和保费

_____

_____

_____

我的公司保险计划：

现有的保险：条例和合同

_____

_____

_____

检查每一份保险的合同和条例

_____

_____

_____

增加或减少条款

_____

_____

_____

选几家保险公司比较

_____

_____

_____

咨询专业人员，评估保险需求和保费

_____

_____

_____

第十二章　健康医疗保险和长期护理保险

健康的国民是一个国家能拥有的最大财富。

——丘吉尔（英国前首相）

健康的身体是做人做事的真正本钱。

——梁实秋（中国著名作家）

理财宝典金言玉语之十二：健康是最宝贵的财富。

健康就是财富。有了健康的身体，才有精力和体力去工作，才能够开源；身体健康出了状况，需要花钱、花时间治疗，就无法节流。身体病痛和伤害程度大小不一，要付出的医疗费用也不同。要怎么样来支付这些大大小小的医疗费用呢？有了健康医疗保险就可以来支付全部或部分医疗费用，减轻突如其来的额外负担。

一、我需要健康保险吗

（一）我很健康，用不到健康保险

许多人在年轻力壮的时候，认为自己不会生大病，所以不需要浪费钱购买健康保险。但是如果没有健康保险作为保护伞，一旦生病或出意外，稳定的家庭财务会翻船。

美国的医疗质量先进，但医疗费用不菲，如住院、手术、靶向治疗等医疗费用高昂。美国个人破产的首要原因来自于医疗费用的支出，这足以凸显出拥有健康保险的重要性。在没有保险的分担下受伤生病时，只能让自己和家人财务失控。

（二）没有健康保险，小病不看，拖成大病

在没有健康保险的状况下，很多人在小病时怕花钱而延误就医，小病拖成大病，到时花费更多，正所谓"小洞不补，大洞吃苦"。

（三）每个人都需要有健康保险

每个人都应该为自己作好健康保险规划，有了适合的健康保险计划，等于是减少家人的负担。如果保险费用太高，可以找一份工作，其公司可为员工提供保险，如果您属于低收入家庭，可以申请政府补贴。

（四）健康保险是转移医疗支出风险的工具

如果健康出状况，或是遇到意外导致身体受到伤害，这些风险可能会大到你自己的资产无法应付。如果有了合适的健康保险，保险公司就会履行责任，确保个人生病或发生意外住院、开刀、治疗等开销，保险公司承担大部分，自己只需承担小部分。一旦有病可以尽快接受治疗，积极配合医生的指导，恢复健康保住性命，受益的是自己。大病变小病，小病变无病，有良好的精神状态和健康体魄享受

人生。

二、如何获得健康保险

在中国大陆和台湾地区，政府为民众提供劳保和健保制度，这是最基本的健康保险。如果需要更多的医疗补贴和高阶就医服务，就可另行向民间的保险公司购买个人附加健康保险。美国政府有人指出Obama Care（病人保护和支付得起医疗法），虽然不完善，但让人人有健保。政府提供特定族群的医疗补助，解决了有病不能入保险和低收入买不起保险的问题。对于投资移民者，不论有没有收入，最好不要申请Obama Care，花钱买个人和家庭的健康保险。

（一）美国政府提供的健康保险

美国联邦政府针对老年人、部分残疾人士、重病患者，提供联邦医疗保险（Medicare），俗称红蓝卡。政府没有负担的部分，则可以用Medical Supplement，亦即加购私人保险公司的补充保险，以补充Medicare不足的部分。

美国地方政府对于低收入户提供医疗补助计划（Medicaid），低收入的标准可在政府网站上查询。

https://www.medicaid.gov/medicaid/eligibility/

（二）大中型公司提供团体健康保险

中大型公司提供团体健康保险作为员工福利。公司提供的医疗保险也有公司和个人分担的部分。往往有不同的选择，可以包括家庭成员。

（三）自行花钱购买个人健康保险

如果没有政府或公司提供健康保险，就要寻求私人保险公司的个人健康保险。

三、健康保险的规划

健康保险是个人保险规划中最重要的项目之一。健康保险公司分担的是一个未知的医疗费用，按合同的条款承担。那个未知的费用，可能是大到自己所无法独自承担的费用。

在规划个人健康保险前，要先确定自己的需求，再去比照保险公司提供的产品服务和价钱。

四、健康保险方案

美国主要的私人医疗保险制度有：HMO，即Health Maintenance Organization，管理式健康保险机构的简称；PPO即Preferred Provider Organization，医疗网络计划的简称，这是两种不同的健康保险制度，各有利弊。还有EPO，即Exclusive Provider Organization，指定医疗服务机构的简称。

（一）HMO（管理式健康保险机构）

HMO的就医限制多。参加HMO保险的人必须挑选在HMO网络内的医生作为家庭医师（Primary Care Physician），所有的专业检查都要经过家庭医生的同意或转介，经过保险公司批准，否则保险公司不予理赔。

美国Kaiser医疗机构就是HMO的一种代表。保险公司、医院、医生都隶属在Kaiser这个组织里，自负盈亏。Kaiser有自己的医疗体系，医疗保险的收入属Kaiser，开销也是由Kaiser经管，经营方面比较简单，如果你有特殊医疗需求，必须经过Kaiser医院的同意，才能离开Kaiser的体系去看病就医。

（二）PPO（医疗网络计划）

PPO的就医弹性比较高，可自由选择网内的医生看病。不需要通过家

庭医生转介。另外也可选择PPO网外的医生，但需支付较高的自付额。

（三）EPO（指定医疗服务机构）

HMO和PPO两种组织都可以选用，就医者可以先用HMO医生，如要自己找医生也可以用PPO的计划。

HMO、PPO、EPO的比较。

保险类型	就医者	医生/专科医生	保险公司
HMO	指定家庭医生	HMO网内的医生	医疗福利需要保险公司事先批准
PPO	可以自选不同的家庭医生	PPO网内或之外的医生	就医者付自负款，保险公司承担其余费用
EPO	指定家庭医生或自选不同家庭医生	HMO网内或PPO网外的医生	保险公司按HMO或PPO的条款付医疗费用

表12-1　HMO、PPO、EPO的比较

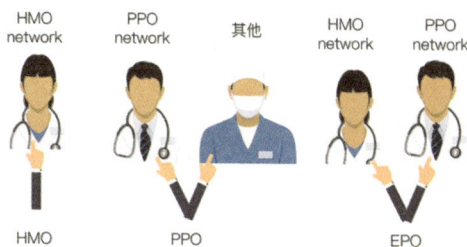

图12-1　HMO、PPO、EPO比较

HMO：由家庭医生介绍其他HMO网内专科医生

PPO：直接找家庭医生或专科医生

EPO：HMO和PPO的组合网

（四）外国居民和旅游保险

这是为离开居住地到海外就医而设计的保单，如中国香港私人保险公司给中国内地高产值居民海外医疗和旅行意外购买的境外保险。

如果想在海外做健康检查或是就医，就可到日本、美国等地的医疗机构去，虽然保费高昂，受保人可以选择在居住地就医，也可以选择海外的医疗服务，而不用排队等待当地的医疗资源。外国居民在美国短期居住，可以按居住时间办理重大疾病的意外保险。

图12-2　外国居民和旅游保险

（五）选择哪种健康保险方案

我要选择哪种方案呢？不同年龄层适用的保险产品不同，年轻人跟老年人要选购的健康保险方案并不一样。随着年龄增长，看病的概率增高，健康保险费用会随着年龄增加。

1.年长或常就医者

适合选保费高、自负额低的。年长者因为身体状况多，需要经常维护及保养，看医生的频率高，所以应该选择自负额较低的保险。这种自负额较低的保险，保费比较高。但由于看病时要付的费用会少，总体计算之下投保者的总费用低于自负额高的计划。

2.年轻或少就医者

适合选保费低、自负额高的。年轻人因为身体状况好，不需要常看医生，所以应该选择自负额较高的保险，保费就会低。

下图分别对健康保险方案的选择和不同健康保险方案的整体医疗花费进行了比较。

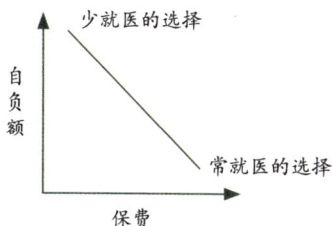

图12-3 健康保险方案的选择比较

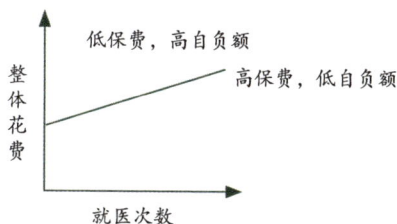

图12-4 不同健康保险方案的整体医疗花费比较

（六）定期审视健康保险保单

人生每个阶段的健康状况不同，所需的保险内容自然也会跟着改变，年纪增长，需付的保费会增长，因为年纪大看病的概率增加，重病的概率提高，所以时常回顾检视健康保险是否合适，十分重要。申请保险的日期一年一次，在11月1日开始，12月底结束。审视之后再做适当调整，可让你的保险规划更加完善。除了人生阶段影响投保内容外，保单设计及理赔项目，也会因为市场或国家对健保政策的改变而有所改变。建议寻找有经验的健康保险经纪人，他们可以比较各家保险公司的不同合同，量身打造适合你身体现况的健康保险组合。

以我的客户为例：她30多岁时的投保包括生育的保险，生了两个孩子之后，她就转到不包括生育的保险，每个月的保费节省几百美元。到她50多岁时，生病的概率变高，看医生的次数增多，又转到自负额较低的保险，保费高些，看医生的费用就低，不会因为要多付自负额舍不得花钱而耽误看医生。

五、长期护理保险

长期护理保险（Long Term Care Insurance）是用来分担长期护理的支出，是健康医疗保险的一种，但不在健康保险涵盖的范围。低资产可以受到国家的资助，中高资产阶层就要为自己的不测做准备，否则这些支出就会成为沉重的经济负担。

（一）长期护理的定义

生活无法自理的老人和伤残者需要长期护理。如走路需他人搀扶，无法行走，无法自己进食、穿衣，大小便失禁，记忆力严重衰退以至于记不清楚服用药物时间及数量者都需要长期护理。

图12-5　长期护理

1.谁来提供长期护理的照顾

（1）家人来照顾。如果家中成员的生活无法自理，在华人三代同堂的社会，通常是由父母、子女、媳妇、兄弟姐妹等家人照顾。但是病人在慢性病痛的折磨下和无法自理的挫折下，难免把所产生的痛苦和压力转移到其家人身上。结果照顾者比病人更早倒下或弃养病人的例子屡见不鲜。

（2）长期护理机构来照顾。第二次世界大战后出生的婴儿潮已迈入老年，华人昔日养儿防老的观念已经过时，子女自己要工作，家庭经济负担沉重，心有余而力不足，很少有多余的体力和心力来照顾需要长期照护的父母。许多父母也不忍心拖累子女，把子女留在身边专职照顾自己。如果不能也不想靠子女照顾的话，就可以由疗养院、护理服务（Home Care）、生活健康照护等机构来提供长期护理照顾。

（二）长期护理的费用

美国平均一年的长期护理费用是5万—8万美元，根据地区不同费用也不同，这对一般家庭来说是一项高额的费用。加上每年5%—6%的费用增长率，12—15年后费用会加倍。如果有预先投保了长期护理保险，就可以利用长期护理保险来支付。根据2016年的医疗统计报告，需要长期护理的病人一般需要平均护理时间为3—5年。当然也有人需10年以上的照护。这份开支足以消耗完终身的储蓄。

（三）支付费用的管道

每个人的收入高低不一样，资产多少也不同。不同收入不同资产的人有不同的长期护理费用支付渠道。

1.贫穷老人和失能者，由美国政府支付

政府会支付贫穷老人和失能者的长期护理费用。但必须达到贫穷补助的标准，包括存款也要达到贫穷补助的标准。符合低于贫困线收入和资产标准的民众会有政府来负担、提供基本的长期照护。

图12-6　政府支持

2.中产阶级，要自己想办法

当中产阶级失去生活自理能力需要护理服务时，长照护理费用要由自己的储蓄来支付，或是由子女或家人的储蓄共同来分担。必须指出的是，长期护理不仅仅是老年人需要，年轻人也会因事故或意外导致终身残疾，以至需要长期护理。

图12-7　中产阶级

3.用长期护理保险来支付部分费用

除了用自家人的储蓄来支付长期护理的费用之外，也可在有工作能力赚钱时，拿出一小部分的钱，或者用一小笔储蓄金购买基本额度的长期护理保障。万一日后有长期护理需要时，长期护理保险也可以帮忙分摊掉部分的费用。抽出收入的一部分来购买长期护理保险，可以事先预备保险理赔金，以弥补未来可能发生的财务问题。

图12-8　长期护理保险

4.资产雄厚者，可自行承担费用

如果资产够雄厚有足够的流动储蓄金，而且资金可以短期内变现的话，可以选择自己承担风险，直接花自己的钱取得长期护理的服务，但

需要有足够的流动资金支付长期护理开支，固定公司资产如地产是不适合作长期护理的资产，因其变现周期长。而且当自己需要照顾时，往往不能自理财务，要靠委托人为自己作出适合的决定。

图12-9　资产雄厚者

六、长期护理保险的选择

（一）单独投保长期护理保险

单独投保的保费较低，像健康和汽车保险一样，有事就有理赔，无事一直付保费。投保方式与健康保险类似。另外可选择还本型长期护理保险，保费会增加，如果无长期护理的开销，则保费可以全额退回，但是保费较单独投保要高得多。

（二）储蓄人寿保险附加长期护理及重大疾病

储蓄人寿保险可以附加长期护理及重大疾病的福利，保险有弹性，保户如果生前有长期护理的需要，投保人可以生前取用赔偿额，支付这些开销；如果受保人生前没有用到长期护理、重大疾病的福利，保户身故后，寿险理赔会直接给受益人。寿险里还有储蓄，万一年迈需要现金，可以取用现金值。

长期照护对现在或未来的老年人而言，是保险规划重要的一部分，年长者想要维持生活质量，又不想连累子女，就必须事先做好长期护理的保险规划。如果资金有限，可以请子女帮助承担一部分，因此使子女不会因为要照顾父母而影响工作和收入。年迈父母可以有理赔金作为靠山，让专业的护理人员来照顾，维护自己的尊严。

成功理财案例：

健康保险规划

淑梅工作的公司是我的团体保险的客户，她通过公司提供的团体保险取得健康医疗保险。在每一年例行的回顾检视中，我向他们公司的同仁介绍HMO与PPO的不同，PPO的保费虽然比HMO高，要自己掏腰包补多出来的差额，但PPO提供更多的弹性选择。淑梅听了我对保险方案的介绍后决定从HMO改为PPO的保险方案，在加保没多久，淑梅被诊断出患了乳癌，需要密集的医疗。由于淑梅先生的工作地点在休斯敦，淑梅的工作地点则在芝加哥，淑梅常在休斯敦和芝加哥两地往返，因为PPO的就医弹性，让她得以在休斯敦和芝加哥两地就医。之后淑梅一家人搬到了美国东岸新泽西，PPO提供了她在当地方便就医的自由。原本医生宣告她可能只有一年的生命期，但因为她用了PPO保险，在选医生方面有很大的自由，在纽约找到了特别有名望的医生，加上她积极地配合，经过了五年的治疗，她目前的癌症病情被控制得很好。由于她有买个人的长期收入保险，在不能上班的情况下，每日有300美元收入保险入账，家庭的生活水平并没有因病而下降。

长期护理保险规划

薇薇是一位家庭主妇，先生长期在苏州做生意，她在美国照顾他们的独生子。15年前经朋友介绍，她请我帮她做家庭做理财规划。我建议她们夫妇二人根据当时的财务状况加保两份长期护理保险，太太同意，先生不同意，但最后还是听了太太的意见各自买了保单。几年后先生60多岁退休回美国，不知何故自己开车撞到石墙上，造成终身残废。因为

有了长期护理保险，保险公司可以每月提供4,000美元免税现金理赔，薇薇便请了专业护理人员和家务助理，在家里照顾先生的衣食住行，而家庭的财务和生活不因车祸而受影响。

理财博士温馨提示：

◆ 身体健康最重要

◆ 医疗保险免不了

◆ 购买合适健康保险

◆ 定期审核作调整

◆ 身强体健万事兴

◆ 财务平稳少风险

◆ 如有长期护理险

◆ 维护尊严有靠山

我的健康和长期护理保险规划：

健康保险对照表

福利	计划一费用HMO	计划二费用PPO	计划三费用EPO
预防性健康福利			
诊所看诊—主治医师			
诊所看诊-专科医师			
紧急照顾看诊			
化验			
X光			
住院治疗			
门诊手术			

福利	计划一 费用HMO	计划二 费用PPO	计划三 费用EPO
产科—分娩（医院）			
儿科牙科检查			
儿科眼科检查			
针灸治疗（由持照针灸师提供）			
日历年医疗保险自付额			
日历年药房自付额			
每年最高保障			
终身保险			
第1阶级药物（最多30天的供给）			
第2阶级药物（最多30天的供给）			
第3阶级药物（最多30天的供给）			
第4阶级药物（最多30天的供给）			

长期护理保险对照表

	计划一	计划二	计划三
名称			
受保人			
每日福利			
通货膨胀指数			
等候期			
受益期			
每年保费			

第十三章 人寿保险和伤残收入保险

对于一个愿意帮助他自己的人，我没有想出比购买人寿保险更好的方法。

——约翰逊（美国前总统）

别人都说我很富有，拥有很多财富，其实真正属于我个人的财富是给自己和亲人买了充足的人寿保险。

——李嘉诚

理财宝典金言玉语之十三：人寿保险是爱心的天使，收入保险是生活的保障。

越南籍华侨，东宁和惠丽这对夫妻都是蓝领阶级，吃苦耐劳、省吃俭用。一个感恩节之前，惠丽打电话给我请我给他们做一个财务规划，因为老公在股市操作里损失了很多他们多年的储蓄。当我估算了他们的财务需求后，了解到人寿保险是个空缺，建议他们夫妻俩各买200万美元身故保障的人寿保险作为理财第一步，他们公司都有健康保险和其他的保障，车保险和房屋保险已做好了。我帮他们申请了两家保险公司，一份是定期，一份是储蓄，当时我收了他们一个月的定金，连同人寿保险申请书递交给保险公司。几天后，他们完成体检和保险公司的电话面试，当时东宁曾提到有肚痛的状况，看过医生。经过两个月的审核，我收到了保险公司核发的保险合约。而当我要把合约交给他们夫妻签收时，他们却失联了。过了两个月后，我收到惠丽的电话，他说东宁因为肝癌已经在一月前去世。在这失联的几个月里，东宁四处就医，仍然回天乏术。惠丽不敢奢望可以得到保险公司的理赔。在我和惠丽通完电话之后，我赶紧联络保险公司申请理赔事宜。但夫妻俩的保险合约没有完成签收，我不确定他们是否能够得到理赔。保险公司在收到我的申请之后，几天内就专门派了一位保险稽核员来拜访惠丽，了解事情发生的原委。没想到稽核员一见到惠丽便开口说："我的工作是来看看我们公司要如何理赔，而非如何拒绝理赔。"我和惠丽听了都十分感动。东宁过世时还不到40岁，他留下一位老母亲及两位10岁和3岁的男孩，都要由惠丽来照顾。惠丽的一家人，非常需要这200万美元的理赔金来照顾他们的生活，作为孩子的教育基金和老父亲的养育金。几天之后，两家保险公司均支付理赔，当我把理赔金交到惠丽手上时，惠丽热泪盈眶，十分感谢我为他们规划人寿保险，感谢寿险公司提供理赔金。虽然惠丽一家人失去了东宁这位身为儿子、丈夫和爸爸的收入，但东宁却留下来一份财务上的依靠给家人。我的服务改变了寡妇一家人的生活。现在儿子双双

长大成人，大儿子考上大学名校，小儿子就读高中，见到孩子们的成长和家庭平安生活，我内心无比欣慰，不时和客户分享这个故事。因为我知道，我的工作是为我的每一位客户，带来一份祝福。让他们在遇到不幸的灾难后维持生活，她的生活，孩子的前途，未因为丧夫、丧父而受影响，这两份人寿保险的赔偿金给他们带来了平安、未来和祝福，完成父亲未能完成的赡养责任。

一、人寿保险

人寿保险对华人来说并不陌生。保险具有买保险的一方、卖保险的一方以及保险的合约，承保的对象是个人的生命。

保险公司（Insurance Company）依照被保险人（Insured）的投保金额（Insured Amount）和保障期限（Insured Period）考虑被保险人的性别、年纪、健康状况和生活形态等条件，来评估可能承担的风险，从而算出投保人（Insurance Owner）所需付出的保费（Premium）。投保人给付保险公司约定的保费，若被保险人在保险合约期间内死亡，保险公司将会依合约内约定的身故理赔金（Death Benefit）付给受益人（Beneficiary）。

二、我需要人寿保险吗

（一）没有财务和家庭负担，就不需要；有财务和家庭负担，就需要有保险

人寿保险（Life Insurance）是被保险人死亡后，受益人可以拿到理赔，得到一份保障。因此能使受益人的生活不因为失去亲爱的人而受影响。如果在身故后，没有财务和家庭负担者，就不需要买人寿保险；但如果在身故后，有财务和家庭负担，就需要买人寿保险。

（二）要想留理赔金给所爱的对象，就需要人寿保险

无论有没有财务和家庭负担，如果想为家人或所爱的慈善机构留下一笔资金，就需要通过保险来传递这份爱。如单身贵族想用理赔金在他不幸遇难时，报答父母的养育之恩，或者捐款给他指定的慈善机构，他就可以用人寿保险。人寿保险是爱心的天使。

每个人因为需要分担家庭的经济责任不同以及收入和财产的不同，而有不同的考虑。

1.单身或没有财务负担的人

图13-1　单身

年轻人、单身人士没有家庭负担和责任，收入也比较少，寿险不是第一首选。钱通常优先用在储蓄、投资和买房上。但仔细思考一下，现在没有需要抚养的人，以后也不会有吗？现在年轻健康，保费低；随着年纪增长，保费跟着增长；如果未来健康状况有变化，保费也相对会增加，甚至会被拒保。因此，如果有额外的结余，完全可以提前挑选合适的人寿保险。

2.小康家庭的夫妇

结婚后，通常是夫妻两人一起撑起一个家，如果一方发生意外，可能导致另一方生活受影响，需要有一笔资金来填补这个缺口；如果有孩子，那么这个资金缺口会更大。一般小康家庭的储蓄尚未积累到可以应付失去一方的风险时，如果有人寿保险的理赔，就可以运用寿险的身故

保险金来支付房屋贷款、生活费用、小孩的教育基金等，维持现有的生活水平，帮家庭渡过难关。

图13-2　小康家庭

3.公司负责人和合伙人

公司的负责人和合伙人背负着公司经营的重担，一旦不幸身故需要用保险来提供资金以维持公司的后续经营，公司能有资金招聘新的负责人，或用人寿保险的理赔金买回身故合伙人的股份。关于企业家的保险需求和规划，因为企业家承担的责任大，需求更多更复杂，保险的考虑面也广。

图13-3　公司负责人

4.富裕的家族和企业家

有些人拥有雄厚的资本，一旦发生意外不会让他的遗族受到太大的影响。但是富裕的家族和企业家，需要考虑税务和遗产分配，那么他们可以利用人寿保险作为传承的工具。

图13-4　企业家

（1）利用保险支付债务、遗产税等开支。家产丰厚的人过世后对遗族会产生遗产税，人寿保险可以成为他们保护家族的资产，交付债务、税金等金融工具之一。可以利用人寿保险和不可撤销信托（Irrevocable Trust）来支付遗产税，进而将家族遗产完整地传给子孙后代。

（2）利用理赔金来平衡遗产分配。理赔金可以用于财产分配的平准。举例来说，一个家庭有三个子女，两幢房子，房子的市价不一样，父母想要平均分给三个孩子，可以做一些寿险规划，把房子的价差及每一位子女应得的比例差额，以寿险保单价值作为替代，这样父母亲就能按意愿把财产留给下一代，同时立遗嘱。

三、计算理赔金额

所需理赔金额的多少可以按个人收入或家庭财务需求来计算。

（一）以收入来计算

除了考虑收入，还要把家庭支出考虑进去。比方说一对夫妇，先生年收入8万美元，太太年收入5万美元，每年共计13万美元，两个孩子分别为2岁和4岁。如果先生不幸去世了，家里会失去他每年8万美元的收入。考虑必要的开支和子女的教育基金，通常受保人的收入乘上10倍到20倍都是合理的身故理赔金额。因此一些高收入的专业人士如企业家、医生、律师、会计师等，会购买好几百万的人寿保险以承担身故后家庭所需要的收入。

以一家四口，子女年纪8岁和3岁为例：

表13-1　先生和太太分别需要的保额计算（1）

先生：年收入$8万　　　　　　　　　　太太：年收入$5万

收入的倍数	先生的保额需求	太太的保额需求
10 倍	$8万 × 10＝ $80	$5万 × 10＝ $50
20 倍	$8万 × 20＝ $160	$5万 × 20＝ $100

2个孩子的4年大学教育费用 $24,000 × 4 × 2 ＝ $192,000

加上两个孩子的大学费用，因此先生大概需要$100万—$180万人寿保险；太太大概需要$70万—$120万人寿保险。

（二）以财务需求来计算

以家庭的财务需求来计算，丧葬费、家里的房贷、车贷等债务，孩子的养育费、教育基金等，都需要纳入考虑。这样就可以粗略算出所需的保障额度。

以一样的例子来计算：

家庭生活费20年 × $50，000/年＝$100万

表13-2　先生和太太分别需要的保额计算（2）

生活费	$100万美元
丧葬费用	$2万美元
房贷费	$40万美元
汽车贷款	$5万美元
养育子女费用	$10万美元
大学学费	$19.2万美元
总计：	$176.2万美元

先生和太太各需要$100万—$176万人寿保险。

图13-5　家庭财务

四、人寿保险的功能和选择

人寿保险能在受保人身故后提供受益人一笔理赔金，免交收入税、增值税，如果放在不可更改的信托里，也可以免交遗产税，人寿保险也可以作为储蓄的工具 。

（一）作为储蓄的工具

终生人寿保险除了保险的功能，还兼具储蓄和延税的功能。退休时，可以将保单转成年金，作为终生收入，或者用贷款的形式，享用储蓄金额，与会计师确认有关税务的问题。如果以贷款的形式取出现金值，就会影响保险的理赔金，也许不能保证终生收益。

但定期人寿保险只能提供身故理赔金，保单本身没有现金价值。还有一种"还本型定期人寿保险"，期满后可还回本金。

（二）财产分配的平准

如同前述，理赔金为现金，较其他资产容易计算和分配金额，可以在财产分不平的时候，作为财产分配的平准。也可将保险搭配信托，作为家族的传承规划。信托的功能和传承的方式将在第18章阐述。

（三）人寿保险的选择

人寿保险依照保障期限的不同分为定期保险（Term Insurance）和永久保险（Permanent Insurance）。人寿保险亦可加保意外保险条款，伤残

后公司可以免保费条款。

定期保险和永久保险的不同，就好比租房子和买房子的不同一样。定期保险和租房子类似，保费和房租都是当期使用的代价，合约到期后，付出的钱就没了。永久保险与买房子类似，只要按照条款按时付款就有终生的保障，但是每家保险公司设计的终生保障是不一样的，一定要做好评估，了解保单内容，才最后签约。至于要买定期的还是永久的人寿保险，就看个人的需要和经济条件而定。

五、定期保险

定期保险是最简单和便宜的保险，只在约定期限内保障被保险人，约定期限通常为10年、15年、20年和30年。在合约期间内需缴纳固定的费用。

有一种还本型定期保险（Return of Premium），可以在合约期满时退回保费，但保费比一般定期保险要高。

（一）被保险人在约定期限内过世

如果被保险人在合约期间内过世，保险受益人就会领到一笔身故理赔金。

（二）定期保险到期后，不续保

定期保险到期后，可能因为房贷、子女教育等负担减轻，就不需要保障，也就不用续保。若没有续保，合约就会过期失效，但还本型定期保险例外，投保人可以拿回之前付出的保费。可谓花小钱，换大保障。

（三）在定期保险有效期间，转成终身保险

手头宽裕时，可以把定期保险转换成终身保险，不用做身体检查。就算到期时健康状况不好，也不用担心被保险公司拒保。但是保费是按照转换时的年龄计算，所以保费会升高。

六、永久保险

永久保险提供被保险人终身的身故理赔。保障期间较定期保险长，保费也较定期保险贵，根据客户的现金流，可以设计10年、15年、20年的付款期。由于人的平均寿命延长，健康素质提升，人寿保险通常可保障至被保险人年满120岁为止。

（一）永久保险可长时间积累现金价值

永久保险的保单，以每年缴纳的保费在扣掉每年寿险和行政成本后，在投保一段时间后所积累的结余，也就是现金价值（Cash Value）。投保人可以从保单中提领现金，保单具有储蓄的功能。但在投保的前几年，现金价值会远低于缴纳保费的总额，现金价值需要长时间积累。

（二）永久保险也可加保生前受益条款

有些保单也可加上受保人的生前受益附加条款，用以支付长期护理和重大疾病等费用，支付的金额从受益人的理赔金中扣除。

（三）永久保险的种类

永久保险分为：终生人寿保险（Whole Life Insurance）、万能人寿保险（Universal Life Insurance）、指数型万能人寿保险（Index Universal Life Insurance），以及投资型万能人寿保险或称浮动人寿保险（Variable Life Insurance）。永久保险有储蓄、现金价值和贷款功能。

1.终生人寿保险

终生人寿保险（Whole Life Insurance）可提供终身的保障，每期只需缴纳定额的保费。定期缴纳保费后，保单开始积累红利，保单的利息是依保险公司公告利率计算的。有些保单提供保证利率，确保现金价值和赔偿价值。

2.万能人寿保险

万能人寿保险（Universal Life Insurance）可提供终生的保障，也具有保费金额的弹性，可依保险人的支付能力和年份而量身定做。但不是所有的万能人寿保险都能提供终身绝对保障的现金价值和理赔。

3.指数型万能人寿保险

指数型万能人寿保险（Index Universal Life Insurance）是万能人寿保险的一种，保单的利息是以股市或债券的大盘指数来计算。大盘指数有正有负，指数型万能人寿保险的回报有最高和最低的范围，通常平均指数5%—7%的回报，最低回报为0%。

4.投资型万能人寿保险或称浮动人寿保险

投资型万能人寿保险或称浮动人寿保险（Variable Life Insurance）是万能人寿保险的一种，是以保单内投资的基金表现来计算，也就是说基金成长20%，保单内的投资价值也成长20%，但是基金赔了20%，保单投资价值也会跌20%。有些浮动保险保单有加保不失效保证（No Lapse Guarantee），也就是说，不管保单里的投资价值是赔还是赚，保险的赔偿都不会失效。

（四）选定期保险还是终生保险

人寿保险要根据个人需求，按支付能力和时间而定。其实只要在身故时仍在保障期限内（Remain in Force）的保险，就是最好的保单。但是人生莫测，为了满足长期和短期的需要，投保人可以同时选择定期和终身保险两种不同的保单合同。拿到保单后一定要好好看明白，不了解的要在签名之前问清楚，保险的合同要保管好，业务人员打的报表也要一起保存和合同放在一起，以便日后查核。

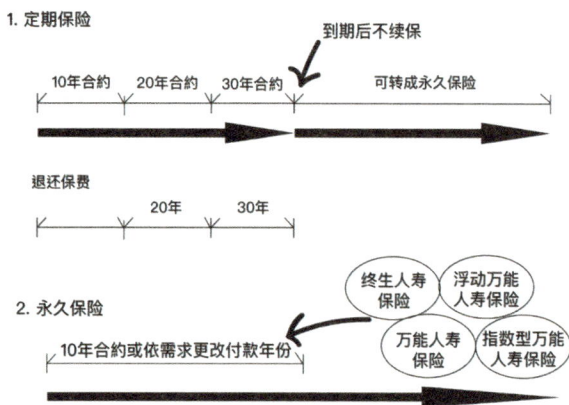

图13-6　定期保险和永久保险

七、保险公司的比较

（一）保险公司的选择

美国大多数的人寿保险公司历史久，信用度高，人寿保险的产品多样化，会随着市场和客户的需要经常调配产品。到底哪一家才是最好的公司呢？人寿保险的业务员何其多，究竟谁推荐的寿险是最好的产品呢？

基本上，美国的保险公司其信用及理赔都值得信任，主要因为许多人寿保险公司的历史悠久，平均寿命和风险的评估方式也很先进。另外也有像AM Best公司、Moody's 公司、Stanard & Poor公司、 Weiss公司等独立评估公司来评比保险公司的财务健全等级，这些可作为选择保险公司并了解其财务状况时的参考。

（二）保险契约和产品同样重要

据统计，美国人一辈子会买七次保险，有的是生活需要改变，有的

是购买更适合的产品。保险契约的内容和保险公司本身的信用，同样重要。因此对保户而言，保单的契约内容比保险公司本身的信用，还来得重要。购买人寿保险需要谨慎评估，多方比较分析各种利弊，作好周密的计划，才能买到符合自己需求的保险。

八、海外人士购买美国保险

近年来，中国大陆和台湾地区金融急起直追，引进西方的人寿保险模式，但是人寿保险的历史不久，有地方色彩，还在进步中。依中国大陆和台湾地区保险公司的风险评估、利息的计算和保费的精算方式，保费的平均成本较欧美要高，所提供的保障额度和保单的选择性也有限。在有条件的情况下，可以比较不同地区提供的人寿保险产品。对于那些准备来美国生活、工作、旅游或有家属和亲属在美国的人，可以在本地人寿保险基础上另外投保美国人寿保险，以便保护在美国的财产，适应投保人全球化的资产配置。

对于高资产人士，如果在本地买不到高额身故保障的储蓄保单，可至美国申请美国保险公司为境外人士设计的海外人寿保险。

九、伤残收入保险

珍珍是一位家庭主妇，来自英国，先生在大学任教，夫妇俩育有2女1男。小儿子在3岁时因脑部手术时发生医疗意外，造成了终身失能。由于50岁的先生任教的学校保险提供理赔，让珍珍可以全职照顾失能的儿子而没有经济上的后顾之忧。10年前，珍珍的先生中风不能再教书，但先生的失能保险和医疗保险让一家的生活不致因突发的剧变而造成经济拮据。7年前珍珍的先生过世时，我根据她家庭新的情况重新做了全面的财务规划。我检视了她的财务状况，将她手上的资金作妥善的安排，并建议她购买适当的长期护理和人寿保险作为她经济上的保障。这7年来，她送2个女儿进入大学、完成学业并踏入婚姻。小儿子在3年前离开人世。如今，珍珍的财产净值比先生在世时增加30%，财务上的自由让珍珍可以自在地生活，定期安排旅行，享受人生。在我帮助珍珍规划财务时，我有很深的感触。珍珍的家庭因为先生任教的学校提供完善的保险和政府的抚恤金，所以在他们家庭遭遇巨变时，经济上没有受到损失，可以补足经济上的缺口。

收入保险（Disability Insurance）或称为残障保险、失能保险（Disability Insurance），是个人健康保险的延伸。身体健康出了状况，需要花钱、治疗时，医疗费用的部分，可由健康医疗保险来分担；并由收入保险来补偿失去的工作收入。受保人在工作期间因伤病而造成重大伤害，暂时或永远失去工作能力，收入保险可提供理赔金作为收入的保障。

十、我需要收入保险吗

工作是创造人生价值的重要管道。如果丧失工作能力，经济上受影响，生活上就会有很大的冲击。在还需要工作的年纪时因伤病而造成身体障碍，伤残者在活到65岁正常退休的年纪之前，那段生活一定会过得很煎熬。如果有收入保险，就能维持现在的生活水平，不至于为没有工作而无法付贷款，存退休基金。

十一、收入保险的功能和选择

收入保险依提供保障时间的长短，分为短期和长期收入保险。

（一）短期收入保险

短期收入保险（Short Term Disability Insurance）最多只能提供 3—6 个月的短暂收入保障。有些病人经过一段时间治疗后，可以恢复健康而

返回工作岗位，这样只需要短期收入保险。

（1）美国政府提供短期残障保险金，申请人符合补助标准后，需通过各州规定的等待期（Waiting Period），残障保险金的补助期最长6个月。

（2）有些中大型公司也会提供员工短期收入保险作为员工福利。申请人符合补助标准后，需通过合约中规定0—10天等待期，收入保险理赔金最多6个月。

（3）如果公司没有提供短期收入保险，建议由个人的紧急预备金补足财务缺口。

（二）长期收入保险

如果受保人失能6个月后仍然无法工作的话，这样就需要靠长期的收入保险（Long Term Disability Insurance）来提供长期的收入保障。长期收入保险包括在工作之外的伤残，不是自己故意伤害造成的。这与工伤保险（Worker's Compensation）不一样，工伤是在工作时受伤，国家部分强制公司要提供工伤保险。

（三）美国政府提供到65岁

因受伤后而无谋生能力的美国民众，如果在残疾之前已经符合申请福利的条件，可以申请政府的残障保险金（Social Security Disability），每月可提领政府提供的残障保险金，如终身残障，可以领到65岁，之后可以申请社会安全基金。申请人符合严格的全残补助标准后，需通过各州规定的等待期。残障保险福利金额非常有限，只够维持最基本的生活水平被批准不容易。

（四）公司提供收入保险福利

有些中大型公司会提供员工收入保险，作为员工福利的一个项目。一旦员工因病、因伤失去工作能力，收入保险会提供员工50%—70%的收入水平。根据工作性质不同，有的可以申请5—10年的保障，有的可以保到65岁或更久。

如果保险只有5年、10年的保障，身体还是无法痊愈至可以回到原职场的程度，那就要另谋出路，转换工作跑道，或者动用投保人的储蓄基金。在保险保障收入期间，也许可以回到学校，学习新的谋生技能，为收入保险结束后做打算。

（五）个人购买收入保险福利

如果没有公司可以提供收入保险的话，自己可以购买个人或专业人士收入保险，用来保障失能后的生活。

以外科医师为例：如果外科医师原有的收入为年薪30万美元，发生意外后无法从事精细的手术，但是仍然可以在医学院当教授，收入降低，有8万美元的年薪。保险公司理赔60%的原收入。这样这位医生保户就不会因为失去工作能力，家庭生活受影响，就可以有每年26万美元的收入。

失能保险

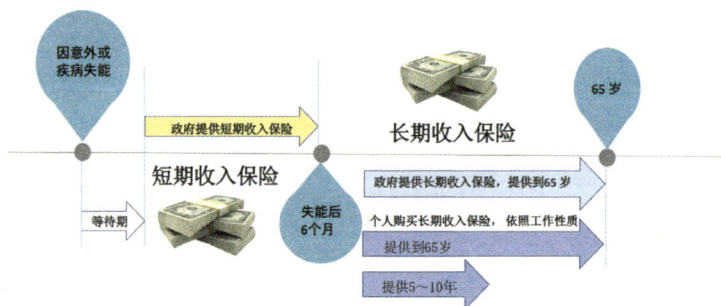

图13-7 失能保险

十二、长期收入保险的规划

（一）社会安全保险提供基本保障

对于一般工薪阶级，公司已在工资里自动扣除社会安全福利的费用，代员工缴纳给社会安全局，工薪族需要长期残障保险金时，可直接向美国社会安全局申请。

（二）高低收入者的不同考虑

美国社会安全局提供的长期残障保险金的金额只能提供最基本的保障，需要医生开完全失能的证明，每年更新。

（三）低收入的工薪族

对于收入不高的工薪族，社会安全基金的保障可能可以维持基本生活。

（四）中等收入的上班族

对于中等收入的上班族，如果公司有提供收入保险，保障50%—70%的收入水平。公司提供的收入保险理赔金加上政府的长期残障保险金，可能应付生活的基本开销。如果公司不提供收入保险，就要动用工资的一部分去购买收入保险。如果用工资收入的3%去买一份保障退休后收入水平的保险，应该是很明智的财务规划。

（五）高所得者

对于高所得者，政府加上公司或机关行号提供的收入保险理赔金，有可能还不够满足生活所需。对于自己执业的会计师、律师、医师或是自己当老板的高所得者，政府提供的长期残障保险金不够他们的开销。所以高得者，平时应该从收入中提拨2%—3%的资金出来，投保收入保险，以目前小额的付出来补未来可能的财务大洞。一旦发生意外或重病，还有保险免税的理赔金用来应付家庭的基本开销，不会影响日常生活。

成功理财案例：

案例一，余先生和余太太来自柬埔寨，受到美国的政治庇护而归化美国国籍。夫妻俩不甘只接受美国政府的救济，以难民的生活水平过日子，于是在美国安顿下来不久后，夫妻俩在假日市集摆摊开始起家，胼手胝足累积资金。凑足创业资金后，开始经营第一家超市，稳扎稳打逐渐扩张到10家连锁超市。到了俩夫妻考虑家族事业接班计划和遗产规划时，他们的连锁超市约有300万美元的价值。大儿子从小跟在父母身边帮忙做生意，对家族企业最了解和最有抱负，于是俩夫妻就决定将连锁超市的事业全权交由大儿子接班。二儿子在科技公司工作，对接手家族企业一点都没兴趣，于是夫妻俩把自己名下的房地产等现金价值300万美元的家产传给二儿子。传统华人的观念是将财产全数分给儿子，女儿嫁出之后就不再传承父姓，许多华人的女儿都分不到父母留下来的财产。但余先生和余太太为了对儿女都公平对待起见，他们夫妻俩利用人寿保险，买了身故理赔金额300万美元的人寿保险，保险受益人就是他们的女儿。这样一来，3个儿女都依不同的需要和形式各分得现值300美元的遗产，这对他们身故后的家族和谐有很大的助益。

案例二，Mike是一位毕业于斯坦福大学医学院的脑神经外科医师，在高度紧张的急诊室救治脑科病患者，他住在圣地亚哥海滨富人区。20年前经由他的会计师介绍，我为他做财务规划。经由我了解他的财务和家庭状况：她的太太在家持理家务，小孩也快要高中毕业，他的收入很高，财务的布局也很好。但他没有医院提供的长期收入保险，我建议他购买个人保医生专业的长期收入保险，作为家庭收入的保障。在Mike55岁时，长时间的劳累让他心力交瘁，无法操刀从事脑部精细的手术。所幸的是事发3年前他听从我的建议，购买长期收入保险。在他无法在他的专业领域工作时，经过与收入保险公司的协商，保险公司一次给付他200万美元的赔偿，让他的家庭得以维持之前的生活质量。在他领到200万的免税理赔金后，他继

续让我为他规划。我将其中的100万做10年以上、中等风险估计每年平均7%回报的投资，让他在11年后再领出来做生活费。剩下的100万，我请他将其中10万元存在银行活存让他当年花用；其中20万分别作成1年和2年各10万元的银行定存产生利息，让他可以在1年后和2年后领出来花费。剩下的70万美元，我让他购买美国政府债券和年金赚取5%—6%的利息，让他在3年后到10年后，逐年领出部分作为生活费。在第11年时，原本作为长期投资的100万已增长到200万，我再将这200万仿照之前的模式，一半作为短期保守性的投资，陆续领出作为10年的生活费，一半则做长期投资，让资金继续增长。在他领取收入保险理赔金后的第10年，他达到65岁时，他开始可以领取政府提供的社会安全退休金和他曾服务的退伍军人单位提供的退休金，他和太太可领取的退休金及社会保险金一年加起来有6万美元。以他们家庭每年10万的开销水平，他每年只要再从他的理赔金领取4万美元就足够基本生活水平。因为他收到200万美元的收入保险和依照我规划的财务结构，让他一辈子不用再工作，都可维持他有医师收入时的生活水平。

理财博士温馨提示：

◆　寿险用时方恨少

◆　要依需求来算好

◆　节税储蓄妙用多

◆　撒手人寰没牵挂

◆　遗传人间留爱心

◆　工作赚钱来养家

◆　失能有长也有短

◆　周全规划先预备

◆ 维持生活保家园

我的人寿和收入保险规划：

人寿保险规划

1.您需要人寿保险吗

_____

_____

_____

2.您人寿保险的首要目的是

_____

_____

_____

3.如何计算人寿保险的保障额

_____

_____

_____

4.您发生意外或一旦身故时，您的家庭能维持当下的生活质量吗您是否希望您的配偶继续工作

_____

_____

_____

5.您希望您的家人付清房贷，不需要搬家吗

_____

_____

_____

人寿保险的检查表

	保单一	保单二	保单三
保险公司			
类型（定期，终身万能，浮动，指数等）			
生效日期			
投保人			
保单持有人			
受益人			
预备/受益人			
死亡理赔金			
每年保费			
退保现金价值			
贷款			

残障收入保险规划

1.如果您失能了，您家里的生活方式将会受到什么影响

_____

_____

_____

收入保险：

2.如果您不能再工作赚取收入，那么您的短期储蓄能持续多久

_____

_____

_____

3.如果因为伤残而影响到您的生活品质，您能够依靠动用储蓄而不影响未来的生活吗

_____

_____

_____

4.您对收入保险的要求是什么？你的工作性质

_____

_____

_____

团体收入保险检查表

投保人	福利	每月理赔金额	等待期	受益期	每年保费	通货膨胀/收入增长
	短期伤残					
	长期伤残					
	其他福利					

注：理赔要报税并缴税

个人收入保险检查表

投保人	福利	每月金额	等待期	受益期	每年保费	通货膨胀/收入增长

第十四章　房屋保险和汽车保险

如果我办得到，我一定要把保险这个字写在家家户户的门上，及每一位公务员的手册上，因为我深信，通过保险，每个家庭只要付出微不足道的代价，就可免遭万劫不复的灾难。

——丘吉尔（英国前首相）

保险在美国，是人民生活的一环，像饮食、居住一样，是生存中必要的一部分。生命、医疗、旅行、房屋、汽车、游艇、家具等都保了险，它们像一条条木栅，连成一环，环在你的四周，给你一个安全感。

——于梨华（旅美华人作家）

理财宝典金言玉语之十四：财产险要保障财产的价值。

> 我的一位朋友住在佛罗里达，他们家的房贷已经付清，于是先生不愿意花钱买房屋保险。不幸的是，他们的房子因为台风侵袭全毁，结果花了40万左右来重建家园，却没有保险公司可以为他们分担。
>
> Peter是一位将近60岁的律师，虽然已接近退休的年龄，工作还是十分忙碌。在一次聊天中，我问他都快要退休了，怎么还这么拼命工作，他才告诉我，因为他的儿子刚上大学时开车肇事造成行人伤残，被法院裁定赔偿。因为儿子还在读书没有收入，还是由Peter来抚养，于是Peter除抚养费外，还必须拿出一部分的收入作为每个月的车祸赔偿金。因为他买的汽车责任险赔偿额度不够，就只好完全靠他收入的一部分来赔偿。

一、我需要买房屋保险吗

（一）房屋保险

有土斯有财，为华人根深蒂固的观念。拥有一栋属于自己的房子，是许多华人的基本梦想。房子也就是一份重要的资产。

房屋保险（Homeowners Insurance）是以房屋和其附属设备为保险对象的一种财产保险，承保公司在天灾人祸造成房屋损害和居住损失时，予以补偿。并且提供居民在房屋活动范围内，产生伤害的连带责任赔偿。

美国在1735年的时候就有了第一张房屋保险的保单，保的是火灾险。西方国家很早就有财产保险的观念，有些由屋主或房客自行选择保险，有些则是法律的规定，强制屋主要投保房屋险。如果房屋都没有保险的话，一旦发生灾害，屋主或房客的财产风险就没有保障。

（二）屋主的选择

1.尚有贷款的房屋，银行要求屋主必须投保房屋保险

对于尚未付清贷款的房屋，放款的银行会要求屋主必须投保房屋保险。若屋主没有投保，银行会另行购买房屋保险，加在屋主的房贷费用里。要借房贷就一定要投保房屋保险。

2.没有房贷的房屋，屋主自行决定是否投保房屋保险

如果房贷已付清或是用现金一次付清的房子，屋主可自行决定是否投保房屋保险。屋主可选择不投保房屋保险，一旦房子发生意外，自行支付所有的维修费用和连带责任。屋主选择了投保房屋保险，可让保险公司来分担大部分风险。

（三）租屋房客的选择

屋主投保的房屋保险，只保障属于屋主的财产。房客在租房内的个人物品和家具不在保障的范围。如果房客在租屋内的个人财产需要保护，可由租屋房客自行购买租房保险（Renters Insurance）。

二、房屋保险的种类和范围

房屋保险的主要目的是保持原状，涵盖了恢复房屋原有的价值、保护个人财产的价值、补偿房屋使用价值和赔偿连带使用责任。

（一）房屋保险的种类

1.根据房屋的类型来分类

（1）屋主保险（Owners Insurance）：保障屋主的财产。

（2）租屋保险（Renters Insurance）：保障房客的财产。

图14-1 房屋类型

（3）复层房屋保险（Condo Insurance）：复层房屋是一种共同管辖的房屋。复层房屋保险是保房屋（Condo）的整个房子结构，管理委员会（Condo Association）会针对整个房子的大结构和公共区域投保，例如在屋子院子或游泳池边受伤了，就是管理委员的责任。但是屋内的财产和连带赔偿就要屋主自行负担。

（4）古迹建筑保险（Historical Building Insurance）：文物型的建筑或古迹，这类房子需要维修，费用非常高，可能比买新房子还要贵。如果屋主购买这类房屋，建议投保修缮保险，这种保险是专门为历史文物而设计的。

2.按承保的灾害来分类

房屋保险主要涵盖因天灾人祸而造成的损害。但是并不包括因为战争和核武器而造成的灾害。不同的房屋保险举例如下。

（1）基本保险

其中几种是属于基本的房屋保险，这几种包括火灾、雷电、冰雹、狂风，或者是爆炸等。地震和水灾需要单独投保。

（2）地震保险

一般基本的房屋保险不包含地震所造成的损害。位于地震带的高风险屋主，需要另行购买地震保险

（3）水灾保险

位于飓风频繁地区的屋主，需要另行购买水灾保险。

房屋是一项重要的不动产，住户居住在其中，攸关全家人的生命财产安全。为了保护房屋的价值和人身安全，必须要买房屋保险，不买的人少之又少。

图14-2　保险理赔

（二）房屋保险的范围

投保的范围包括5个方面。

（1）房屋的主体结构。投保的是住宅的主体结构，赔偿范围小至漏水修缮，大至房屋夷为平地重建。以路易安那州卡崔娜飓风（Hurricane Katrina）为例，保户得到保险公司的理赔金后，得以在原地重新建立家园。

（2）房屋周边的附带结构。大部分的独栋住宅（Single Family House）屋外都有附带结构，例如围墙、院子里的游泳池、球场、野餐区、储藏室、凉亭等，这些房屋外的生活设施，也是属于屋主的财产建筑物，价值不菲。可能因天灾而受到损坏，因此屋主可加保这些附带结构险。

（3）房屋内的个人财产。房屋内的财产，也许个别物品价值不高，但积累起来相当可观，例如电器、沙发、橱柜、装潢吊饰、个人衣物等。所以要针对个人财产投保。如果屋主收藏有价值不菲的字画或珠宝，在投保前要另行估价，若有灾损，保险公司会依"约定保障价值"理赔。

（4）房屋的使用损失。当意外灾害发生，房屋因整修而不能居住时，保险公司会依合约补偿屋主在外租屋的费用。补偿标准为在原址附近同等级房屋的房租。例如屋主原有3房供全家5口人居住，保险公司会理赔全家人在外租3房的费用。如果非自住屋而是租屋的话，保险公司会补偿损失的租金收入。申请理赔时需要拿出租约或是出租收入的报税证明。

（5）使用房屋的连带责任赔偿。屋主或是房客在房屋范围内活动时受到伤害，如跌倒或是在游泳池溺水、被屋主的狗咬伤等，所发生的医疗费用，可以申请房屋保险的连带责任赔偿。

三、选择合适的房屋保险

房屋保障额度和保费息息相关。保障金额高，保费就高；保障金额低，保费就低。

（一）先计算自己能承担多少修缮的费用

投保前，要先计算出自负额（Deductible）。小的花费自己来承担，大的花费交给保险公司承担。基本上我建议，以2500元的自负额比较合适。2500元以上的部分，由保险公司承担。如果几年下来没有意外，保险费就省下来了。因为自负额高，保费就低；自负额低，保费就高。

（二）估算房屋复原的费用有多少

房屋建造在土地上，天灾人祸直接影响土地价值的概率很低。所以要计算房屋复原的价值。例如以60万美元购买3房2厅一层楼的房子，也许土地的价值是20万美元，房屋就值40万。如果房屋严重损害要重建，要花80%的房屋价值才能造回原状，那么房屋结构的保险额度就要设在32万美元（40万×80%），如果再考虑到通货膨胀，就需要再加上取代价值（Replacement Cost）。保险公司会依房屋的大小、房间数等估算出房屋的价值。

（$600,000－$200,000）×80%＝$320,000 为重新建造的费用。

（三）估算房屋内个人财产有多少要保护

保险公司赔偿的是个人财产的取代价值，也就是该物品的现有价值，而非购买新品的价值。理赔的上限多少也是跟保费有关。一般保险公司依照房屋价值的百分比来确定，屋主如果有特别贵重的珠宝和收藏品，可以单一估价，另买保险。

（四）估算房屋的连带赔偿责任

如果屋主有游泳池、游乐设施又常有访客进出，就要考虑受害者可以得到合理赔偿的连带赔偿责任。许多养狗的主人，因狗咬伤人而申请赔偿的案例并不稀奇。

四、汽车保险

汽车是家庭的代步工具，在许多城市里，有车像有腿，带你到处跑；没车像没腿，那里都去不了。车辆行驶中，因自己或对方的过错发生擦撞或冲撞容易造成财产或生命的损害。汽车保险（Auto Insurance）包括房车和休旅车；游船则另有游船保险。汽车保险几乎是家家必备的支出。

图14-3 汽车类型

五、我需要买汽车保险吗

驾驶人一辈子多多少少会碰到一些交通事故，无论是撞人或被撞，小则造成轻伤，大则造成死亡。根据美国疾病控制与预防中心（Centers for Disease Control and Prevention，CDC）的统计，美国2016年因交通事故死亡人数为33,736。这些生命财产的损害金额，有可能大到驾驶人无法承担，就需要汽车保险来分担。

（一）有些州必须投保汽车强制险

美国有些州法令明定驾驶人必须要有汽车强制险才能开车上路。如果没有汽车保险就开车上路，一旦被警察发现，不但被重额罚款，还会留下不良记录。

（二）汽车保险是种责任

投保汽车保险是一个基本的道德观念。一件交通事故的发生，首先会理清双方的责任归属。美国各州有不同的肇责法令规定，有的州由肇事方负责任，有的州则采取无过失者赔偿。肇事后，无论是谁过错，双

方保险公司赔偿本公司的投保客户。

举例来说，由肇事方负责任，如果甲撞到乙，双方的车子都需修理，若判定为甲方的责任，则甲方的保险公司就得要理赔乙方的修车费用。

若是无过失赔偿，无论肇事责任是甲或乙，修车费由各自的保险公司理赔。

但保险公司会针对肇责计点积分，若有肇责，保险人会被扣分，扣到一定分数后就被列为高风险驾驶者，要找专门担保高风险驾驶员的保险公司投保。

六、汽车保险的种类和范围

汽车保险分成以下四类。

（一）Part A：汽车责任险

如果把对方的车撞坏、人撞伤，就要赔给对方损害赔偿。

汽车撞坏的部分，可以请修车厂恢复原状。但是把人撞成伤亡，伤者要到医院治疗，亡者不可复生。汽车里常常不止一位乘客，伤亡的人数不一定。 但保险理赔有一定的限度，理赔金额不一定能完全支付所有伤亡者的医疗费和损失。汽车责任险赔保额每人少则5万美元，两人以上10万美元等不同，至于单一事故的上限每家公司不一样，一般在30万—50万美元左右。法庭判决超于保险额的上限，就必须由肇事方来承担。

（二）Part B：肇事方的医疗保险

支付肇事方的医疗费用。如果保障的金额不足，可以同伤者原有的医疗保险来共同支付。

（三）Part C：自我保险

如对方无保险或是对方肇事逃逸，没有肇事方可以负责任，保险公司只能理赔自己的车子修理费用 。

（四）Part D：碰撞险

如果肇事责任归于自己，这时候就要靠碰撞险来承担。碰撞险是以汽车价值来订保费，就要依据汽车价值多少来保险，这个部分包含自撞、窃盗，或者是任何其他危险冲击而造成的损失。

图14-4　碰撞

七、如何投保汽车保险

（一）找保险经纪人评估或上网搜寻比价

汽车的保险由以上四部分组合起来，需要由保险经纪人评估，了解保险内容与价钱的差别后决定保额、自负额和保费。

（二）自负额高，保费低；自负额低，保费高

保险的自负额高，保费就低；自负额低，保费就高。

（三）小笔修理由自己出，大笔支出由保险公司付

建议以自己能负担的最高自负额配合最合理的保费。

首先计算出自己可以承受的最高自负额。若是汽车受损程度不严重，修理的花费是自己可以承担的，就无须保险公司承担；但若汽车受损得严重，自己只付可承担的部分，剩下的修车费用就由保险公司来付。

（四）全家车险一起保

如果你拥有几辆车同时加保，保险公司会给你一些折扣，这样不仅保护自己的汽车，连孩子开的汽车也同时在这个保护伞之下，不会因为自己或家人的过错而造成经济上的负担。但是新手上路肇事率会比较

高，因此保险费也会跟着增加。

（五）优良驾驶折扣

如果受保驾驶人在5年内都没有发生事故，保险公司会提供一些保费折扣。子女到了开车年龄，保险公司会自动把保费提高，如果子女成绩好，2年不出事故，可以有好学生折扣（Good Student Discount）的优惠。

成功理财案例：

刘先生和刘太太是来自越南的华侨，夫妻俩来到美国后，开了一间汽车修理店。夫妻俩共有2辆汽车，1间自住屋和2间租屋，他们的资产包含房屋净值和其他储蓄，资产净值总共150万美元。他们俩夫妻来找我前，他们买了很多不一样的保险，但是没有合理分配保险的费用和保障的金额。经过我详细了解他们的财务状况和保险配置，我建议他们修改目前的保险结构，以保护好他们的家庭和公司的总资产。他们原本为2辆车各买5万美元保额的汽车强制责任险；自住屋的房屋责任险为30万美元；为2间租屋买各自的租屋保险，各有100万美元的房屋责任险保额。由于他们的总资产有150万美元，汽车责任险和房屋责任险都有欠缺，如果发生什么意外，这样的责任保险额度有可能不够理赔。经过我整体的财务规划，我建议他们将原有的房屋保险自负额500美元调高为2500美元，汽车保险自负额调高至2500美元。这样一来，一旦有意外，2500美元以下的房屋和汽车修理费由自己担负，不用向保险公司申请理赔。调整后的保险，每年省下来的汽车保险保费可以补上个人责任险；2个租屋把100万美元的房屋责任险保额，降到30万美元的保额，并提高自付额，将省下来的保费拿去买200万美元的"雨伞"保险，包括了2辆车，1栋自住房和2栋租屋。所以总费用并没有增加多少，但是责任保险规划非常完善。无论是由汽车或是房屋的意外而产生的财务责任负担，将由保险公司承担200万美元以下的财务责任，借此保护他们现有150万美元的财产总净值。一旦汽车和房屋的责任险不够理赔，夫妻二人就可以用"雨伞"保险让保险公司赔偿高于200万美元的财务责任。

理财博士温馨提示:

- ◆ 房屋保险不可少
- ◆ 投保范围先算好
- ◆ 保费随着保障订
- ◆ 重要资产要顾好
- ◆ 汽车保险不可少
- ◆ 如要开车就得保
- ◆ 小额自行来吸收
- ◆ 大额保险来补偿
- ◆ 优良驾驶有折扣
- ◆ 全家车险一起保

我的房屋和汽车保险:

申请房屋保险

房屋信息 ＼ 房屋编号	房屋一	房屋二
楼层		
帧/砖		
购买价格		
建造年份		
平方英尺		
地下室成品		

续表

房屋信息 ＼ 房屋编号	房屋一	房屋二
卧室		
卫生间		
厨房		
壁炉		
烟囱		
门廊，甲板，阳台		
地板材质		
车库		
警报器		
房屋的年份，材质		
电线的类型，年份		
辅助加热（木材燃烧炉）		
现有的任何已被损害的房屋部分		
距离消防栓有多远		
距离消防署有多远		
特殊建筑特点		
宠物或动物		
此前营运商（年份/月份）		
理赔金（5年内的）		
游泳池		
围栏		
蹦床		
预计的个人财产		
未列出的其他建筑		

续表

房屋信息 \ 房屋编号	房屋一	房屋二
家中暖气		
覆盖范围		
自付额		
住宅		
个人债务		
医疗收费		
房屋里经营的业务		
在家里有没有与业务有关的任何客流量		

申请汽车保险

申请人信息 \ 申请人	驾驶人1	驾驶人2	驾驶人3
姓名			
出生日期			
性别			
驾照号码及所属州			
前汽车保险承包商			
前承保月数			
离工作地点的距离（miles，英里）			
工作职位			
好学生折扣			
婚配状态			
学历			
罚单及事故历史			

车辆信息　　　　　　车辆编号	车辆1	车辆2	车辆3
年份			
制造公司			
型号			
车号			
责任险			
现有的碰伤和摩擦			
全部自付			
部分贷款额			
事故紧急服务，拖车等			

第十五章　个人责任保险和商业责任保险

社会犹如一条船，每个人都要有掌舵的准备。

——亨利克·易卜生（挪威剧作家）

人生须知负责任的苦处，才能知道有尽责的乐趣。

——梁启超

理财宝典金言玉语之十五：**责任险是为保障您个人及公司的价值。**

许先生来自香港，通过亲属移民，来到美国拉斯维加斯在赌场做发牌工作。来到美国3年后，他开车撞伤人，法院裁定他赔偿100万美元。由于他的汽车责任险保额只有5万元，他只买了最低可以

有权驾驶行车的保险，其他的95万元都要自己想办法赔偿。他来到美国这3年间，他以5万元的首付买了一栋房子，他还在付房屋贷款，还没有还够就要背负一辈子责任赔偿的债务。于是他一直向法院上诉，所幸他所撞伤的人是一名罪犯，4年后法官认为让他这位善良老百姓去供养罪犯不合理，于是撤销了他的赔偿责任。之后他通过朋友介绍认识我，我告诉他，如果当年他一年花300多元美金购买100万保额的个人责任险（雨伞保险），保险公司就会担负责任赔偿，他就不用担惊受怕承担这个责任包袱。

一、个人责任保险

个人责任险（Personal Liability Insurance）一般也称为雨伞保险（Umbrella Insurance），是一种独立的保险，就是在原有的房屋或汽车游船保险之上，再多加一层保障。

二、赔偿范围

很多人认为自己买了汽车和房屋保险就有了全部的保障，却不清楚保险范围和赔偿上限在哪里。个人责任险除了可以补足房屋责任险和汽车责任险不足的责任赔偿部分，还包括名誉损害和毁谤赔偿。个人责任险从100万开始，没有上限。个人责任险的保费非常合理，如果房屋、汽车和责任保险是在同一家公司投保，保险公司会给予很大的折扣。

（一）补足房屋责任险的不足

如果房屋责任险的理赔额度不够时，除了由自己负担之外，还可由个人责任险来赔偿不足的部分。

我有一位朋友家里养的狗，咬掉了访客的鼻子，访客进了急诊室手术美容重建鼻子。访客的医疗费及整形美容费，由朋友房屋保险里的责任险来理赔，不足的部分，由个人责任险来补足。保险的理赔条件是要屋主处理掉伤人的狗，以免再次伤人。

（二）补足汽车责任险的不足

汽车责任险的理赔额度很有限。许多人没有意识到交通事故发生后，除了车辆损毁外，伤者还要治疗，可能需要长期住院，或者因此残废，甚至于造成死亡，基本的汽车责任险是远远不够的。

比如肇事责任归属于你的案件，法官判决的责任赔偿是150万美元，如果汽车责任险理赔的上限是30万美元，保险公司的责任就是付30万美元，如果又保了300万美元额度的个人责任险，保险公司会帮你理赔另外的120万美元和相关的律师费及法庭费用等开销。

（三）雨伞式的保障

图15-1　雨伞式保险

雨伞式保险可以包括4栋4个单位之下的自住屋和出租屋，游艇等交通工具，是一种周全的保险方式。但是超过4个单位的房屋保险就属于商业房屋保险的范围了。

（四）名誉损害和毁谤赔偿

个人责任险还包括名誉损害和毁谤赔偿。只要是无心之过而伤害或侮辱到他人，法院判决的赔偿金，可以申请个人责任险理赔。

三、专业责任保险

针对医师、会计师、建筑师、律师等专业人士，因工作上的疏忽或失误而造成的责任赔偿保险（Professional Liability Insurance）。如医师投保医疗专业责任保险，在医疗纠纷发生时，承保公司分摊受保医师的执业风险，得以赔偿病患或病患家属索赔的责任赔偿金。

四、商业责任险

图15-2　商业责任险

商业责任险（Business Liability Insurance）是针对营业场所设计的保险产品，在营业场所中因出售的产品或提供的服务而造成客人损害，营业场所要负赔偿责任，商业责任险就是协助营业者减轻这方面的风险。

五、营业场所的房屋结构保险

无论你的营业场所是租来的还是买来的，都是属于营利事业的房地产结构。这些房地产也有商业房屋的保险，无论是商业旅馆（Hotel）、汽车旅馆（Motel）或是购物中心（Shopping Mall），基本上跟个人房屋保险相似。如果你是业主，这种生意的风险和房子的风险都要评估，自负额的部分也需要考虑到，同样的，不同行业、不同规模、不同地区的保额的高低，决定保费的高低。

六、营业场所的使用赔偿，也就是营业额赔偿

营业场所的使用赔偿，也就是营业额赔偿。以飓风卡特里娜事件（Katrina）为例，许多商业旅馆、汽车旅馆、餐厅等商用场所受到使用损失。保险公司按照店家最近一期报税的收入来计算使用损失并且赔偿损失金额。如果店家上一期申报的收入多，赔的就多，申报的收入少，赔的就少。

图15-3 营业额赔偿

七、营业场所的责任保险

既然是营业地点，天天人来人往，万一客人在你的商业楼里受伤或跌倒，或是在乘电梯时被电梯夹到受伤；或是客人在餐馆里吃饭，因为卫生环境或食物不洁等原因，吃完后食物中毒住院，客人也会找你赔他的住院费和医药费，这些都在商业责任险的投保范围内。与上述汽车保

险的例子相似，客人的受伤情况、是否诉讼等，都会成为老板的责任，商业保险就可以提供这方面的赔偿。

以上保险知识和例子，都是以美国为主，提供境外人士参考。因美国保险业历史悠久，理赔信用较好，境外人士了解之后，可以参考作为自己的保险规划，如果你所在国家或地区没有这些保险项目，就要考虑用自己的储蓄来负担这个风险。

成功理财案例：

林先生在弗吉尼亚州从事贸易买卖，夫妻俩家产和公司资产的总净值大约500万美元。在我为他们夫妇俩做财务规划时，他们的女儿15岁，儿子13岁，接近开车的年纪。我发现他们的家庭的房屋保险和汽车保险中的责任险，以及公司的商业责任险保额都很低。于是我建议他们做些调整，将雨伞个人责任保险的额度加到500万美元，一年的保费增加1000多美元。这样一来就无论是房子或汽车的事故责任问题产生后，可作为保障。我并且建议将公司的产品责任险增加到1000万美元，可作为公司的保障。

后来林先生的女儿上高中时跟同学一起去派对狂欢，她喝了酒之后仍然开车送同学回家，酒醉驾驶不幸在高速公路上发生车祸，林先生的女儿和同车的同学都受了重伤，虽然林先生的女儿重伤后复原，可是造成同车的同学永久性伤残。所幸他们有足够的雨伞保险，足以支付律师费和法官判定的责任赔偿金额，得以保护家庭和公司的财产。

理财博士温馨提示：

◆ 责任保险用时方恨少

◆ 补充房险车险不足额

◆ 用商业保险保障企业

◆ 生意兴隆风险避开了

我的个人责任保险和商业责任保险计划：

申请个人责任保险参考

已有保险：

保障对象	承包商名称	理赔金上限	保费
汽车			
房屋			

驾驶员信息：

驾驶员姓名	出生日期	驾照号码	工作岗位

车辆信息：

年份	制造商	型号

其他需披露的资产（如出租物业、其他住所、出行工具、船只等）：

保障对象	承保商名称	理赔金上限

申请商业责任保险参考

企业开始年份：		员工人数：	
年度营业额：		总支付工资：	
持有人人数：		持有人是否有持有其他企业？	
消防栓的数量：		过去5年内是否有持有人申请过破产？	
是否24小时不休一直营运和发货？		管理人是否有处理传染性废料和危险性物品？	
营运中是否包含吊车绳索类操作？		申请人是否提供急救车服务，装甲车服务或人员运输？	
申请人是否向他方出租工具设备？		申请人是否执行除了租用车辆、修理或维修自己的汽车外的任何其他操作？	
申请人是否有提供运输装置或安装服务？		申请人是否进行任何住宅或商业搬迁操作？	
申请人是否进行运输混搭、热拌、散装密封胶或散装干水泥的搬运？		持有人是否拥有矿场、采石场，或煤矿？	
申请人的置物仓库是否属他人所有？		除了经销商或拍卖，申请人是否有任何拖车业务，包括平板拖曳？	
申请人是否提供任何铲雪除冰服务？		申请人是否提供任何清扫街道或垃圾的业务？	
申请人是否有冰淇淋车或快餐车？		申请人是否属货运代理行？	

享富篇

第五部分

第十六章　教育子女与教育基金

　　志向是天才的幼苗，经过热爱劳动的双手培育，在肥田沃土里将成长为粗壮的大树。

——苏霍姆林斯基（苏联著名教育家）

　　博学之，审问之，慎思之，明辨之，笃行之。

——《礼记·中庸》

　　理财宝典金言玉语之十六：对子女的教育要有关爱、引导、鼓励、支持、发挥、为友、培养子女自信；资金准备是培养子女成才不可缺少的奠基石。

　　我的美国籍"妈妈"Rose育有两女一男。Rose的父亲是美国第一代移民，参加美军服役后，成为美国公民。Rose结婚后跟先生一起白手起家经营房地产，家业丰厚。Rose按着子女的个性教育和栽培，大女儿Maxine继承父母的精神和财富并且发扬光大，Maxine从小看着父母辛勤工作，靠着投资房地产一点一滴积累财富。Maxine耳濡目染父母的勤劳和投资观，在她上大学时，她已经对投资很有概念。大学毕业后成为律师，聘请精明的会计师为她打理税务。除了作为一位执业律师，她还在房地产萧条时利用个人和家族的基金与银行贷款在德州先后买了1000套公寓。她与先生Tom一同在新墨西哥州经营美式餐厅，在加州投资马场俱乐部，她是一位成功的女企业家，而且在政商界小有名气。她跟我分享成功的关键，除了父母对她的教育，建立正确的理财观念，她也随着时代的变迁调整她的投资方式，多种经营。父母在退休前都投资在房地产，她除了拥有自己的律师事务所，还投资房地产、基金和股票组合，马场俱乐部，在墨西哥也有分散的投资。Maxine同时用心教育子女，Maxine的大女儿继承母志也在法律学院念书，年纪轻轻已在马术界名列前茅。儿子喜欢云游四海，到不同的国家教书，空闲时开个Uber出租车，是个典型的自由派。Rose的大儿子在音乐和体育方面很有天赋，但是Rose并没有要求他去竞争相关名次，大学毕业后他继承父母的地产经营，维持现状，业余时间可以专注他体育和音乐方面的嗜好。Rose的小女儿是个抽象派画家，是典型的艺术家，对金融和数字没有兴趣。她将继承的遗产全权交由大姐安排，每个月大姐付给她需要的资金，她和先生过着悠游自在的生活，生活中充满了新的理想和梦想。

　　另外有一个来自中国大陆的客户，家庭经济富裕，全力栽培女儿的教育。女儿上高中时经济上并不宽裕，但是还是为她提供优良的教育机会，送她到英国就读，大学时进入东部常春藤学校就读，因她大学的成绩优异，还没毕业就收到许多名校的研究生邀请，最后她决定在南加大（University of Southern California）攻读研究生，在她取得硕士学位后就被一家跨国企业聘请为顾问，薪水优渥。这是众多华人对年轻一辈的寄托和期望。

这位来自中国大陆的客户，有强力的经济后盾，可以重金栽培独生女，给女儿受最好的教育，让女儿不用为学费烦恼，专心求学，全面发展，没有毕业前就有好工作找上门。

自古以来华人就"望子成龙，望女成凤"。从孩子呱呱坠地那一刻起，父母就百般呵护褓褓中的宝贝；从孩子蹒跚学步起，牵着孩子的手，一步一步地教养、培育。华人在传统观念"学而优则仕"的影响下，不惜在子女的教育上砸下重金。为了不让孩子输在起跑点上，许多父母对子女的培育计划从学龄前就已经开始重视家教和家训，期望激发子女的各种潜能。

一、教育是最好的投资

中产阶层和富有阶层的差距，主要是由接受教育的完善程度而决定的。所谓中产阶层，个人年收入所得约在3.25万—10万美元，根据统计此阶级中约有29%的拥有大学学历。富有阶层，为年所得在10万美元以上，其中则有70%完成大学教育[①]。从统计的数字来看，教育程度是影响收入的重要因素，所以接受良好的教育是最值得的投资。华人都非常重视子女的教育，很愿意为此花钱。除了从小注重家庭教育之外，对鞭策孩子们的学业也不遗余力。为了供养子女上大学，为子女储存教育基金就变成一个不可或缺的重要规划。

---

① 数据源：个人理财，作者 Arthur J. Keown。

二、美国的教育体系

每个国家都有各自的教育系统和制度。美国是教育大国，根据英国QS世界大学排名（QS World University Ranking），2017年发布的世界大学前10名中，美国大学就占了一半（见表16-1）。美国教育制度尊重学生的多元发展，培育学生的独立思考和创新能力。居住世界各地的父母，希望在经济条件许可的情况下，送子女来美国念书，希望子女可以接受美国的教育，毕业后有更好的发展空间和职业选择。

表16-1 英国QS世界大学排名（QS World University Ranking）

2017年 排名	学 校 名 称	学校所在 国家
1	Massachusetts Institute of Technology（MIT） （麻省理工学院）	美国
2	Stanford University（斯坦福大学）	美国
3	Harvard University（哈佛大学）	美国
4	University of Cambridge（剑桥大学）	英国
5	California Institute of Technology（Caltech）（加州理工学院）	美国
6	University of Oxford（牛津大学）	英国
7	University College London（UCL）（伦敦大学学院）	英国
8	ETH Zurich- Swiss Federal Institute of Technology （苏黎世联邦理工学院）	瑞士
9	Imperial College London（伦敦帝国学院）	英国
10	University of Chicago（芝加哥大学）	美国

资料来源：https://www.topuniversities.com/university-rankings/world-university-rankings/2016

美国教育系统大致区分为公立学校和私立学校。

（一）美国公立学校提供免费义务教育

美国各级政府普及公立学校，为幼儿园到高中（Kindergarten to Grade 12）的学生实施免费义务教育。

（二）大专以上的高等教育，学费由学生家庭负担

虽然各级政府也设立公立大专院校提供大专以上的高等教育，但学费需由学生家庭自行负担。公立学校学费很低，家长需要提供作为本地居民的证明，享受本州居民的待遇。外州的学生就不能享受本州居民的学费优待。外国学生的学费和开支更贵。

（三）私立学校从学龄前到高等院校均有

美国民间团体广泛设立从学龄前的学前班（Preschool）到大学以上的高等学校等各级私立学校。

（四）私立学校学费和公立学校学费

就读私立学校的学费比公立学校要高，通常只有富裕的家庭才会选择让孩子从小接受私立学校的教育。父母亲有较多的选择，适合孩子自己的需要。

三、支付高等教育学费

就一般家庭而言，大学以上的高等教育是一笔不小的开销。根据美国大学委员会（College Board）2016—2017年的统计数据显示，该学年学生就读非营利性私立4年制大学所付的平均每年学费为33480美元；而学生就读所在州公立大学的平均每年学费则为9650美元，还要另外加上住宿、伙食、书本和其他的各项杂费，每年的花费动辄2万美元左右。当子女完成4年的学业，这笔教育费用是一笔为数不小的开支，相当于一栋房子的价钱。

（一）许多美国青少年高中后就自力更生

许多美国的家庭，在子女念完高中之后就让他们自力更生，大学以上的学费就要由自己想办法来打工赚钱，或是向金融机构借贷学费或是申请奖学金，也可考虑从军，退伍后上学的费用由政府补助。

（二）华裔父母多资助子女大学教育基金

华人普遍来说都会资助子女的教育经费，华裔大学生半工半读的比例比全美大学生半工半读的比例低。

（三）大学学费以每年6%的速度上涨

美国大学的学费以平均每年6%的速度上涨，远高于通货膨胀，所以父母投资和储蓄的报酬率要超过6%，才能跟上或超过学费上涨的幅度。

（四）大学学费从孩子幼年起开始储存

为了避免让儿女的大学学费成为一项重担，建议在子女年幼时就开始储存教育基金。

图16-1　人生和教育基金规划

四、储存教育基金

（一）先存父母自己的退休金，再存子女的教育基金，因为子女可借到教育基金，但父母借不到退休金

中低收入的父母亲为了积累子女的教育费用，往往延后储蓄自己的退休金。当资产有限不能满足两种长期的需求时，父母应该先存自己的退休金。存退休金可以减低当年的交税负担，如果子女上大学一定要父母帮忙，父母也可以从退休金里借款一部分退休金出来，支付子女的教育费用。

孩子上大学可以申请到助学金或助学贷款，但退休基金不足时，要靠自己想办法解决，或是省吃俭用，延长工作年份；或让家庭成员提供资助，无法向金融机构借到退休基金。

（二）父母可借钱给子女学费，子女工作后再还给父母

在训练孩子自立和支持孩子教育基金的权衡下，父母可以和儿女约定以贷款的方式提供教育基金，借钱给儿女上大学，同时鼓励孩子上好的大学。当儿女就业有了好的工作后，再以收入的5%—10%存入父母的账户。父母退休时，若退休金不够维持生活，这笔资金可以作为儿女对父母的孝养金。若父母不需要动用这笔资金，在儿女成家生育子女后，父母可以赠予的方式传给儿孙辈，作为儿孙辈的教育基金，或者成立家族教育信托，以家族诺贝尔奖奖金的形式给子孙奖励。

父母在为子女订立教育计划时，应该考虑以下一些因素：

1.私立学校的学费通常远高于公立学校。

2.州立学校常会对本州的学生有学费的优惠。

3.学生可以半工半读，以减少学费的负担。

4.政府单位或是家庭可以寻找适合的助学贷款。

5.家长可以提早选择教育基金投资。用时间和复利的作用，提前完成储蓄教育基金的目的。

五、教育基金的种类

教育基金的种类，可分为储蓄和投资、529教育基金、预付学费计划、祖父母赠予教育费用、教育信托等。一般的储蓄和投资我们已在第9章详细介绍，在此要介绍预付学费计划、祖父母赠予教育费用、529教育基金和教育信托。祖父母每年可给孙子女的教育账户里存入每年赠予税的免税额度内金额，这部分金额不需要支付赠予税，用于教育也不用交增值税。这是上一辈对子孙未来受高等教育的最佳投资。

（一）529 教育基金

图16-2 政府

是由各州政府与投资管理公司合作管理的大学储蓄计划（Qualified Tuition Programs，也称为 529 Plans），允许父母、祖父母或其他亲友预付或捐助，为学生（指定受益人）支付高等教育费用。存入该计划的金额用于赠予免税，账户中的增值金额只要用于受益人的合格教育费用上，就不需要缴纳增值税，并且受益人提领账户上的教育费用时也不需缴纳所得税。账户中的余额是由账户中基金的投资结果所决定。

（二）预付学费计划（也称为预付教育安排）

图16-3 大学

由于大学学费每年以6%的速度增长，预付学费计划（Prepaid Tuition Plan）此计划为学生的家庭以目前的学费金额购买未来的学费。这些计划以单位或合同的形式出售，并涵盖给定数量的学费或一定数量的学分。此预付学费计划一般只适用于州内居民和校友，通常合约的范围也只限于合同所在州的公立机构，并不包括在私立和外州学校的费用。这个计划与其他教育基金方案相比，缺点是弹性低，因为投资回报率与学校学费增长率相同。

（三）祖父母赠予教育费用

图16-4 祖孙两代

2017—2018 年度，每个人每年有1.5 万美元的赠予免税额。祖父母两人加起来就有 3万美元的赠予免税额。如果子孙已经上大学，祖父母可以每学期直接向孙子和孙女的学校支付学费，而不纳入赠予免税额。也可以将5年的赠予免税额在1年里放入529计划。$15,000/年 × 5年 ＝ $75,000。如果祖父母支付孙辈的学费可以直接付给学校，不列入赠予额的计算。除了学费外，医疗费用也不列入赠予额的计算。

（四）教育信托

指定信托基金用于教育。在信托文件中，委托人（Grantor）设受托人（Trustee）和受益人（Beneficiary），并说明如何使用信托金额。如果信托在设立后立即运作，那么委托人可一次或定期将资金或财产转移到信托来"资助"（Funds）信托。如果信托在委托人去世后才开始运作，那么一旦委托人去世，信托就得到资助。当信托业务运作时，受托人根据信托条件控制信托财产，并为受益人的教育付费。这样一来，除了避免子女过早获得过多财富，也可以实现财产传承，确保支付第二代、第三代的教育费用。

图16-5　教育信托

六、家庭教育与学校教育并重

教育是百年大计，家庭教育的重要性不亚于学校教育。父母要让子女从小培养勤劳和节俭的习惯。父母多鼓励孩子小的时候将钱存在存钱筒，作为未来的教育基金。等到子女10多岁的时候，父母要鼓励子女多劳动。如果子女半工半读做工赚100美元，父母可以加码200美元或300美元来鼓励子女出去工作或是帮家人和朋友做事，养成爱劳动的习惯。等到子女再大点，父母可以告知子女每年花费的总预算，让孩子决定要花多少钱在买学用品、买衣服、买电玩游戏或是度假的费用等，如果少买些衣服，或到附近度假，将剩下的钱存起来作为教育基金。至于训练儿女为自己的健康和学习努力，父母可以奖励子女养成运动习惯和争取好成绩。因做义工没有薪水可领，父母可在金钱和口头上鼓励子女助人为乐。这些金钱可以作为奖品放在孩子账户上。子女18岁后，给他们一笔生活费，其中包括房租、伙食费和生活开支等，让子女自行运用，如果他愿意和人合租小一点的房间，省下的房租他就可存起来。

如果不够花的话，他就要自己想办法。让子女从小养成勤劳节俭的好习惯，也学习如何分配资金和预算。好习惯会让孩子一辈子受益无穷。在我教育自己的女儿时，我也是以这样的方式来训练她。在我女儿小时候掉牙的时候，我假扮牙仙子在她的枕头底下偷塞5美元，她醒来后看到5美元，第一个想到的是存起来作她的教育基金。我女儿长大后，虽然她是独生女，家里也不愁吃穿，但她已养成勤俭的习惯，也善于打理自己的收支预算。为子女从小建立正确的观念就可避免他们养成不良的消费习惯。

成功理财案例：

沈先生和沈太太是自柬埔寨到美国的第一代移民。夫妻俩养育一儿一女，省吃俭用在亚利桑那州买下一栋房子，他们夫妻俩手上只有10万美元的存款，除此之外没有多的退休金。他们的大儿子要上大学前，正愁着如何提供儿子的学费，询问我的建议，不知应该将这些储蓄供孩子上大学，还是留给自己做退休金。我建议他们先申请学校的贷款，支付学费，如果要用到自己的储蓄，和儿子写下合同，借贷给儿子缴交大学学费，儿子也要自己打工赚取生活费。当儿子大学毕业后找到工作后，再以收入的5%—10%存入父母的账户。父母退休时，若手上的存款不够维持生活，这笔资金可以作为儿子孝敬父母的养老金。如果沈生生和沈太太用不到这些资金，就留给孙辈们做他们的教育基金，将受良好教育传统代代传承。

理财博士温馨提示

◆ 望子成龙望女成凤
◆ 子女成才教育不可少
◆ 先存退休金再存教育基金

◆　以家庭教育为子女打好根基

◆　及早储存教育基金来积累

教育子女和教育基金规划：

教育目标

子女姓名	入学年龄	上学年数	每年学费	费用上涨（%）	已存基金	每月储蓄

●现有储蓄的总资金

●教育基金储蓄间差；如何补差?

教育基金筹备

教育费用

教育费用	第一年	第二年	第三年	第四年	研究生
政府补助					
勤工俭学					
父母资助：					
529教育基金					
出租房子收入					
其他投资工具					
收入交学费					
子女个人账户UTMA（托管账户）					

第十七章　退休规划

老年生活要及早于青少年时期就开始预备，充实的退休生活不会在65岁后凭空来临。

——德怀特·莱曼·穆迪（美国著名布道家）

春耕、夏耘、秋收、冬藏，四者不失时，故五谷不绝，而百姓有余食也。

——《荀子·王制》

理财宝典金言玉语之十七：从第一份工作开始就要打好退休后的财务基础，长期储蓄，明智投资，复利升值。

诚如荀子所言，按照大自然的时节农耕，收成就会不断，百姓就会吃得饱，且有剩余。同样的，按照自己的年龄来做适龄、适时的财务规划，积累到退休时，不仅有足够的钱财可供花用，还可以有余。

如同冬天是收藏的阶段，无须耕种，就可以享用先前的收成；退休是不再用自己的劳力获得主动收入，不再有新的收入时用已经积累的退休金、政府福利和保险收入和被动收入生活。养儿防老的概念已经过时，要靠自己先前积累的退休金来过活。至于什么时候退休，退休后的生活安排，钱从哪里来，钱要怎么花，这些都要及早规划。

一、什么时候退休

退休就是达到了财务自主、自立、自由，不用上班就能无忧无虑地过日子。什么时候退休，因人而异。有些人在三四十岁就已经创造或继承丰裕的财富，足够他们无忧无虑过日子。有些人到了65岁退休的年龄，存款还不够养老，还要继续工作。究竟要工作多久，存到多少钱才能退休呢？这要依个人期望退休后的生活水平和财务布局来决定。

图17-1　退休计划

二、退休后的生活品质

（一）退休后每年花费多少才够

每个人生活的消费是不同的，有些人一年可能只需要3万—4万美元，过着平安无忧或温饱平安的生活就已心满意足。有些人可能一年20万美元都不够他的生活标准。所以要先做好规划，退休后的生活每年要多少的花费才够。

退休后有很多开支会降低，例如交通费和交际应酬费会减少。若子女已成年，子女的教养费就不需要；但有些支出会增加，例如旅游和医疗费用。若父母还健在，也许需支付父母的生活费用，退休生活品质因人而异。

（二）退休后在哪里生活

工作时的居住地以方便工作为主，退休后的居住地就以方便生活，家庭财务支出，和生活环境为主。

退休后的居住地区，跟生活所需的花费息息相关。例如，退休后住在纽约与住在德州，基本生活开销差距很大。

有些美国的侨民，年轻时在国外工作，退休后回到原居住地。美国的社会保险好，许多在境外工作的美国人，如已经符合享受社会福利的条件，老了之后回到美国享用社会福利，与国外的生活水平和开销也相差很多。

有些人在原居地退休后，搬到开销比较低的国家生活，如有些美国侨民退休后选择回老家生活，落叶归根，就要考虑当地的福利、生活环境的满意度。

现代家庭已经不是"父母在不远游"的时代，而是"儿孙在老年者不远游了"。特别是年到八旬，需要多一些和孙辈、曾孙辈欢乐的时光。由于年纪大活动力差，许多父母会搬到子女居住地附近住，方便子孙探望。

三、退休规划年限

退休金要准备多少额度？这牵涉到退休后的年限。

根据美国社会安全基金的估算，以年近65岁的人来说：男人的平均寿命是84.3岁；女人的平均寿命是86.6岁；有1/4的人会活超过90岁；其中1/10的人可活过95岁。

从退休后到过世前的这个阶段，平均有大约20年的时光，有的甚至可以长达30年以上。没有人可以预知自己的寿命年限有多久，所以宁可多算而不要少算。因此退休计划到95岁为好，其中包括长期护理的开支，以保护老年生活的尊严。

（一）通货膨胀

考虑退休后的通货膨胀、货币贬值等因素。假设一个人现年40岁，预计在65岁退休，到90岁离世，以4%的通货膨胀来计算，25年后的开支金额就是目前的1倍。到90岁时开支金额又是65岁时开支金额的1倍。从未来的需求来看，储蓄账户的投资理财和回报最好要高于通货膨胀，资金才不会缩水。所以退休金宁可多存有余！如果资金用不完，可以考虑留给子孙后代作为遗产。当然吃光用光，国家会照顾您的生老病故，但是您的生活品质不会像住自己的家、花自己的钱那么自由自在。

（二）国际货币交换价值

美元兑人民币汇率的变动，也会影响资金的实用价值。货币增值或贬值更会影响储蓄价值的增加或减少，若货币贬值，储蓄的价值等于也减少。

1.估算未来的日常生活的花费

退休后的30年，每天的生活，从起床梳洗用品、三餐餐费、家庭水电开销、最简单的衣物费等，需要花多少钱？例如每个月的基本开销是5000美元，1年就需要6万美元，计划退休后生活30年的资金需要。这些

"生活费"不包括车子、房子、健康长期护理等开销，还有旅游、吃海鲜、买纪念品和奢侈品等花费，更重要的是还没包含因年纪大需要更多的医疗费用和看护支出的金额。

图17-2 未来开支

2.如何筹到退休金

从现在开始到退休前还有几年的时间、运用哪些方式，可以筹措到这些钱呢？例如现在是40岁，打算65岁退休，这25年间，能筹到多少钱？如果65岁退休以前，还赚不到退休生活所需费用，就得通过固定的退休金及资产报酬，来填补缺口。

四、退休后的收入来源

图17-3 退休收入来源

无论工作期间积累了多少财富，为了避免坐吃山空，我们仍然要让自己有进账。除了应付生活的花费，还可以让心里踏实。我建议大家退

休后要维持"四足"鼎立的收入。哪"四足"呢？社会福利、公司退休福利、储存延税退休金、个人储蓄和投资。

（一）社会福利

许多国家有社会福利（Social Welfare）提供国民基本保障，只要曾在这片土地上有过去，就会有未来，有退休保障。美国政府通过社会安全基金提供健康医疗保险和退休金，给年满65岁符合享受福利资格的公民。

1.健康医疗保险

通常随着年龄的增长，健康医疗费用也会增加。医疗费用往往是退休后的大笔开支。美国政府为了保障老年人的健康而提供健康医疗保险，大大减少了老年人因就医而产生的费用。

2.社会安全退休金

只要公民工作满10年，积累足够的点数，65岁以后退休，就可以申请社会安全退休金，金额是按每年报税的情况而定。但是社会安全退休金不一定能提供最基本的生活。如在工作期间报税收入少，退休金也许不够支付开销，不能提供最基本的生活水平。

（二）政府机构或私人企业提供的退休金

有些公家机关和私人企业根据员工的年资和工资提供退休福利金（Defined Benefit）。有些私人企业甚至提供员工配股（Stock Option）和红利。这都是自工作单位提供的退休金。

（三）政府机构或私人企业提供个人退休账户

政府鼓励人民在工作时储存退休基金，政府提供个人退休账户（IRA）延税和免税的优惠。有些私人企业和公家机关也提供（401K）和其他IRA计划。如果你的公司有提供401K加码福利的话（401K Matching），我建议把收入存到401K加码的上限。

IRA是减税和延税的投资首选。不但可以减税，又可有延税收益。

把本来要缴税的钱，拿去投资，而且投资产生的获利又不用缴税，可积累作为投资的资本，这是一种非常有效的投资方式。

1.一般投资增值

一般投资增值（见图17-1）变卖套利后，收益的部分就需缴纳增值税（Capital Gain）或收入税。

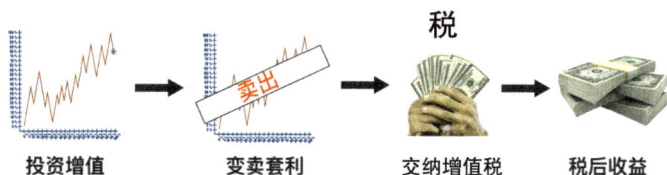

图17-4　一般投资增值

2.个人退休账户投资增值

在IRA（Individual Retirement Account）账户里的投资变卖套利后，收益的部分只要还在IRA账户里，不需立即缴纳增值税，本金连同回报继续存在IRA账户里，可用来再投资，在IRA里积累到的资金都不用缴税。等到退休后收入减少，交税率减少，需要提领IRA账户里的资金时，再依领出来的金额缴纳所得税，税率降低（见图17-5）。

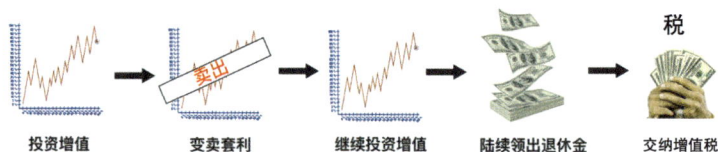

图17-5　个人退休账户投资增值

（四）个人储蓄和投资

当有工作收入时，除了储蓄之外，要选购投资性或者保值产品，例如基金、股票、年金保险、人寿保险等；有能力或有一定的储蓄的就可购置房地产。这些产品都是长期投资，需要时可以成为一辈子的收入，

保证财源自主，不只单靠国家提供。

下面两个案例，是政府机关或私人公司提供和不提供固定退休金收入（Pension）退休20年之后生活需要的资金额。

案例一：　　　　表17-1　退休需要资金（有公司退休年金）

退休后每月开支（有退休年金）	$7.000
退休金计算：	
先生：社会保险福利	$2,000
太太：社会保险福利	$1,000
先生：固定退休金	$2,000
租金收入：	$1,000
总共收入：	$6,000
维持生活每月尚缺：	$7,000-$6,000 = $1,000
维持生活每年尚缺：	$1,000 × 12 = $12,000
利率：	3%
至少需要退休金：	$12,000/3% = $400,000
20年之后的生活需要：	$800,000—$1,000,000

案例二：　　　　表17-2　退休需要资金（没有公司退休年金）

退休后每月开支（没有固定退休金）	$7.000
退休金计算：	
先生：社会保险福利	$2,000
太太：社会保险福利	$1,000
先生：固定退休金	$0
租金收入：	$1,000
总共收入：	$4,000
维持生活每月尚缺：	$7,000-$4,000 = $3,000
维持生活每年尚缺：	$3,000 × 12 = $36,000
利率：	3%
至少需要退休金：	$36,000/3% = $1,200,000
20年之后的生活需要：	$1,200,000—$1,400,000

五、储存退休基金

美国政府对工作满10年并缴纳社会安全税（Social Security tax）的公民，提供社会安全退休金。只是单靠政府提供的退休金，可能不够生活，所以个人还要有其他收入来源。拿固定薪水的上班族和收入有多有少的企业家会有不同的退休金储存方式。算出固定可以收到的钱后，就可以找到适合自己的理财模式。

（一）上班族

对上班族而言，除了政府的退休金，通常还有公司提供的退休金。如果这两份退休金还不够的话，就要靠个人的资产报酬来补足。

1.大公司和政府机关提供员工的退休计划

一般大公司和政府机关提供的福利很好，员工在退休时，可以从工作单位提供的退休计划中，领到一笔不少的退休金。

2.中小企业提供员工的退休计划

中小型企业提供的员工福利，一般来说不如大公司优渥。虽然工作单位也有提供退休计划，但可以领到的退休金额，不如大公司和政府机关多。有些小公司甚至没有退休福利，那么做员工就得靠自己储存退休金。

3.个人的储蓄投资做退休金

退休后的另一类收入则是来自于自己的资产，如出租房地产的租金收入；或是投资个人年金、人寿保险、股票、基金、债券，可出售获利或是固定收取利息，都是一种资本所得。

（二）企业家或公司老板

身为企业家或老板，退休金的筹措方式，与上班族不同。

1.收入忽高忽低不稳定

做生意收入不稳定，可能收入丰厚，也有可能要倒贴。除非是一个薪酬制度化的公司，身为老板，本身收入与公司的价值，可以随着市场景气而改变。有许多成功的企业家们把赚来的钱，又投入公司的营运，留下来的个人资产比重比较少，但有些相反。一旦公司受到外界影响，无法经营，但家庭这个聚宝盆已经聚满金银，他可以稳坐钓鱼台，坐享其成了。

2.到手资金转入多元化投资布局

也有许多企业家们把赚来的资金积累到一定的程度后，投资房地产或相关基金。房地产投资金额大，收入稳定。但遇到房地产不景气时，资金就会被套牢，需要一段时间复原。

3.部分可用资金需做低风险投资

还可以考虑低风险的投资，规划年金保险或是定期定额基金和政府债券。

4.将个人资金和公司资金分开

个人投资计划的资金，必须与做生意的资金，做出明确切割。公司负责人或合伙人，在公司生意好时，要将部分资金放在公司里继续滚动生财；部分赚到的钱则要保护起来。做生意难免会有高低起伏。因同业竞争或是市场萎缩等原因，不得不退出市场的话，不至于拖累自己的资产和生活品质。

5.及早规划退休计划

中国在改革开放后，经济突飞猛进，各行各业都是平地而起，财产增值机会很多。但经济成长并非直线型。对未来要有保守的评估，从最坏处考虑，朝最佳的方向努力。

图17-6　企业家退休计划　　　图17-7　退休后收入来源

六、退休金不够怎么办

图17-8　退休金不够

　　如果积累所有可能的退休金，还是不够生活开支，那该怎么办呢？可以考虑以下开源节流的方式。

　　（一）工作时多兼几份差

　　可以在年轻力壮时，多打几份工，增加工作收入，增加的收入用作储存退休基金。

　　（二）提升个人储蓄投资

　　每个月结余后的钱，就要善用储蓄来投资。运用长期回报率，资金增值率，投资的方法和工具有很多，我们在先前的投资篇里已有详细介绍。

　　（三）延迟退休的年纪

　　如果在计划的退休年龄内不够退休金，就要考虑延后退休。多工

作几年来赚钱，也少几年退休来花钱。推迟领取社会安全收入，最迟到70岁，66岁到70岁每年之间可以平均增加8%的社会安全基金收入。

（四）退而不休

虽然体力不如年轻人，但仍可以在退休后，找一份轻松一点的工作。如专业的工程师、经理人或教授等高级知识分子，在原来工作单位退休后，可以用他的专业经验来提供咨询服务。也有一些退休后的老人做保安工作。不仅可以打发时间，也可以赚些收入，以补明日之不足。

（五）降低退休后的生活水平

由于退休后收入少，如果无法开源，就要考虑节流，从生活开销方面来节省。这样就要调整原来的生活水平，减少开支。

（六）存到退休需要的金额

1.只要存钱就好吗？

或许有人觉得投资很难，是否年轻时努力储蓄存款就好？这样的想法其实忽略了通货膨胀。如果退休时有200万的存款，每年拿5%出来生活，感觉好像衣食无忧。如不能升值，每年拿出10万，20年就坐吃山空。这笔钱越用越少，生活就会越来越恐慌。

2.低利率时代，单靠存款利息可以吗

现在各国的利率走向都偏低，有的甚至走向负利率，很难单靠储蓄来保障退休后的生活，利率低就会要用到本金。

3.若家庭变迁，退休计划需要再考虑

另外还有家庭变迁的因素要考虑。有些家庭结婚生子，有些情变离婚，有些丧偶，原本的双薪家庭顿时变成只有一份收入。若是情变考虑离婚，届时各自成为单亲家庭、家产各半，退休生活将受到影响。因此离婚前要考虑清楚，分割财产后对生活质量会不会有影响？与新的伴侣能牵手走一辈子吗？婚姻需要经营，除了感情因素要考虑外，现实的经济因素也要纳入考虑之中。

七、飞来横财的财产规划

有些东方人习惯赌博，希望有一天可以靠着飞来横财来保障老年生活，因此每个月拿一部分的工资去买彩票，的确有人因此中彩金。根据追踪统计，大部分彩金得主过了10年或20年之后还是恢复至原有的经济状况，因为他们不会理财。中奖者周围的朋友，知道他有一笔意外之财时，会引导他去东买西买或是介绍一堆不适合或有风险的投资产品。也有的中奖者挥霍无度，享受眼前的高消费生活，最后这笔奖金如过眼烟云，什么都没留下，甚至有的彩金得主后来过的日子远不如中奖前。所以飞来横财要保护，要提高理财智商，认真学习理财知识，把财富放进聚宝盆里去用心经营，细水长流。

八、妥善规划继承的遗产，代代相传

有些人得到父母的家产和遗产，庞大的资金够他一辈子花用。但如果不做好理财规划，富了二代就富不过三代。第二代在得到继承后，要进行风险管理，把资金保护起来并明智理财，这聚宝盆才能越聚越大，创造更多的价值。

成功理财案例：

一个晴朗的下午，我接到一位纯美国音的电话，她的名字是凯茜，说有30万美元退休金，想要买房子，做退休计划。Kathy在AT&T（美国知名的电信业者）工作30年，现在退休，在圣地亚哥一辈子租房子住，退休后希望可以拥有自己的房子，不再租屋。在了解她的家庭生活、财务背景以及对退休后的期望之后，知道她在AT&T公司每月有2000美元的退

休金收入，加上社会福利金1500美元，先生残废拿政府残废金1000美元，月收入一共4500美元，收入有限，但是她想要实现有自己房产的梦想。Kathy有个女儿在德州工作，单亲，身边有个5岁女儿，住在出租房，每月要付看孩子费用，还要交房租，生活困难，不能存钱。于是我建议她到德州女儿工作的城市买房，与在德州工作的女儿同住。德州的房价和物价都比较低。我建议她用手上的退休金5万美元作为房屋的首付，剩下的25万美元中，用10万美元转买终生固定年金，资助目前的开支，另外的5万美元做基金组合，长期投资，以备未来不时之需。房屋贷款的部分，就由女儿承担，既可以减税，又可以逐渐降低贷款的金额。当Kathy和她先生过世后，遗嘱里安排女儿自动继承房子的所有权。这么一来，凯茜达成拥有自住屋的梦想，又和女儿可以彼此照应，照顾残废的老伴和外孙，每个月还有足够的收入支付开销，过着安定幸福的退休生活。

理财博士温馨提示：

◆ 退休规划早做好

◆ 厘清未来与现在

◆ 算好收入和支出

◆ 退休生活无烦恼

我的退休计划：

1.您有退休规划了吗

_____

_____

_____

2.您退休后的生活梦想是什么

_____

_____

_____

3.退休后的收入来源是什么

_____

_____

_____

4.健康医疗保障是什么

_____

_____

_____

5.退休后的固定开支和浮动开支有哪些

_____

_____

_____

6.退休后是否有赡养父母及其他家庭成员的责任

_____

_____

_____

7.是否有遗产继承

_____

_____

_____

8.退休后的长期居住地点及其变动的可能

_____

_____

_____

9.退休后您的花费方面将会有怎样的转变（旅游，医疗等）

_____

_____

_____

10.退休后的财产保护计划是什么

_____

_____

_____

11.您对于退休最大的顾虑是什么

_____

_____

_____

12.海外财产的规划，变现，还是回原居住国

_____

_____

_____

退休账户（符合资格的退休计划，IRAs，符合资格的减税年金等）

机构/账户名称	所有权	购买价值	风险高中低	每年投资额	每年雇主贡献额	受益人	市场价

个人储蓄账户

机构/账户名称	所有权	购买时价值	风险高中低	每年投资额	受益人	市场价

社会福利金收入

	本人	配偶
每月退休金	是 / 否	是 / 否
每月金额	$	$
开始日期	年龄（60—65岁）	年龄（60—65岁）
社会福利金的生活费用指数	2% 或 %	2% 或 %

公司固定退休金

	本人	配偶
每月金额或者总金额	$	$
生效日期		
每月金额的生活费用指数	%	%

地产投资收入

	房产一	房产二	房产三
收入			
开支			
净收入			

传富篇

第六部分

第十八章　遗产传承规划和信托的运用

不论最终活了多少年，重要的是如何度过在世的岁月。

——亚伯拉罕·林肯（美国前总统）

扬名声，显父母。光于前，裕于后。

——《三字经》

理财宝典金言玉语之十八：建立"家庭诺贝尔奖"，无论金额有多少，有限的资金传递无限的家族精神。

2011年，Steve Jobs在他最后的公开演讲中，发布苹果新总部Apple Park的设计构想，像一座降落在地表的宇宙飞船。6年后，苹

果公司新的总部正式启用。苹果大楼是一个巨大的圆环建筑，上面覆盖着世界上最大的曲面玻璃面板。总部就坐落在Steve Jobs12岁第一份暑期实习工作单位，惠普计算机的旧址上，占地175英亩。Apple Park的环保设计独树一格，大楼完全运用可再生能源：顶部铺设太阳能电池板可供建筑内所有的电力使用；巨大的循环水处理系统可供总部内园林设施及邻近的库比蒂诺市居民；园内的植被覆盖率高达80%；总部办公室内采用自然通风，每年9个月不用空调。大楼建筑设计的精细要求如同遵照苹果产品一般，达到了精简极致的要求。大楼设计具体呈现了Steve Jobs最喜欢的设想，作为世世代代的创新之地。以Steve Jobs命名作为纪念他对苹果和世界的持续影响力。

人的生命无论长短，总有结束的一天。生命的价值不在于活得长短，而在于生命的深度与宽度。苹果计算机的创办人乔布斯在世56年，创造了硅谷的传奇，他所创立的苹果计算机、手机、平板计算机等数字科技产品，对世界的影响巨大。他所设计的苹果公司新总部，不仅是一份遗留给苹果员工的礼物，更是划时代的杰作。莫扎特在世仅有35年，在短暂的生命中，他遗留下永垂不朽的古典音乐，为后世的音乐留下了深远的影响。

特蕾莎修女（Mother Teresa）在世87年，在她矮小瘦弱的身躯里，深藏着坚强的意志，她一生为穷苦的人们服务，用不平凡的爱，做平凡的事，造福了许多贫困潦倒的穷人。

至圣先师孔子享寿72年，以他为首的儒家思想深深影响中华文化2000多年，也对世界文化产生重要的影响。

两年前我和女儿到西班牙马德里旅游，造访了吉尼斯世界纪录中全世界最老的餐厅，博坦（Botin）餐厅，只见高朋满座，生意兴隆。在餐厅里面品味陈酒，感受到18世纪的国王、剑客和艺术家在此用餐时的典雅。自1725年开业，到餐厅经营至今，我看到企业家永续经营的精神。

古今中外举世闻名且影响深远的伟人毕竟是少数，但我们的生命却可以为我们的子孙后代遗留下典范而万古流芳。遗产的传承和信托的规划可以具体将我们的梦想和信念代代相传。我一直鼓励和帮助客户建立"家庭诺贝尔奖信托基金的形式"，以此形式激励后代，对于表现优良的子孙予以实质的嘉奖。基金不一定很多，代表老一辈对子孙的期望和寄托。

人生在世，即使是活到100岁，仍是短暂的生命。在人生谢幕时，希望留下什么样的精神和物质遗产给后人呢？可以用金钱吗？历史上万古流芳的人物，因他们为人处世留下了积极的影响力而为人称颂。遗臭万年的人物，则因他们作奸犯科伤害了周遭的人和事物而被人唾弃。在你的生命中，你想要留下什么给您关爱的家人和社会团体呢？

以我的奶奶为例，她美丽高雅，年轻时嫁给上海大户人家，丈夫早年去世，她为了抚养两个儿子，终身未嫁，外出在上海银行工作，独自一人将两个儿子抚养成人，培养成才，并让他们接受高等教育。我叔叔郑宜焜不幸在抗战中牺牲。20世纪50年代我父母放到农村改造，奶奶一人照顾我们年幼的三兄妹，她一生勤俭持家，全心付出给我们这些儿孙。那个时候，人们只能图个温饱，很多时候要忍饥挨饿，家庭很少存到积蓄。当我们三兄妹到美国求学后，将奶奶接到美国同住。身为穷学生的我们只要有一点余钱，就给奶奶一个小红包，她舍不得花用，一点一滴地存起来。在她过世后，我们将她手上仅有的5000美元放在银行账户里。虽然是一笔小数

目，每逢过年我们将账户里增值的钱提出来作为每位子孙10美元的红包。奶奶的第五代子孙虽然都未曾见过她的面，但在他们收到红包时，都知道是老奶奶给他们的，在天上还惦记着自己的子孙。奶奶的红包所代表的是她为家人无私的奉献和关爱、勤俭持家的精神与百折不挠的毅力。这是人生能留下的精神遗产，除了精神遗产之外，还有金钱等物质遗产。如何将家族的精神和财富代代相传，是每一个爱护家庭、关心后代的华人需要认真考虑的事。

一、什么是遗产规划

图18-1　遗产

遗产规划是指个人拥有的财产在他的一生用不尽、死后依个人生前的意愿顺利地将剩余的财产移交给指定的受益人。受益人可能是自己的家人和亲戚、也可能是公益团体或是宗教团体。处理的财产包括金银首饰、字画、知识产权、股权和房地产等。在遗产分配的过程中，除了个人的意愿外，还会有政府依法征收必要的遗产税或是进行遗嘱认证；债主也会依法取回债权；遗族除了接收遗产外，对于有异议的遗产分配也可上法庭争取权益。由于遗产规划的产权移转、债权的偿还和税务的征收牵涉到诸多法律层面，遗产规划就需要事先设立相关的法律文件，并定期做必要的修改。

二、有必要做遗产规划吗

遗产规划是要事先处理生前花不完的财产。有些白手起家的华人担心留下遗产反而会害了子女，生怕子孙们会养尊处优而不去努力，所以有些人觉得干脆在生前就把钱花光光，也就不需规划遗产。当然这是个人的价值观和选择，好好享受辛苦积累下来的财富也是一种福分。至于传富的方式，除了中国传统的分配继承方式之外，其实还可以利用信托建立条件式的继承，让子孙后代继承第一代的创业精神并且在上一代打下的基础上继续发扬光大。此外，若不想将财产传给自己的后代，也可以捐助给社会公益事业和慈善机构，让社会去履行您的梦想。

（一）生前不规划，百年身故后政府安排

人有遗嘱，可以自己设立。如果生前不预先设立，身故后政府就会帮助按公式分配您的财产。

（二）由政府规划遗产，费时、费心、费钱

由政府来处置遗产，不但费时、费心、费钱，还会被征高额的遗产税。而继承人实际拿到的遗产是扣除遗产税、法院和律师的费用等后剩余的财产。

三、遗产规划的重要性

（一）富不过三代和富过300年

中国俗语说：富不过三代。第一代白手起家，生于忧患，建立起财富；第二代在父母的言传身教谆谆教诲下，也许会继承父母的优点并发挥自己的长处，许多第二代的事业是青出于蓝而胜于蓝；但通常第三代因含着金汤匙出生，少了创业的精神，或自由挑选职业，有自己的梦想，又无

法守成。到了第三代开始没落的家族屡见不鲜。除了家庭教育之外，未能妥善分配遗产也是逐代削弱家族财富的原因。那些富过300年的西方家族，除了教育之外，妥善规划遗产也是他们传承有方的重要原因。

（二）遗产规划是无法避免的责任

普遍来说，华人往往避讳谈论死亡而不愿及早规划遗产。若生前没做好遗产规划，过世之后，政府的遗嘱法庭（Probate Court）就会为死者进行遗嘱认证，从而分配遗产。

四、遗嘱认证

遗嘱认证由各州法院辖管，主要目的是维护遗产产权。在产权转移给继承人前，确保债权人的权利，并确保继承人按照遗产持有人的意愿接受遗产。单身人士若没有生前的遗产规划，死后就会进行遗嘱认证；已婚人士则要等到夫妻双方都过世后才会进行遗嘱认证。

美国各州法院规定需要遗嘱认证的遗产总值不一。每一州各自设有遗产净值的门槛，以纽约州为例，则是其遗产净值超过3万美元时，就需进行遗嘱认证；如果死者的财产分布在不同州，要以居住州为主，外州配合。

有些财产不需要通过遗嘱认证，可以直接转移所有权，有些财产则需要通过遗嘱认证，才可以转移所有权，如表18-1。

表18-1　需认证资产与不需认证资产

需认证资产（Probatable Assets）	不需认证资产（Non-Probatable Assets）
个人银行账户	退休金账户（IRA、401K、403b等）
定期存款	人寿保险理赔金
股票	年金
债券	共同持有产权的财产
房地产（根据拥有人权力的设立）	放在信托里的财产
公司股份	等等
等等	

遗嘱认证的过程十分费时，花一年以上才能定论的案例很普遍，昂贵的费用会让遗族实际继承的遗产缩水。此外，遗嘱认证过程中会公布死者所有的资产和负债，遗产的分配方式等也会公之于世，没有了隐私和权力。

遗嘱认证对于死者有无预立遗嘱的处理方式，分别如下：

1.预立遗嘱

如果有预立遗嘱，法院会先确认这个遗嘱是否有效。遗嘱的执行人需要在法律的监督之下来执行遗嘱的内容。

2.没有预立遗嘱

若没有预立遗嘱，法官就会按照无遗嘱的财产继承法律来分配。遗族财产继承人的分配比例、未成年子女或伤残的成年子女该交由谁来扶养等问题，均由法院来判定。

也就是说，若有遗嘱，自己写的是按自己的要求来配置，自己没写遗嘱的，按法官的分配来决定遗产的配置。

（三）避免争家产伤感情

若父母生前未安排好遗产规划，遗族在分家产时撕裂亲情，甚至告上法院的案例比比皆是。在费时的法庭争斗中，遗族们需付出大笔的律师费，不但伤了亲情，也损了荷包。

（四）避免过高的遗产税

美国政府对于死者留下高额的遗产，对其遗族课征遗产税。若遗产总值高于遗产免税额（2017年逝世，个人遗产免税额为549万美元）的话，美国政府会征课18%—40%的遗产税，还要加上州政府的遗产税。若夫妇两人都是绿卡持有者则无法直享受公民的免税额，必须通过设立QDOT信托（Qualifyied Domestic Trust）来获取和公民同等的免税额。

（五）清楚自己的责任和意愿，及早做遗产规划

不论是遗嘱还是信托都要在自己有想法时，依自己的意愿安排好，

这样在不能表达自己时还能继续执行，及早规划只有好处没有坏处。

（六）年长者不要避讳遗产规划

我有一位年长的客户，辛苦创业资产几千万，原本非常忌讳谈论遗产，无人能跟他开展这个话题。我以专业人士的身份向他详细地解说遗产规划的重要性，他心动了。经他同意后，我偕同遗产规划律师帮他一起规划遗产。在他完成遗产规划后，还鼓励继承他事业的儿子也尽早做好遗产规划。

五、遗产规划的方式

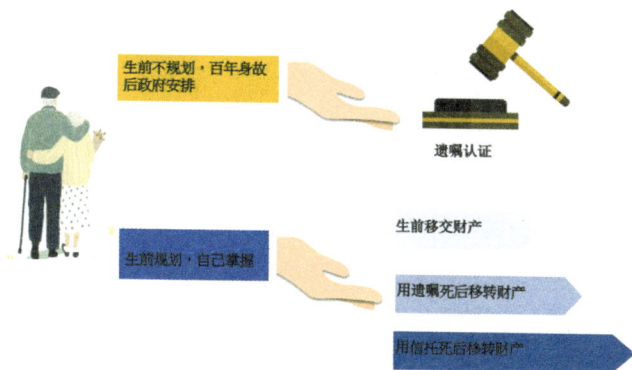

生前不规划，百年身故后政府安排

遗嘱认证

生前移交财产

用遗嘱死后移转财产

生前规划，自己掌握

用信托死后移转财产

图18-2　规划方式

遗产可以在生前赠予下一代，也可预立遗嘱或是生前信托在设立人过世后移转财产。遗嘱可以自立遗嘱或请遗产规划律师撰写，设立信托则是需要遗产规划律师撰写，对于高产值的人士而言，则需要与会计师、遗产规划律师和理财规划师一同规划。

（一）生前移交财产或用遗嘱或信托死后移转财产

移交财产的方式可于生前移交给继承人，也可以预立遗嘱或设立信托，于死后将财产转移给继承人或交由第三方管理而让继承人受惠。

（二）自立遗嘱或请遗产规划律师撰写文件

虽然可以自行处理，自立遗嘱，但是我还是建议要找专门做遗产规划的律师撰写法律文件。虽然要花一笔律师费，但这笔律师费比死后由政府处理遗产的费用和律师费还要少很多。

遗嘱虽然可以指定死后的财产分配，以及未成年子女和残障子女的监护人，但是无法遗嘱认证。由律师撰写的信托则可依信托的内容所示，直接分配遗产。

六、预立遗嘱

这是具备遗嘱能力之人，以法律文件来决定如何分配他死后的财产。定立遗嘱可以自行撰写简单的遗嘱，或是在网络上下载遗嘱的表格而自行填写，更可以请专精遗产规划的律师帮忙撰写。不管您以什么方式立下遗嘱，立遗嘱总比没有立遗嘱好。为了确保遗嘱的法律效力，最好还是花钱请遗产规划的律师帮忙撰写。

有关外国人在美国财产的遗产规划，需请精通国际法的会计师来做税务规划，在美国置产或开户之前，就先确定其拥有权者。如果有外国财产和账户，就需要本地的律师根据当地的遗产法的国际法设立。

七、设立信托

信托为委托人（Grantor）将财产权合法转移或做其他分配处分，使受托人（Trustee）依照信托中明定的宗旨和指示，为信托受益人（Trust Beneficiary）管理或分配处分信托财产。换句话说，委托人借由信托的订立，而将财产所有权和控制权的合法权益交由受托人承担，受托人依据委托人在信托文件中的指示管理财产，以确保信托受益人的利益。用

做遗产规划的信托可分为生前信托和遗嘱信托，有些家庭只需要设立AB信托，有些家庭则需要另外设立C信托。

（一）生前信托（Living Trust）：信托委托人在世时即生效的信托。生前信托可避免法庭对遗嘱认证之手续，也可免除遗嘱认证昂贵的花费，在委托人过世后，即可依信托指示分配遗产。

（二）可更改生前信托（Revocable Living Trust）：委托人保留终止信托的权利，可更改信托内容，可追回信托资产。一旦信托受托人去世，信托就不可以更改。

（三）不可更改信托（Irrevocable Living Trust）：委托人不能更改或终止信托，也不能转回信托的资产。

（四）遗嘱信托（Testamentary Trust）：由遗嘱所设，直到遗嘱设立人死亡才会生效。

八、避免遗嘱认证的方式

将遗产顺利地移交给指定的遗族而不需要通过遗嘱认证的范围有：

（一）共同持有的财产：名下的财产与继承者共同持有，比方房屋的所有权为夫妻共同持有，当其中一方过世，过世者所持有的房屋所有权就自动转移给另一方。

（二）死后转移财产：当财产所有人死亡后，某些财产所有权会移转至契约中指定的继承人，如房地产、储蓄账户和证券账户。

（三）人寿保险：在受保人过世后，人寿保险公司会将身故理赔金直接付给受益人，除非身故理赔金是用来给付遗产税的，一般保险的理赔金不会被列入遗嘱认证。

（四）生前赠予：生前赠予的财产，不会被列入遗嘱认证。

（五）利用信托：信托是一个人将其所有权合法转让给另一人的管

理财产方式。无须遗嘱认证。以下将对信托有详细的介绍。

图18-3 避免遗嘱认证

九、如何做好遗产规划

按照资产的多寡，建议在生前赠予和死后移转上有不同的安排。

（一）资产少于50万美元，只能供自己退休后的花费甚至不够的

建议以自己退休的花费为优先考虑。如果过世时还有剩余资产，再利用过世后移转财产的方式，传给自己的遗族或是捐给慈善机构。

（二）资产自己花不完，且个人总资产少于遗产免税额包括赠予税和隔代免税额1120万美元，夫妇总资产少于遗产免税额2240万美元（根据2018年税法）慈善捐赠无限制，不交税的

因为没有遗产税的考虑，如果子女工作稳定，没有实时的财务需要的话，建议不要太早将财产转移给子女，让子女为自己的财务负责任，也可避免子女有婚变或是其他可能产生的纠纷。因一旦赠予资产后，就无法从受赠者手中收回。

但是子女买房的首付可通过赠予帮助子女早日买房，或是帮助子女还清助学贷款这些都是实时的财务需要。如果要动用赠予的方式，因迟早要将财产传给子女，将钱赠予子女急用，给予子女实时的帮助。

（三）资产自己花不完，且总资产大于遗产免税额的

对于高资产的人士而言，除了自行规划遗产外，还需要同会计师、遗产规划律师和理财规划师一起协助规划。可利用以下的方式来合法降低遗产税：

1.充分利用生前赠予免税额，及早将具有成长潜力的资产赠予子女。比方说将目前价值200万的家族企业股份转移给子女，之后股份增长的数额，就可免去父母亲名下的遗产计算。

2.以慈善捐献来降低遗产课征税额。捐给慈善机构的金额会从遗产的资产额中扣去。

3.利用人寿保险的理赔金来缴纳遗产税。比方夫妇两人预估出来的遗产税为500万美元，则可购买理赔金额500万美元的生存人寿保险（Survivorship Life Insurance），亦即夫妇第二个人过世后，需要缴纳遗产税时才理赔的保险。作为保险受益人的遗族在领到身故理赔金时，可用来缴纳遗产税，而不需要在限期内变卖遗产来缴纳。此外，还可将人寿保险放入不可更改信托中，如此一来，身故理赔金就不会被列入在遗产计算时的额度。

4.如果子女的资产也高，有缴纳遗产税的可能，就可设立隔代信托（Generation Skipping Trust），将资产转移给第三代或是隔更远。由于一般信托也有100年的期限，如果要将信托无年限地传给子孙后代，则可设立特拉华信托（Delaware Trust）或是内华达信托（Nevada Trust）。

5.如果资产分布在不同国家的话，除了要跟居住国的律师研究拟定遗产规划外，还要在资产所在的国家中找到熟悉当地遗产税法的律师来共同规划遗产。因为跨国遗产的法律复杂，需要专业的遗产规划律师来协助规划。

十、遗产税

2018年遗产税如表18-1、表18-2所示，生前赠予税与身故后遗产税的免税额度合计个人（根据2018年税表）1120万美元。财产转移给子孙后代的额度是固定的，只是要安排生前赠予还是身故后继承。

表18-2 个人遗产税、赠予税和隔代传承税

个人遗产税、赠与税和隔代传承税（美元）		
年度	免税额	税率
2018	$1120万	40% tax rate
	每年免税额	终身免税额
赠予税	$1.5万	$1120万
隔代赠予税	-	$1120万
境外配偶每年免税额	$15.2万	

来源：https://www.willkie.com/~/media/Files/Publications/2017/12/2018 Estate Gift and GST Tax Excmption Increases.pdf

表18-3 信托内资产金额及信托遗产税率

信托内资产金额	信托遗产税率
$2,550以下	$0 + 15%
$2,551—$6,000	$382.50 + 25%
$6,001—$9,150	$1,245 + 28%
$9,150—$12,500	$2,127 + 33%
$12,550以上	$3,232.50 + 39.6%

来源：https://trustedattorneys.com/income-tax-rates-for-rtusts-and-estates-2017/

　　总而言之，遗产规划是财产拥有人按自己的意愿安排遗产，既是个人意志的延伸，更牵涉法律。对很多人来说遗产规划是一种无法避免的责任，如果生前不亲自安排，就会由政府来安排，甚至酿成遗族们发生遗产争夺战。每个人都需要有遗嘱，可根据家庭情况建立信托，也可鼓励自己的父母及早做好遗产规划。父母在规划自己的遗产时，也要和子女们沟通，避免子女因继承财产而种下心结。只有及早妥善规划遗产，才让在世人积累的精神和物质遗产代代相传，生生不息。

成功理财案例：

　　晓玲是我的客户，她的父母亲在新加坡，她研究生毕业后就在纽约世贸中心工作，她稍有储蓄就参加公司的401K退休计划，并立下遗嘱。在她28岁时，就在2001年"911"事件中不幸遇难。由于她在生前早就立下遗嘱，她留下的储蓄和401K公司提供的退休金、纽约的房子及其他所有在美国的资产全都留给她姐姐的3个孩子。虽然她留下来的遗产数目不多，但她的3个外甥们继承了401K等资产作为教育基金。晓玲虽然过世，但是她的外甥们实现了她所不能实现的传承及人生旅程梦想，从而感恩，将阿姨的理想付诸实现。在"911"事件之后，我在美国高中巡回演讲时，对高中生讲述设立遗嘱的重要性，他们不仅回家提醒父母亲，而且意识到只要他们开始有工作有存款，就需要设立遗嘱。

理财博士温馨提示：

- ◆ 人生在世如昙花一现
- ◆ 遗留美好将芳馨传代
- ◆ 遗产规划早晚免不了
- ◆ 自己不做政府为您做
- ◆ 趁早规划为后代安排

◆ 精神物质遗产代代传

我的遗产规划:

遗产规划

	本人	配偶
您是否有遗嘱?		
您是否有生前指示?(生前遗嘱、医疗授权书、永久授权书等)		
您最近一次修改遗嘱/生前指示是什么时候?		

信托明细

家庭成员	免税信托	婚姻信托	生前信托	限制性付期限权益财产信托	其他与遗嘱有关的信托
本人					
配偶					
受托人					

现在的馈赠方式

	馈赠一	馈赠二	馈赠三
馈赠方式(如现金、教育金、资产等)			
金额			

1.您现在的总资产有多少?在您离世之时会留下多少遗产?您是否了解如何削减遗产传承花费及税务

_____

_____

_____

2.（如果你有孩子的话）您希望离世之时遗产做何处理？（后代立刻接收资产，后代在特定时间点接收资产，后代在特定时间段接收收入，还将资产运用在其他特定目的上）

_____

_____

_____

3.你现在的遗产安排已经满足您对您离世之时的全部需求了吗

_____

_____

_____

4.自己做遗产规划的不足之处

_____

_____

_____

第十九章　慈善捐款

　　把美德，善行传给你的孩子们，而不是留下财富，只有这样才能给他们带来幸福——这是我的经验之谈。

　　　　　　　　　　　　——贝多芬（世界著名作曲家）

　　有力者疾以助人，有财者勉以分人，有道者劝以教人。若此，则饥者得食，寒者得衣，乱者得治。

　　　　　　　　　　　　——墨子（中国战国著名思想家）

　　理财宝典金言玉语之十九：你的心在哪里，你的钱就在哪里。

　　周先生是来自中国台湾到美国创业的第一代移民。他白手起家，在

美国纽约、宾州、加州等州和中国广州建立了工厂，建立美国家庭用品的品牌营销全美。周先生的公司有500多位员工，除了美国本地人之外，一部分是华裔，一部分是由墨西哥裔和其他来自欧洲各族裔的员工。周先生在公司成立20年且营运稳定后，就成立公司的慈善基金会。每年提拨公司盈余的5%和他部分个人收入贡献给公司的慈善基金会，用来服务当地社区，赞助教育、艺术和帮助经济上有需要的家庭，鼓励年轻人创业。他在华人中间是事业成功、帮助年轻人、热心于慈善事业的典范。

我看到许多先人因乐善好施而广结善缘，不仅帮助了许多有困难的人，也庇荫子孙、千古流芳。在这里引用比尔·盖茨曾说的话："基金会是我们觉得此生做的最满足的事。毕竟再多的钱你也带不走，而且如果留给后代也不好的话，不如大家一起来想想还可以做些什么事。"在您分配资产时，不妨考虑将慈善捐款纳入您的资产配置之中。

一、慷慨解囊让爱传出去

孟子说"人性本善"，的确有许多例子可以印证：无论自身的经济条件如何，许多善心人士屡屡为身边遭遇困难的人们慷慨解囊、伸出援手。出于爱心，当自己有行善的能力时，会希望把这份爱传扬出去，用自身的资金来帮助身边困苦贫乏的人。或者出于感念，愿意捐款回馈给母校或过去曾献身和参与的机构。

图19-1　慈善奉献

二、全球首富带头行善

2010年股神巴菲特和微软创办人比尔·盖茨夫妇联合发动"乐施誓约"（The Giving Pledge）的捐赠活动。此举引发其他富豪级人物的响应，如Facebook（脸书）创办人扎克伯格、纽约市前市长彭博与媒体大亨泰德·特纳，都公开表示将捐出大半财产。巴菲特在"乐施誓约"网站撰文指出，富豪与企业大亨的踊跃捐款，是希望能为世界带来影响作用，但他也认为一般家庭在日常生活当中牺牲个人时间，为教会、学校与其他组织机构做出贡献，同样也为这个世界带来了影响作用，而且这样的影响作用"远远超过了金钱的价值"。创办微软的比尔·盖茨，不只是世界首富，还是全世界捐钱最多的慈善家。他创立出世界最大的慈善事业：比尔及梅琳达·盖茨基金会（Bill & Melinda Gates Foundation），为慈善事业创立出典范。该基金会替第三世界弱势族群、为贫穷学生提供奖学金、为全球疾病防治方面作出很大的贡献。

三、美国企业家多乐善好施

不少美国人身上具有为小区和社会奉献的精神。在各项的慈善活动里，我看到许多具有身份地位的企业家，放下身段，卷起袖子为贫困的人服群务。看到他们和蔼可亲的笑脸，很难想象他们平时是叱咤商场的大老板。

我刚到美国的第一份工作是为Rose照顾房子，两年后为她打理财务，她提供我一家人吃住。她的父亲在第一次世界大战时加入美军，后移民到美国。她和前夫在20世纪50年代在美国白手起家，努力打拼从第一栋房子买起。当我在1981年为她工作时，她手上的房地产已有300多栋。在我帮她转账时，我发觉她每个月会固定捐出一部分收入，给红十字协会和各种慈善机构、教会和政治团体。有一天洛杉矶的市长参与连

任竞选，也来到老太太的家中募款，我很惊讶身处圣地亚哥的老太太捐款竟远至洛杉矶。老太太的女儿身为律师，也效法母亲扶助许多弱势团体。她们的榜样也奠定我乐善好施的决心，在我有能力时也要致力于小区服务，为弱势团体慷慨解囊。

四、福泽乡里，庇荫子孙

图19-2　乐善好施

古今中外因乐善好施而造福乡里的例子比比皆是，除了在人间留下美名，受惠邻里感念恩泽，庇荫子孙的例子也不少。中国一代商圣陶朱公乐善好施周济贫困，曾三聚三散他所积累的财富，但家业富裕还是传承了好几代子孙。美国石油大王约翰·戴维森·洛克菲勒（John David Rockefeller）秉持"尽力地赚钱，尽力地存钱，尽力地捐钱"首开美国富豪行善的先例，富过六代的洛克菲勒家族至今仍在美国的政治界和商业界具有显著的影响力。现今企业投入于公益，不仅造福社会，也提升企业的形象，有助于企业的发展。

五、取之于社会，用之于社会

无论公司或是个人财富的积累，都来自于社会的资源。没有买卖，就没有获利，凭一己之力，难有所成。所以只要自己或是公司行有余力之时，理所当然回馈给社会上有需要的团体，雪中送炭，扶持跌倒的人一把，人间就会处处有温情。美国政府也要求私人企业负起社会责任。只要有规模的企业，政府会鼓励这些企业成立企业基金会，专门帮助慈善机构或弱势团体。有些企业也鼓励员工行善，企业会捐出和员工捐出的同等金额去帮助公益团体。

六、慈善捐款，利人利己

通过慈善捐款，捐款者不但可以分享这份正向的力量，也可享有政府提供的慈善捐款节税方案。捐给合格的慈善机构，免税额最高可达个人收入的50%；捐给家族的基金会，免税额最高可达个人收入的30%。以个人年收入10万美元为例，若捐了6万美元给公益团体，最高的免税额可达收入一半的5万美元。若捐助5万美元以下的金额给公益团体，则可享受捐助全额的免税额。但若这个人捐了6万家族基金会的话，免税额仅有3万美元。若捐助3万美元以下的金额给家族基金会，则可享受捐助全额的免税额。捐助给家族基金会里的资金，享有政府的免税额，最终受惠人必须是社会大众，而不是回归给家族成员。

七、慈善捐赠的方式

捐赠者可以各种形式捐给慈善机构，常见的捐赠的个人资产为现金、房地产、股票等有价证券、人寿保险、退休计划资产。慈善捐赠有以下几种方式，各有政府提供的减税效益。

表19-1 慈善捐款的减税政策

慈善捐赠资产	慈善捐赠方式	减税效益
直接捐赠现金、有价证券和各种个人资产	方便而快速的赠予	减免所得税和避免资产增值税
将人寿保险的投保人或受益人改为慈善机构	低成本的大笔捐赠	减免所得税金额等同保险现金金额；未来的保费也可抵税
捐赠房地产、有价证券等增值资产	赠与增值的资产	减免所得税金额等同保险捐赠资产市值，并可免交未来的增值税
捐赠遗产	将受赠机构作为遗嘱或生前信托的受益人	生前可管控捐赠资产，也可降低遗产税
捐赠自住宅	捐出自住宅，但生前仍可住在其中	减免所得税金额，并仍可住在自住宅
捐赠退休金余额	将受赠机构作为退休金的受益人	将双重课税的退休金转赠给慈善机构，避免遗族被征课所得税和遗产税
将个人资产所有权捐给慈善机构，但生前享有来自资产的固定所得	将资产捐给慈善机构而设立的年金信托，捐助人生前领取固定年金，死后剩余的年金价值全数捐给慈善机构	资产市值所得税额减免，并可从年金信托中领取固定收入
将个人资产所有权捐给慈善机构，但生前享有来自资产增值的固定比率所得（Charitable Remainder Trust）	将资产捐给慈善机构而设立的年金信托，捐助人生前领取固定获利比率年金，死后剩余的年金价值全数捐给慈善机构	资产市值所得税额减免，并可从年金信托中领取固定增值比例收入
将个人资产设立慈善先行信托（Charitable Lead Trust）	将慈善先行信托内一定比例或金额的资产捐给慈善机构，在捐助者过世后，资产传给继承人	享有资产捐助金额所得税额减免
非个人而是一群人将个人资产所有权捐给慈善机构，但生前享有来自资产的固定所得	这群人将资产捐给慈善机构而设立的年金信托，捐助人生前领取固定或是变动年金，死后剩余的年金价值全数捐给慈善机构	资产市值所得税额减免，并可从年金信托中领取固定或变动收入
捐献资产给指定基金会	捐助人捐给指定基金会或是家族慈善基金会，保有对资产的掌握	享有资产捐助金额所得税额减免

举个将个人资产设立慈善剩余信托（Charitable Remainder Trust，

CRT）的例子。一对美国老夫妇年约60岁，二十年前用20万美元买了一块土地，后来升值到100万美元，希望在身故后将这笔资产送给高中母校作高中生的升学奖学金。同时他们希望退休后有固定收入，于是请律师建立CRT，先把土地赠送给母校，后以母校的名义出善，得到一部分免税额，因此土地的增值不用缴税。出售的100万美元放在CRT，每年资金投资大约可以分给夫妇5%—6%，5万美元到6万美元的收入，夫妇够享受余生，身故后CRT中的资产属母校所有。

八、施舍比享受更为有福

无论您的收入多寡，或是资产多少，鼓励您在行有余力之际，伸出援手给社会上有需要的人。您的举手之劳可以帮助身边的人。《三国志》中有说"勿以善小而不为"，小小的力量，能聚沙成塔，滴水穿石。

成功理财案例：

回馈

●某先生出生中国浙江，3岁时随母亲到了香港，从小家庭贫困，没有接受良好教育，之后在香港做学徒。60年代偶然的机缘来到纽约，因为当时没有居留权，加上英语能力差，他只好在餐厅底层做起，一边学习英语、一边学习管理餐厅技术。他的太太在美国公司当会计。在80年代，他有了自己的餐厅，同时也有机会认识了一位纽约著名食评家，经食评家介绍餐厅生意变得红火。这位食评家创办了儿童基金会，专门帮助残障弱智儿童，他从食评家身上学会了怎样帮助别人。某先生前后两届担任慈善公所主席，对慈善事业更加了解。他们的三个孩子都相当优秀，全都毕业于常青藤大学，学成之后都有自己的事业，不需要财务支援。而过去夫妻二人每年都会捐钱给慈善机构，回馈社区。他们10年前成立基金会，宗旨是帮助老人与残障儿童。

几年前，他们把自家后园的空地卖掉，把部分资金投入基金会，帮助各族裔弱势群体，也将一部分用来买人寿保险，受益人就是彭先生夫妇建立的基金会。他们来美国50年，从青涩的青年，经过几十年的共同努力，完成了美国梦。在取自社会、回馈社会的动力驱使下，近年得到社会大众认同，先有国会议员、州参议员、市议员等的颁奖，接下来有华埠共同基金、自助老人中心等单位颁发奖状。他们是华人移民在美国创业，守业，回馈社会的典范。

●圣地亚哥中华历史博物馆座落于美国加州圣地亚哥市中心，位于早期中国城的中心。建馆于1996年，致力于分享美国华人生活与传播中华文化艺术。在初创阶段，圣地亚哥各界华人有钱出钱、有力出力，有的已是在美国生根的第三代华人，也有第一代移民，年届退休的华人，或是来自各个专业背景的医生、教授、工程师、艺术家等，也有在事业上小有成就的华人企业家，捐出家中能代表中华文化的历史文物，或是捐款盖馆及奉献时间和精力支援博物馆的营运。由于圣地亚哥中华历史博物馆属于非营利性组织，每笔捐款都可作为捐款人所得的免税额。每年捐款人奉献的资金就用来支持博物馆的营运，22年来，圣地亚哥中华历史博物馆每年都举办各种宣扬中华文化的活动，越办越成功，也越来越受到美国主流社会的重视，至今成为来到美国加州圣地亚哥必访的重要景点。这就是一个典型集结社区的力量，大家同心协力保存并宣扬中华文化的代表性之作。

理财博士温馨提示：

◆ 行有余力慷慨解囊

◆ 造福乡里庇荫子孙

◆ 取之社会用之社会

◆ 施舍比享受更有福

◆ 聚沙成塔滴水穿石

我的爱心所在

赠予计划：

1.生前赠予：现金、股权、基金、地产、人寿保险等

_____

_____

_____

2.身后赠予：现金、股权、基金、地产、人寿保险等

_____

_____

_____

3.建立赠予信托（设立赠予对象及受益人）

_____

_____

_____

4.修改现有遗产规划，赠予遗产，税务咨询专业人员

_____

_____

_____

财富规划篇

第七部分

第二十章　跨国家庭、跨国公司、跨世纪规划

来自世界各地的移民，丰富和增强了美国的生活质量。

——肯尼迪（美国前总统）

海内存知己，天涯若比邻。

——王勃（唐朝诗人）

理财宝典金言玉语之二十：科技改变人类，世界距离缩小，人民的世界观扩大，地球村民一家人。求大同，存小异，立足本土，放眼世界。

范先生自20世纪80年代初自中国台湾来到美国求学，电机研究所毕业后跟同样来自中国台湾一起到美国求学的女朋友结婚，生了两个儿子。范先生在大公司做了15年后，累积足够的经验和人脉后，自己开设工程顾问公司。在公司全盛时期，旗下有100多个员工。我在范先生夫人将近60岁时认识他们，并成为他们的理财规划师。当时范先生忙于事业，我都是与范太太沟通，为他们规划财务。范先生在70岁时，找到买家，把公司卖掉，他便正式退休。退休后他到中国台湾的老家去打理家族的财产和事务。范先生父母生前留给他们弟兄姐妹的土地，在20多年来增值了30倍。范先生考虑到他的2个孩子都是在美国长大、成家立业，也不会说中文，如果范先生范太太过世，儿孙很难回中国台湾打理在台湾的财产管理和分配问题，于是范先生以他继承的那一份土地，出钱盖了一间佛堂，完成了他父母亲大家族造福乡里、世代流芳的心愿。范先生身为长子，面对弟兄姐妹争家产，他决定在生前找中国台湾的律师处理清楚家产分配，不把这个难题留给他的儿孙处理。这是一项跨国资产、跨世纪的长远规划。

华人自古因政治和经济的因素，陆续分散移居至附近的东北亚和东南亚国家。自1820年来首次出现大规模的移民潮，近200年来，华人的足迹遍布全球。由于华人的韧性和不屈不挠的精神，使得华裔子孙在世界各地落地生根，枝繁叶茂。近年来，由于科技和交通的发达，拉近国与国之间的距离，世界成为一个地球村。同一个家族的成员散居在世界各地的现象很常见；同一个公司在不同国家设有分公司屡见不鲜。跨国家庭和公司，容易受到汇率和当地政治经济的影响，整体财务规划就显得更加重要。华人移民美国的比例占中国海外移民人数的1/4，在美华人人口已近400万，其中200万左右都是20世纪90年代之后从中国大陆移民过来的，这个数字还在增长。在此我特别归纳一下华人移民美国前后所需的规划。

一、跨国家庭的组成

为了增进国际观，许多家长送子女出国念书。也有些家庭为了让子女有更好的教育和生活环境，而全家移民。也有些美国公民到美国境外求学或就业发展，或是退休后定居海外。

（一）出国留学，学成归国

子女在美国求学期间，家人分开两地，到子女学成后归国，一家人才团聚。

（二）出国留学，落地生根

有些留学生毕业后留在美国当地就业，甚至成家立业，与原生家庭分隔两地。

（三）举家移民，落地生根

许多人因看重美国的学校教育、环境自由和对私有资产的保护，才决定全家移民。

（四）美国公民往海外发展

近年来美国移民家庭的后代，成年后到中国或是世界其他国家就业发展，一家人散居在世界各地。

（五）美国公民退休后，到海外定居

有些美国公民退休后，到生活消费较低的国家定居。有些则是落叶归根，搬回国内家乡定居。

对于短期分开的家庭，只需预备足够的当地货币存款，以供侨居国外时的生活费就够了。但对于长期居住或是移民的家庭，就需要规划国内和侨居地的资产配置。

二、跨国家庭资产配置

对跨国家庭而言，出生成长的家乡和侨居地都是自己的家。为了安顿生活，家庭的资产配置要以国内的资产为基础，再同侨居地的当地资源做相对应的配置。以国内拥有许多房地产的新移民为例，移民到美国后，建议购买一栋自住屋，其他的资产可投资于美国的金融商品。一方面由于美国的金融商品多元化可供选择，这是在美国境外所无法比拟的；另一方面可将家庭在海内外的资产做妥善资产分配（Assets Allocation）。

三、分散风险增加获利

因世界经济国际化和全球化发展，世界各国各地区的经济相互影响、相互融合。有些家庭虽根留家乡，没打算移民国外，但投资项目不再局限于所居住的国家和地区，而是往往向环境稳定或是成长幅度大的国家和地区布局投资。美国居民去海外投资，海外居民来美国投资，不仅可分散风险，也可在国外获得相对合理的投资报酬。华人在美国常见的投资项目为房地产、美国金融商品或设立公司。

根据胡润《2016中国高净值人群出国需求与趋势白皮书》统计：

近五成的高净值人士表示会继续增加海外金融配置。目前这些人的海外金融投资已占他们投资资产的16％。高达八成以"资产配置，分散风险"为海外金融投资的最主要目的；其中财富的"保值，增值"占67％。"为将来个人养老做准备"也占到三成。 置业海外的高净值人群在海外平均拥有2.3套房产投资。投资是他们海外置业的最主要目的，占比75％；其次是子女教育居住，占比56％。美国是中国高净值人群海外置业最喜爱的国家，选择率高达66％。

四、投资房地产和金融产品

（一）投资房地产

1.美国房地产投资的优点

《华尔街日报》引述居外网的首席执行长Andrew Taylor指出：对中国投资人来说，美国是最适合的置产地点，因为美国拥有庞大的现成房屋，还有许多新开工建案，对于外资不动产所有权的规定也较为自由。

2.华人喜爱投资美国房地产的地区

美房地产经纪人协会的统计指出，中国人在美国最爱置产的地点是加州，占中国人在美国购房数量的35％，其次为华盛顿州、纽约州、麻州、伊利诺伊州，还有德州。

3.华人普遍喜爱投资"好学区"

喜爱在"好学区"买房是华人投资房地产的最大特点，华人家庭只要是家里条件允许，都喜欢在公立学校排名较高的学区置产。近年来中国高资产家族和留学生蜂拥买房，把好学区、大学附近的房价炒得火热。

4.中国买家和财团投资旅馆

有些中国买家投资旅馆，其中有名的例子包括阳光保险集团以2.3亿美元买下纽约巴卡拉酒店（Baccarat）以及海南航空公司买下美国红狮旅馆15%的股份。并且海南航空公司隶属的海航集团(HNA集团)也买下了卡尔森旅馆(Carlson)的全部股份。

（二）投资美国金融商品

海外华人也喜爱投资美国的金融商品，其中包括银行定期、活期存款；境外互惠基金、年金组合；国际金融证券银行私募；美国发行的股票、公债等；新上市股及二级市场销售等。除此之外，美国的保险商品多元化，也是华人保护财产的投资项目，其中包括：美国对外国人开放

的人寿保险；贷款人寿保险；国际健康保险；国际旅游保险等。这往往是境外人士或移民美国常常考虑的问题 。

五、移民前的考虑

许多移民美国的家庭往往是看重美国的学校教育、自由和对私有资产的保护，但在移民前要先了解美国的税法及社会结构并做好财务安排。这样才能在移民后很快地融入当地的生活、文化和主流社会。

（一）确定移民的主要目的

1.关注子女教育

许多父母移民到美国是为了子女的教育。的确，在全世界最好的大学中，70%—80%是美国的大学。美国的教育和学习方法所注重的准则是：自由、独立、自主学习、重视理解、重视实用。从K－12年级的学童可选择在小区内免费的公立学校或其他的私立学校就读。公立学校的入学方式，以固定社区为限。家长通常先选择住所后选择公立学校。优良公立学校往往是在较好的住宅区内，所以选择住所变得非常重要。

2.追求生活质量

ECD（Economic Co-Operation and Development，美国民间经济合作与发展研究组织）对生活质量和民众生活幸福感的调查数据包括11个方面：住房条件，家庭收入，工作，小区环境，教育，自然环境，公民参与，健康，生活满意度，安全度以及工作生活平衡度。美国在世界排名前10名。

3.保值增值资产

就保值增值的考虑，可将资产分散在国外、购买美国和境外金融产品；到国外寻求资产增值以维持企业收益；降低人民币及其他货币汇率波动对成本和利润的影响；财富分散和规避制度转型的风险；以合适的信托作财产保护（外国信托）。

（二）了解美国税法

美国是"属人主义"（Residency）的税制，美国公民和税务居民，他们的"世界收入"（Worldwide Income）都要向美国政府报缴所得税，"世界财产"（Worldwide Estate），也在美国遗产和赠予税的课税范围。在过去3年在美住满183天（以加权平均法计算，当年日数除一，前一年除三，再前一年除六后相加超过183天就算居民），就需要申报其全球资产及缴纳应付税项。请专业会计师或税务律师来填写或向其咨询，可帮助合法节税。

（三）移民前的财产规划

确认并规划国内外资产的配置比例及资产种类，卖掉增值资产留下亏损资产，都是移民前要做好的财务安排。此外，也可变现资产，在登陆美国前将资产变现，就不会被当作美国收入而课税。若无法马上变卖财产，需要准备依市价估算的个人财务报表，财务报表须经美国大使馆或公证机构公证，作为财产记录。E-B5投资者的50万或100万美元可当作移民前本金计算。此外也可通过信托善用赠予税和遗产税免税额，以合法的方式在美国建立财务基础，进而达到保值、升值的目标。EB-5投资移民及外国公民在美国置产的财务规划策略和税务计划比较复杂。不仅仅是报税的问题，绝对需要专业的智囊团一起作整体的规划。

图20-1　移民之家

六、移民美国，落地生根

美国是一个移民国家。最初的移民是一些身无分文的劳工，以及受到宗教迫害的清教徒等，为了追求美国梦，新移民为美国注入了新的生命和力量。

华人自1820年出现首次移民潮，19世纪50年代有许多新移民为了淘金的梦想，将自己签下卖身契来到美国以供给在家乡的家人。历经排华法案和废除排华法案后，大量的留学生到美国求学，毕业后留在当地工作，成为新移民。自EB-5投资移民法案通过后，许多中国的高资产移民至美国。据《福布斯》杂志报道，"仅在2013年，美国批准的投资移民案，中国富人就占了80%。"

美国移民重要纪事

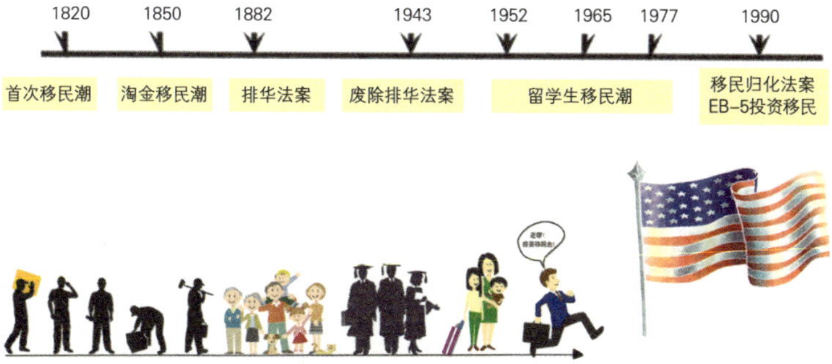

图20-2　美国移民重要纪事

（一）安身立命购买自住屋

不论移民的方式如何，移民到美国后第一步要找到居住的地方。有一个属于自己的家是华人普遍的梦想，所以华人多半会在落脚的社区购置房地产。

（二）不同移民方式，注意事项不同

根据不同的经济条件和社会背景移民至美国，所需要注意的事项也就不同。

（三）难民与政治庇护移民

美国对于难民和要求政治庇护的新移民，会提供福利。同时提供许多教育和就业的机会。只要肯努力，在这个自由的国土上白手起家的新移民在多年后通过就学和创业成为美国中产阶级的成员，拥有属于自己的资产和事业。

（四）留学生与杰出人才技术移民

留学或是杰出人才等技术移民，因其教育程度和知识水平高，是美国欢迎的人才。这类新移民成为美国社会的中坚分子、中上等阶级，可以一步一步稳健积累财富，创造新生活。

七、投资移民的财产规划

投资移民者在国内已是金领阶级，来美国生活有经济基础。他们的财产规划有别于亲属移民和学生移民的财产规划。移民美国后，他们除了可享有美国的权利，同时也有着对美国的应尽义务。所以在进入美国之前，他们要先了解美国的税务法律制度以及社会结构等。移民前的财产规划、移民后的节税方法和善用海外劳力所得豁免可帮助节税。对投资移民者来说，可以充分运用美国合理的节税方式，将国内在持续增值的财产做好妥善的安排，把有发展潜力的资产留在中国，在美国保证家庭和孩子的基本生活所需，居住房屋及每年养家糊口的费用等也可以扩大经营在美国有设立分公司，形象上比单纯的中资公司来说更有立足点。为公司和家庭的未来发展建立基础。

八、移民前的财产规划

（一）申报移民前海外资产、规划国内外资产配置

在拿到美国的绿卡之前，所有海外非增值资产不需向美国政府缴税。在拿到美国绿卡登录后，已实现的增值收入需要向美国政府申报并依法纳税。所以移民前收入和资产来源的证明文件，要长期妥善保存，以备后用。EB-5投资移民者以及其他条例移民人士，在移民前要聘请美国专业的注册会计师、律师和财务规划师做好财务的规划和财产的配置，以免走弯路。对于这些金领富人，建议要多学习了解美国财务结构。此外，确认并规划国内外资产的配置比例及资产种类，以拥有较少资产的配偶作主要EB-5申请人，是移民前可考虑的方式。

九、移民后的节税方式

新移民在拿到美国的绿卡后，可享有美国提供给美国居民的权利和福利。如K-12公立学校免费入学、社会安全退休基金和联邦医疗保险。新移民要了解这些福利规定的条件。有些福利则是用来救济老弱伤残等弱势团体。政府提供福利的资金来源，来自各种税收。所以合理合法缴税是作为美国居民和公民的义务。入境随俗，新移民要学习当地的税务和财务的结构，用各种合法减税、免税和延税的工具配置财产，并了解美国所得税的累进税制来做财产和事业的适当规划。要请专业的会计师、税务律师及财务规划师帮助运用美国的法律和制度来合法合理节税。如有打算在美国上市的公司，上市前的4—5年的财报和公司的制度是否健全是重要的因素。新移民善用金融产品和金融工具也可达到减税甚至免税的功效。

（一）善用海外劳力所得

长期在海外工作或做生意的都有"海外收入抵税额"的免税额，以2017年为例，每个人有最高10.21万美元海外收入免税额，夫妇两人合计20万美元的额度。此外，如海外的收入已缴纳国外的税金，就可以国外税额扣抵（Foreign Tax Credit）来扣除美国税额。

（二）保留报税记录

取得美国永久居民5年后，可申请成为美国公民，移民局有权审核过去五年到七年或更长远在美国的报税记录。

（三）减税、免税和延税

符合规定的自用宅出售享有25万美元个人资本利得免税额，夫妻则为50万美元；投资不动产在180天内完成交易，可享有1031延税，暂时免交资本利得。此外，个人退休账户内的投资也可享有减税延税，投资移民的税务规划复杂，建议请资深的专业会计师做好长期的税务规划和指导。

十、跨国企业

由于全球化的发展，许多企业将产品营销至世界各地，于是企业的业务也扩展至世界各地。企业在美国发展有以下的几种模式。

（一）总公司设在国内，在美国设立分公司

有许多企业的总公司和生产线留在国内，而将产品销售到美国。随着业务扩展，需要在美国设立分公司。

（二）总公司设在国内，在美国设立独立子公司

也有些企业在美国设立子公司，独立发展当地的业务，并营销至世界各地。

（三）总公司设在国内，在美国设立工厂

有些企业在美国设厂，运用美国的生产资源，再将产品营销到世界各地。

（四）总公司设在国内，在美国股市上市

有些跨国公司在国内运作得有一定的规模，打算要在美国上市，就要考虑在美国上市的途径、股票市场的选择等。

无论跨国公司的形式和规模，个人、家庭和公司的资产配置都同等重要。

无论您是否决定移民国外，地球村的概念已影响到我们的生活。跨国和跨地区的经济和理财方式与我们息息相关。如果您决定移民，移民前后的准备和考虑要审慎进行。移民后，尽快适应和融入当地的社会，落地生根，为子孙铺路。

成功理财案例：

钱先生来是自中国台湾的美国公民，他在台湾拥有一些房地产，每年收租金。钱太太来自马来西亚，持美国的绿卡，她在马来西亚也有一些房地产，每年收租金。在税务上两个人都要缴交美国的税。夫妻俩都是再婚，一同经营事业。在公司成立之初，他们来找我规划公司和家庭的财务。我建议他们成立S-Corporate，这样的公司形态使他们只需缴纳个人和公司的一层税。在个人的遗产规划的部分，我建议钱先生要找台湾的遗产规划律师规划他在当地的财产和前妻子女的分配，钱太太要在马来西亚找专门为穆斯林规划的遗产规划律师规划她在当地的财产。在美国他们需要建立一个有利于拿绿卡身份的信托，自己当信托委托人，信托可以随时改变（Revocable Trust），他们夫妻俩共同的2个孩子都未满10岁，我建议他们找好适合的亲人作为生活上监护人，并建议他们请会计师或者其他专业人士作为财务的监护人，做好世代传承的规划。

理财博士温馨提示:

◆ 地球村中天涯若比邻

◆ 全球国际经济互影响

◆ 移民安居地审慎考虑

◆ 法律税务财务相呼应

◆ 落地生根子孙代代传

我家庭和公司的跨国、跨世纪理财规划:

（一）移民前的规划

1.移民的途径：亲属关系，特殊人才聘请，投资或建立公司，等等

_____

_____

_____

2.移民前的财产计划

_____

_____

_____

3.移民前的税务规划

_____

_____

_____

4.移民的家庭成员

_____

_____

_____

（二）移民后的规划

1.居住地区的选择

_____

_____

_____

2.孩子的生活教育等安排

_____

_____

_____

3.海外及美国境内的资产配置

_____

_____

_____

4.财务和税务计划

_____

_____

_____

5.维持绿卡身份还是申请美国公民

_____

_____

_____

6.退休以后的生活计划

_____

_____

_____

7.健康保险医疗

_____

_____

_____

8.政府福利

_____

_____

_____

（三）跨国公司的规划

1.公司总部的设立

_____

_____

_____

2.公司的经营形式

_____

_____

_____

3.市场调查

_____

_____

_____

4.投资金额股份分配

_____

_____

_____

5.税务规划

_____

_____

_____

6.资产保护规划

_____

_____

_____

7.不同国家法律研讨

_____

_____

_____

8.人员安排

_____

_____

_____

9.家族生活安排

_____

_____

_____

第二十一章　妇女理财与特殊家庭理财规划

　　教育一个男人只是教育一个人，教育一个女人就是教育一个世代。

——杨百翰（杨百翰大学创办人）

　　昔孟母，择邻处，子不学，断机杼。

——《三字经》

　　理财宝典金言玉语之二十一：女性是社会的基本力量，影响男士和子女，承前启后，继往开来，以身作则，教育好下一代，活出自我。

珍妮弗出生于富裕的家庭，养尊处优，从小父母供养她和其他三兄妹就读私立学校直至大学毕业。她们三兄妹各自成家后，都过着优渥的生活。在她40多岁时，父母不知何时因投资失败，散尽家产，连唯一剩下居住的房子也让身为会计师的妹妹偿还房贷。珍妮弗今年52岁，先生诉请离婚，原本养尊处优的她，生活有巨大的变化。从小依靠的父母需要她和兄妹们照顾，共同生活30年的先生突然要离她而去。甚至她也无法资助小儿子剩下2年的大学学费。珍妮弗在拿到丈夫赡养费后，请我为她规划财务，安排她下半生的生活。婚姻的变化迫使她面对现实学习理财，精打细算来维持今后几十年后的生活。

母亲是家庭的灵魂人物，家里的气氛、孩子的教养和生活琐事，大多由母亲来掌握和管理。妇女的人生规划、价值观和理财规划，对家庭和社会来说非常重要。如果家中有残障或特殊需要的成员，理财比一般家庭考虑的要更多、更广，需要用特殊的方式理财。

一、女性传统角色与变迁

（一）传统妇女在家相夫教子

中国传统妇女自古扮演着相夫教子的角色，默默地为家庭付出。传统女性的地位为依附男性的附属角色，虽生养儿女众多，但只有男性才能继承家业。中国传统观念下，嫁出去的女儿如同泼出去的水，家产只会分给儿子，重男轻女。

（二）妇女走出家庭，独立自主

第二次世界大战之前，在男性社会的主导下，女性受教育的机会低。女性最多只是作为成功男人的背后那位伟大的女人。第二次世界大战时，男人在前线打仗，女人在大后方补给物资。第二次世界大战后，东方和西方国家的女性均纷纷加入劳动市场。妇女的参政出现于第二次世界大战后，渐渐普及于世界各国。随着教育普及后，女性在职场、商场、政坛、学术，以及文学艺术的人才辈出。妇女开始在财务上独立自主。

二、女性教育程度提高，独立自主能力升高

图21-1　女研究员　图21-2　女教师

图21-1　女企业家　图21-2　女医生

　　从传统的大家庭共同生活，走向现代小家庭独立生活。大家庭和小家庭的财务结构完全不同。家庭结构的改变，让妇女在家庭和社会中扮演的角色也有显著的改变。现代社会，女性受教育的程度与男性均等，女性在各方面独立自主。美国人口普查局2015年的报告显示，女性拥有大学以上学历的比例已逐年追上，甚至超越男性。女性学习的专业也从早期教师、社工和秘书等领域，扩大至医生、律师、会计师和企业主管等领域（见图21-1）。根据《经济学人》杂志2013年的报道，大学毕业生的比例，女性占了57%；硕士毕业生中，女性占了60%；博士毕业生中，女性占了52%。现代女性的工作收入随着教育程度提高而增加，经济上也能独立自主。

男性与女性拥有大学以上学历的比例统计

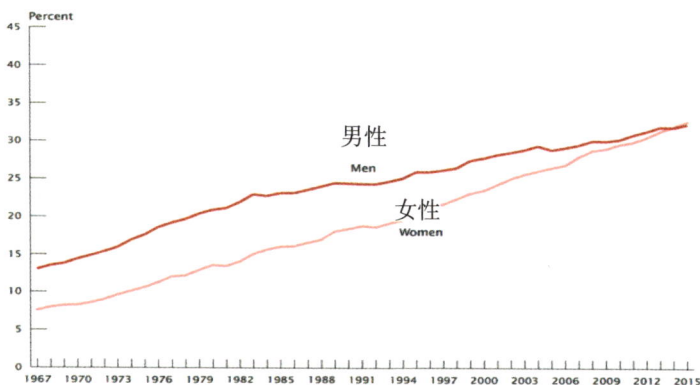

图21-5　男女生学历比例

数据来源：https://www.census.gov/content/dam/Census/library/publications/2016/demo/p20-578.pdf.

三、女性理财的重要性

女性小时候由父母照顾，接受教育。长大后，无论结婚与否，工作与否，对自己的娘家都是重要的支柱。除了嘘寒问暖外，也提供给家人实质的帮助。

女性结婚后对婆家更是肩负了一份责任。传统家庭主妇，照顾一家老小不遗余力，但是家庭经济负担由先生承担。有些家庭主妇对于家庭的财务状况不了解，对理财也没有特别的兴趣。职业妇女虽共同分担家庭的经济重任，但有些家庭的财务仍由先生来安排。我认为不论是职业妇女或是家庭主妇，了解家庭的财务状况和拥有理财知识都非常重要。只有不断提升自己的财务智商和掌控金钱的能力，才会对未来生活产生安全感，增加信心。

（一）单身妇女要为自己和家人的财务作决定

根据美国人口普查局统计2015年美国18岁以上女性，单身人口占了53%的比例，其中的63%的单身人口从未结婚；其余的单身原因为离婚或丧偶。单身妇女的比例占了妇女人口的一半以上，在没有另一半共同承担财务需求的情况下，单身妇女要特别懂得为自己打理财务。

（二）已婚妇女要尽早自己做财务决定

有些家庭因为丈夫比较懂得理财，财政大权由丈夫来掌管。但在某些突发状况时，做妻子的还得要接管家庭的财政。如离婚或丧偶、父母一方或双方过世、另一半或自己失业甚至失能、因子女的突发状况而需要照顾儿孙等。所以女性需要尽早学习自主理财。

已婚妇女迟早要面对家里的经济大计。因为女性的平均寿命比男性长，妇女独自生活的时间，要比男性久。女性的平均收入比男性低，平均寿命比男性长，就美国的社会福利来讲，退休女性能领取的社会安全退休金平均比退休男性能领的退休金年份要长。如果丈夫过世后，妻子可领取丈夫的部分社会安全退休金和继承公司退休金，是丈夫在世时，领取金额的一半或一半之上。

（三）已婚妇女管理好自己分内的财产

美国有些州和世界许多国家实行夫妻共有财产制（Community Property），无论妻子是否参与丈夫的事业，只要与其共同生活，妻子就拥有家庭财产的1/2的所有权，所以作为妻子应尽早了解和规划好拥有的产权。有些男主外、女主内的家庭，丈夫在外打拼事业，妻子照顾家里的大小事。若妻子成为男人得力的助手，就可让丈夫没有后顾之忧。此外，女性的心思细腻，往往可以看到男性所注意不到的细微之处。所谓魔鬼藏在细节里（The Devil is in the Details），有些细节往往是成败的关键之处。妻子管理好自己所持有的部分，可在重要时刻助丈夫臂一之力。如此一来，

妻子不但对财务更有信心，掌握了人生的命运，也会对自己更有安全感。

（四）妇女肩负教育子女的理财观念的责任

妇女要为自己的财务做决定，还肩负着教育子女理财观念的责任。要为孩子从小灌输金钱观；当孩子渐渐长大，训练他们管理自己的零用钱；为孩子储存并运用好教育基金；在孩子独立前，给予金钱上的支助培养管理小钱的好习惯等。

有些年轻人上大学时，父母提供自己名下的信用副卡给他们。年轻人容易受同侪影响，自由自在刷信用卡，把账单留给父母支付。如果年轻人没有养成量入为出的习惯就使用信用卡，由奢入俭难，一旦毕业开始工作后，要自己付账单时，才真正面对信用卡逾期后13%—23%的高利息。大学生毕业后不但要开始偿还学生贷款，有些人还得背负信用卡债。如果父母无法帮忙清偿债务的话，这些子女就要面临困境。所以从小帮助子女养成勤劳节俭的观念和习惯非常重要。

（五）企业家之女和媳为接班预备

传统家族观念，家产传子不传女。但现代女性所受的教育、胆识和能力足以媲美男性。作为企业家的女儿或是媳妇，也可以是企业传承接班的人选之一，及早了解父母或婆家的事业和精神，培养自己理财规划的能力很有必要。当家族需要你接班传承时，可承担起家业永续的接班人。

（六）女性企业家肩负社会责任

如今女性创业已是屡见不鲜。作为企业家，肩负的不只是家庭的责任，还有公司和员工的未来。企业家巩固自己公司的财务是责任也是义务。女性面临的挑战有的比男性还要大。

四、女性理财的优点和挑战

女性心细、注重细节，只要拥有理财知识，其实非常适合做财务管理的工作。现有许多女性担任公司行号的会计和出纳、专业会计师及财务决策人。不少公司的采购，女性占了重大的影响力和决策权。由于女性经济的崛起，越来越多的企业重视女性消费市场。但是女性也因重情感，容易感情用事，不像男性注重理性的分析，容易造成理财上的盲点。

（一）妇女理财的盲点

女性感情丰富，容易感情冲动、情绪化、耳根子软。在似懂非懂的情况下，经亲朋好友和经纪人的推荐，很容易被引诱，投资看似高回报但实质是高风险的投资目标。也有的在不了解投资风险和回报关系的情况下，只听信口无凭的诱人说词，没有关注合约的内容和法律的限制就贸然签字投资。对于那些所谓的稳定获利，高利息的产品，缺少判断能力，盲目投资。一旦拿钱出来投资后，就变成任人宰割的羔羊，赔光老本，只能吃亏吞进肚里。

1.散户股票投资

许多菜篮族的散户对于股票市场一头热，不去了解股市的走势和投资公司的营运状况，只是道听途说，听信小道消息买股票，以退休金去玩投资。

2.高风险土地私募投资

在高利的诱惑下，有些人不知道这种私募地产投资只是适用于高资产人士和熟悉法律、了解投资市场风险与回报的投资人。深知投资市场规则的人，明白风险与回报的关系，看清楚法律文件，不会贸然投资。

在我刚踏入理财规划的工作时，许多华人被吸引参加佛罗里达土地投资说明会，会中展示的图片很诱人，宣称投资后每年会有7%—8%的投资回报，等房屋盖好后，卖出之后又可获得增值金额。许多妇女和退休的老人单凭业务人员的介绍，没看清楚合约，没领会风险，就贸然投资。投资后头2年，有如期拿回7%的回报，第3年后，公司就销声匿迹。

经追查后才知道原来投资的标地为沼泽地，土地没有开发，根本没有回报的希望。现在手上的合约一文不值。

3.高风险衍生性金融商品

近年来，外币投资逐渐兴起热潮，2015—2016年TRF（Target Redemption Forward，目标可赎回远期合约），为与人民币联结的衍生性金融商品。投资人在不了解汇市和选择权（Options）的风险下，看不清这种投资为获利有限，但风险却无穷。在人民币大幅贬值的情况下，高资产的人们投资损失巨大。

4.互助标会

这是一种小额信用贷款，也是一种高风险的投资项目。投资人因为信任的关系，而将钱"借"给没有担保品的"会首和会脚"。如果得标的会员拒付标金而倒会，就会求偿无门。

散户股票投资

TRF
目标可赎回远期契约

客户　　　　　银行
获利有限但亏损可能无限　因设有中止价亏损
可控制在一定范围内

互助标会

高风险土地私募投资

图21-6　妇女理财盲点

（二）妇女的家庭责任重

中年妇女上有高堂，下有儿女，作为夹在中间的三明治，责任十分沉重。如果长辈有照护的需要，实在没有体力和时间，在蜡烛二头烧的情况下，没多久也会心力交瘁。对职业妇女的建议是及早为父母和公婆规划长期护理保险，拿出收入的一部分为他们支付长期护理保费。这样一来在长辈需要长期照护时，可有保险的理赔金来分担，而不用面临心有余而力不足的困境，并要承担内在煎熬和外界的指责。

五、女性理财的建议

妇女及早学习理财的知识，可以提升自己的财务智商，建立财务目标并做到收支平衡且有积余。在运用投资理财工具时，慎选投资目标和投资伙伴。签署文件前必须先了解合约的内容，评估可能面对的风险和代价。尤其是大笔支出或投资时，要事先征询律师的建议，以法律来保障自己的权益。对于自己看不懂的合约和不了解的投资文件，不要签，千万不要因为相信某一个人而盲目签署合约。对18岁以上有行为能力的人，一旦签字后，就得要为自己签署的合同负责。对已婚妇女而言，自己签署的合约责任，不只自己要担负，因夫妻的财产共有，也会影响到另一半的权益。

（一）对离婚妇女的建议

美国离婚的妇女，多数保有子女的抚养权。因少了先生的收入，开支势必要减少。如果先生没有提供足够的赡养费，必须自己外出工作赚取生活费，若还是不够，就得要靠政府补助给孩子的津贴。对于离婚时分配到的财产，建议将这笔资金做妥善安排，要有长期计划，合理分配赡养费。有一位妇女，前夫在她30多岁时跟她离婚，给了她50万美元的资产，她没有妥善安排，在短短的5年就花光了，心想用完后就会有新的

男人来资助，她又苦苦再去寻找第二春。但再婚的先生经济条件没有前夫好，婚姻维持不久又告吹。她的生活水平越来越低。她在第二次离婚后找上我帮忙她理财规划，但她手上的资金所剩无几，能帮忙规划的资金很有限，只能建议她先降低生活水平，平衡收支，再提供一些基本保障的保险，并建议她找两份工作来补充生活费。有余款才能做投资或长期的退休计划。

（二）考虑离婚的妇女

离婚后的可用资金会因另一半的离去而减少，生活素质会随之降低。所以在经济因素的考虑下，要郑重考虑是否有离婚的必要。但若感情上的裂痕无法平复，忍痛离婚，就得要考虑降低生活水平和换新的居住地点，以及孩子就学的学校。父母亲离婚会对孩子们的心灵造成伤害。建议与专业财务规划师和律师做好离婚的财务规划。

（三）对寡妇而言

如果丈夫生前有人寿保险和健康保险的规划，在丈夫过世后，可用做遗孀和遗族的生活保障。在计算人寿保险时，小孩的教育基金和自身的退休金都要算进去，这样就不会动用到现有资产，甚至到卖房的地步。如果丈夫生前没有购买人寿保险，就得要面对现实，降低生活水平。靠自己的工作薪水过日子。

六、特殊家庭的理财规划

对于有特殊需要的家庭，比如家有残障儿童，我建议要设立特殊儿童的信托，指定特定的人和方式来照顾有需要的子女。首先考虑政府的支助。如果家庭的经济条件许可，要妥善安排和运用家庭的资产来照顾有需要的子女。

人生的旅程有风有浪，要一帆风顺平安到达彼岸就需要未雨绸缪，防患于未然。遇到人生的低谷，要有信心，勇敢地面对现实，依旧能看到人生的希望。女性有着坚忍不拔的生命力，走出幽暗的谷底，依然可以攀登到人生的另一座高峰。在平时掌握预算，建立自己的信心和判断力，慎选朋友，不听信似是而非的建议，人云亦云，这样就可发现绝处逢生，柳暗花明又一村。

成功理财案例：

●Tim和Mary透过朋友介绍，找我做财务规划。Tim拥有自己的律师事务所，收入很高，于是我建议他购买收入保险。Tim和Mary后来因有第三者的介入而离婚，离婚后Tim发生了意外，无法再从事律师的工作，收入保险公司提供每个月1万美元的理赔金。虽然Tim和Mary离婚了，按照法院的裁定，Mary可以每个月向Tim领取其中的5000美元作为赡养费。收入保险不仅保证律师受伤后有稳定的免税收入，而且解决他离婚后对前妻的赡养责任。

●朴太太和先生在年轻时一起从韩国移民到加州圣地亚哥置产定居。朴太太一直都是家庭主妇，没有在职场工作。朴先生在将近70岁时突然过世，平时都是朴先生打理财务，朴太太突然间顿失依靠。在她不知所措之下，经过她的会计师介绍给我为她做财务规划。我建议她留一部分现金作为她未来5年的开支，在丧夫之后不要改变她已经习惯的生活环境，不急于马上卖房子，继续居住原有的房子，等到房价上涨后再把房子卖掉。5年后她把房子卖掉，在洛杉矶海边买了一间高级公寓，有设施和俱乐部，可以照顾她以后长期护理的需要。离儿子家约20分钟的车程，看孙辈方便，交了很多同龄的新朋友，老朋友也很喜欢到她那里去做客。我帮她合理规划丈夫留给她的遗产，在过去8年里，每年以7%的增值，加上丈夫留下来的社会安全退休金都够她生活，还可以回韩国旅

游探望老朋友，过悠游自在的生活。

理财博士温馨提示:

◆ 传统妇女相夫教子

◆ 现代女性出类拔萃

◆ 职业妇女两头燃烧

◆ 妇女迟早掌管财政

◆ 突发状况不受影响

◆ 精通理财得享平安

我的优点和盲点:

1.财务管理成功经验

_____

_____

_____

2.财务管理失败教训

_____

_____

_____

3.擅长之处

_____

_____

_____

4.理财盲点

_____

_____

5.收支平稳

_____

_____

6.每月储蓄

_____

_____

7.贷款金额，支付能力

_____

_____

8.家庭经济负担

_____

_____

9.照顾长年父母，子女责任

_____

_____

_____

10.父母亲财务状况

_____

_____

_____

11.自己有公司吗？公司经营状况，经营时间，收支状况，现金流，
　　长期规划，等等

_____

_____

_____

第二十二章　心动不如开始行动

如果找不到睡觉时还能赚钱的方法，那么就只能工作到离开人间。

——沃伦·巴菲特（著名投资家，被誉为"股神"）

不要等到明天，明天太遥远，今天就行动。

——马云（阿里巴巴CEO）

理财宝典金言玉语之二十二：行动是迈向成功理财的第一步；路遥遥，始于足下。

在您警觉了财务规划的重要性之后，您是否开始思考自己的财务未来以及采取措施达到自己的财务目标呢？正所谓"坐而言，不如起而行"。在此要为您介绍如何进行财务规划以及相关的注意事项。

一、什么是财务规划

财务规划是通过妥善管理个人及家庭财务而达成人生规划。人生规划包括购屋、子女教养费用、退休基金、享受生活、服务民众、慈善布施、遗产规划等。

二、财务规划由谁来做

在这信息爆炸的时代，网络上充斥了许多信息，在多如潮水的讯息中，什么才是正确的讯息呢？什么才是适合自己操作的方法呢？如何成为理财不倒翁，永保财务聚宝盆成为理财常胜将军呢？财务决定对个人和家庭而言非常重要，牵一发而动全身。究竟是由自己来做财务规划好呢，还是寻求专业理财咨询与服务好呢？

（一）自行规划财务

对于了解财务，并且熟悉金融产品和市场大方向的人士来说，自行规划财务游刃有余。如果熟悉网络操作的话，上网进行证券买卖、购买健康医疗保险等都可自行操作。只是随着法令的更改和金融产品日益更新，参考专业的财务规划师的建议可确保自己的财务规划更安心。另外，对于需要售后服务的金融商品，如汽车保险、健康医疗保险和人寿保险等，通过保险业务员购买价格也许跟上网买的价格差不多，但良好的业务却能为您提供售后服务和有关产品信息的更多服务。您可以考虑跟值得信任、专业有经验的业务员购买保险，而不是通过网络下单。在网络上收集信息，再参考业务员的介绍而购买。在"电信"和"人信"的结合下，可以找到适合您需要的服务。

（二）寻求专业理财咨询与服务

虽然网络上的信息很多，但需要掌握基本的金融理财知识才能判断何为正确的讯息。若您无法从网络上片断的信息中辨别真伪，或是您对于财务金融市场不了解，认为在网络上做交易风险较大，或是您没有时间钻研和打理您的财务，就可以寻求专业人士的帮助。专业的理财从业人员包括了财务顾问和注册财务规划师。如同客户的投资伙伴与导师，他们的专业资格以及服务方式不同，说明如下。

1.注册会计师

注册会计师（Certied Public Accountant）可提供税务咨询与服务。但是由于所执的执照各有不同，所以能提供的服务范围也不同。比方说，会计师可以提供税务的咨询与报税的服务。股票经纪人提供买卖股票、基金等咨询服务。也有的能提供税务长期规划，履行每年报税的指导责任。

2.财务规划师

财务规划师（Financial Planner）提供全方位的理财规划服务，他需全面了解客户的财务状况和需求，包括预算、储蓄、投资、税务规划、遗产规划、公司计划和保险等，从而提出适合客户的财务方案，再通过执行财务方案及定期检视而达成客户的财务目标。

图22-1　专业咨询

注册财务规划师是通过CFP（Certified Financial PlannerTM）、ChFC（Chartered Financial Consultant）、或PFS（Personal Financial Specialist）等具有公信力的国际专业机构认证的。

3.投资顾问（Investment Adviser）和股票经纪人（Stockbroker）

根据客户要求，帮助个人投资管理，提供有关投资股票、基金、债券、大学储蓄、黄金、期货等金融产品配置和服务的专业人士。他们受美国FINRA（Financial Industry Regulator Authority）证券监管部门监管。

4.地产经纪人

Agent 和地产公司主管Broker均可以给地产投资者提供专业的服务和咨询，他们对当地的地产市场有多种信息，包括自住屋，投资商业地产，旅馆，土地等专业知识，一般是卖家付佣金。

5.保险业务员（Insurance Agent）

提供多种不同的保险服务，如汽车、房屋保险，健康、收入、人寿保险，商业保险。有单家保险公司的经纪人，也有代理多家保险公司的代理经纪人。他们受各州保险局监管。

6.银行理财专员（Adviser at the Bank）

提供银行现金储蓄和贷款服务，有些银行设有与银行业务不相关的证券公司，有提供投资规划，但业务员变动较多，要选择能为您提供长远服务的理财专员。业务人员的变动不利于你的长期计划。

三、如何选择财务规划师

孔子曰："友直，友谅，友多闻，益矣。"同样的在选择财务规划师时也要有以下的考虑。

（一）具有专业背景

先了解财务规划师拥有哪种专业证照和经验，擅长什么，是否有持续进修。

（二）提供专业知识

财务规划师是否能回答并解决您的问题，并且提出适合的方案供您选择。

（三）良好的服务口碑

可以从其他客户那儿来了解财务规划师的专业服务水平。

（四）以客为尊，值得信赖

财务规划师是否可以分享您的想法、意见和目标，并且以您的需要为主要考虑和规划重点，而非销售他可获利最多的金融产品。贴心和专业的服务，使你足以放心推荐给您的亲友。

选择财务规划师时，客户还需要了解他提供的产品资源是否足够，是否推荐最佳组合。目前华人拥有财务规划师执照的并不多，可以找有经验的美国财务规划师来和华人有执照的经济人合作共同为您服务。从而了解美国主流人士如何理财，这对自己长期的进步有帮助。

四、做好财务规划的要素

当您决定要做财务规划时，以下是做好财务规划的要素。

（一）设立具体而明确的财务目标

比方说预算买多少钱的房子和何时购买，供给子女上公立大学还是私立大学，退休后每个月的花费多少和预计什么时候退休等，这些都是明确的目标。"想过着舒适的好日子"就需明确地指定目标。

（二）一个财务决定会影响整体财务状况

比方说投资的目标、投资时间和报酬会影响您所要缴的税金，为子女的教育支出会影响您的退休基金。所以在一个财务决定之前，需要先整体考虑您的财务状况所带来的整体影响。

（三）定期评估您的财务计划

您的财务目标会根据人生不同的阶段而有所变动，比方说结婚、生子、购屋、继承遗产和工作的转换等。人生大事需要事前规划，若无法规划则要跟着重新调整规划财务。

（四）立即规划您的财务，不要拖延

年轻时就开始规划自己财务的人，往往比年纪大时才规划的人有好的成效。所以从年轻时就要建立起编列预算、储蓄、投资和定期检视财务的好习惯。此外及早规划财务可未雨绸缪，防范突发的财务漏洞。

（五）财务规划不是有钱人的专利

无论您手上的资金是多是少，从现在起就开始规划，无需等到积累到一定的资金时才开始进行。财务规划不是有钱人的专利，通过妥善的财务规划可逐渐积累财富。对于收入有限并准备创业的人士尤其重要，因为这是他们达到财务自由、自主、自力的起点。

（六）成为自己财务规划的主人

财务规划是以达成您的财务目标为导向。适合别人的理财方式，不见得适合您。无论是通过财务顾问的管理，或是财务规划师的帮助，都应以达成您的财务目标为终极目的。而您本人的智慧和正确的理财观念是成功理财的主要因素。

（七）订立全面的财务蓝图

财务规划不只以退休和节税为目的，而是全面的财务蓝图。财务蓝图是明确地指出您希望在何处过着怎么样的生活，您要学着成为自己的财务建筑师。

（八）财务规划不只是投资理财或保险计划

财务规划是针对个人和家庭的财务状况和财务目标来做全方位的规

划，不只是零散的投资理财，买不同的人寿保险。

（九）对投资回报率要有务实的期望

财富的积累并非一夕而成。看似高回报的投资，背后往往隐藏了高风险。稳当务实的低回报投资在时间的积累下，也能获得可观的回报达到您的目标。"欲速则不达，见小利则大事不成。"同样也适用于投资的原则。

（十）及早规划，不要等到财务危机发生时才来补救

及早做财务规划可以收获安稳的财务未来。等到发生财务危机才来补救，为时已晚，损失之大往往许多年都不能补救。

五、财务规划的步骤

专业的财务规划师会通过下列的步骤来为您进行财务规划。

（一）在为您提供财务规划服务之前，财务规划师会清楚解释和界定双方的责任，并以书面说明服务期限和收费方式。

（二）了解您的财务状况和财务目标，和您一起制定财务目标和执行的时间表。全盘了解您的实际状况和需求后，才提出建议。

（3三）评估和分析您目前的财务状况，包括您现有的资产、负债、现金流、保险涵盖的范围、投资和税务的策略，进而建议您如何达到您的财务目标。

（四）根据您提供的财务信息和财务目标来提出财务建议，并说明建议方案如何执行，并做适当的修正。

（五）与您共同执行财务规划方案并从中指导，必要时您的律师或是会计师也会参与执行。

（六）定期检视财务规划执行成效和财务目标达标率，随时关注您的经济浮动和家庭变化。

财务规划的步骤

图22-2　财务规划的步骤

六、给理财规划从业人员的建议

由于网络的盛行，消费者很容易在网络上取得产品信息并比较各家金融产品的价格。而金融从业人员人数快速成长，同行竞争十分激烈。身为寿险业务员、银行理财专员、投资顾问等，若是不能给客户建立长期服务的信任和需求，您永远是个竞争的对象，随时会被淘汰。在此衷心地建议从业人员要提供以客为尊的服务和充实的理财规划专业知识。

（一）提供以客为尊的服务

尽管网络上提供的讯息不可胜数，但3C屏幕前传递的是冰冷生硬的文字和数字。而通过人可传达有温度的服务。在与客户接触时，细心聆听客户传达的讯息，以客户的需要作为第一考虑，而非自己能赚取多少佣金，或者按照公司要求对产品作出推荐和销售。当自己的利益和客户的利益有冲突，要以客户的利益为主；当本公司的利益和客户的利益有冲突，要以客户的利益为主。提供最适合客户的金融商品，仔细说明，并且提供完善的售后服务。您的贴心的服务是网络无法取代的。

（二）积极充实专业知识

不只在现有的专业领域里学习，还要充实税务、投资、地产贷款等相关专业知识。保险、投资业务员的竞争和淘汰率很高，业务人员要通过不断的学习、考取与专业有关的国际专业认证机构核发的证照，提升自己的专业领域知识，从而为客户提供更全面和更完善的长期服务。

（三）热爱自己的行业

要热爱自己的行业，建立长期服务的精神，建立自己的商业计划（Business Plan）和事业计划（Career Plan），并有终身献身的理念和行动。

财务对个人和家庭来说非常重要。人生不同的阶段有不同的财务需要，趁早进行理财规划，用以打造您的财务未来和应付不时之需。不断提升自己的财务智商，选择良好的理财伙伴，为自己和家人的未来铺路，让我们一同迈向创富、保富、享富、传富的康庄大道。

图22-3 心动还是行动

成功理财案例：

如果您是一位理财师，会计师，投资顾问，地产经纪人，股票经纪人，人寿保险经纪人，打算将财务规划作为终身的职业，首先要以客户的利益作出发点，为客户先作人生的规划、再作财务的规划。至于如何要让客户愿意跟你分享他生活的经历，则要先让客户感受到你是为他着想，而不是为你自己着想。再加上为客户提供专业的财务规划，客户也认为这是他自己应该做的，并且把你当成他的医生在为他作财务指导，你也关心客户，把他的事情做好，客户自然就会信任你。在取得客户的信任之后，跟客户分享您对客户服务的理念：针对客户个人需要，提供专业咨询，执行务实的财务规划方案。如果客户赞同您的作法，就会跟您有相同的步调。在取得客户的认同后，不断地自我充实专业知识、提升个人业务能力和修养都是提升服务品质的要素。具体而言，跟成功的人拜师学艺和虚心地向身边的人学习，与团队截长补短共同合作补足人脉，并且同心协力为客户服务来创造佳绩。客户成为您的服务对象后的服务也是经营和拓展客户关系的关键要素。保持和客户的沟通，客户生日和节庆时的问候不可少，并且在客户间建立口碑，口耳相传，这么一来介绍的生意就会自动上门。此外妥善管理时间，有效利用工作时间并且在工作和家庭与自己的休息时间中找到平衡，这样才能将您的专业作为终身的职业。

理财博士温馨提示：

◆　理财规划要趁早

◆　资金多少都需要

◆　慎选财务规划师

◆　并肩规划并执行

◆　定期检视并跟进

◆　创造幸福的未来

心动不如行动：

1.了解您个人、家庭和公司的经历，经验及现况

_____

_____

_____

2.总结您第1章到第21章的作业

_____

_____

_____

3 分析您的财务状况

_____

_____

_____

4.制定财务计划

_____

_____

_____

5.执行财务规划方案

_____

_____

_____

6.定期回顾并检视过往，随时跟进经济和您家庭或工作变化

_____

_____

_____

———————— 索　引

拥有资金（Capital Ownership）

财务目标（Financial Objective）

财务性格（Financial Character）

艺术型、执行型、分析型、学术型和创业型（The Artist, The Executive, The Analyst, The Scholar, The Entrepreneurs）

资产配置（Asset Allocation）

理财布局（Scope of Financial Management）

收入（Income）

支出（Expense）

收入支出预算（Income Expenses Budgeting）

固定收入（Fixed Income）

非固定收入（Variable Income）

记账（Bookkeeping）

工资收入（Salary Income）

营业收入（Business Income）

支出项目（Itemized Expenses）

固定支出（Fixed Expenses）

非固定支出（Variable Expenses）

冲动购物（Impulsive Purchase）

紧急备用金（Reserve Fund for Emergency）

减税（Tax Deduction）

延税（Tax Deferral）

401K（401K Retirement Plan）

401K Match（401 K Match）

贷款（Loan）

有效市场假说 （Efficient Market Hypothesis）

积极的投资策略（Active Investment Strategy）

风险承受能力 （Risk Tolerance）

投资风险与报酬金字塔图 （Pyramid of Investment Risk and Return）

有效边界 （Efficient Frontier）

多元化投资 （Diversified Investment）

投资风险与回报的关系（The Relationship of Risk and Return）

B值 （Beta Value）

浮动年金 （Variable Annuity）

指数年金 （Index Annuity）

大盘成长型（Large Growth）

大盘平衡型（Large Balanced）

大盘价值型（Large Value）

中盘成长型（Mid Cap Growth）

中盘平衡型（Mid Cap Balanced）

中盘价值型（Mid Cap Value）

小盘成长型（Small Cap Growth）

小盘平衡型（Small Cap Balanced）

小盘价值型（Small Cap Value）

交易所交易基金（ETF, Exchange Traded Fund）

细价或低价股（Penny Stock）

净现值Net Present Value （NPV）

内部报酬率（Internal Rate of Return, IRR）

股票收益率 （Stock Yield）

收入型个人房产投资管理（Income Producing Real Estate Management）

股票交易（Stock Trading）

石油及天然气资源收入基金（Oil Gas Energy Income Fund）

房产物业投资管理（Real Estate Investment Management）

普通股（Common Stock）

特别股或称优先股（Preferred Stock）

大盘股（Large Stock）

中型股（Medium Stock）

小型股（Small Stock）

土地投资（Land Investment）

地产开发（Real Estate Development）

股票期权（Stock Options）

对冲基金（Hedge Fund）

外汇投资（Currency Investment）

收藏品（Collectibles）

收藏（Collection）

商品期货（Commodities）

金融期货（Financial Future）

融资交易投资（Margin Trading of Investment）

补差价（Margin Call）

地产开发（Land Development）

生土地（Raw Land）

熟土地（Developed Land）

私募地产投资信托（REIT）（Real Estate Investment Trust）

房屋留置权（Property Liens）

车祸肇事逃逸（Hit and Run）

安心的保障（Peace of Mind）

人寿保险 （Life Insurance）

健康医疗保险 （Health Insurance）

财产保险（Property Insurance）

房屋保险（Homeowner Insurance）

汽车保险 （Auto Insurance）

责任保险（Liability Insurance）

商业保险（Commercial Insurance）

专业责任保险 （Professional Liability Insurance）

分散风险（Dispersed the Risk）

提供联邦医疗保险（Medicare）

补充保险（Medical Supplement）

低收入户医疗补助计划（Medicaid）

管理式健康保险机构（HMO）（Health Maintenance Organization）

医疗网络计划（PPO）（Preferred Provider Organization）

指定医疗服务机构（EPO）（Exclusive Provider Organization）

保费（Premium）

自负额（Deductible）

长期护理保险 （Long-Term Care Insurance）

疗养院（Nursing Home）

到府护理服务（Home Care）

长期护理机构（Long Term Care Facility）

保险公司（Insurance Company）

被保险人（Insured）

连带赔偿责任（Liability）

基本保险（Basic Insurance）

地震保险（Earthquake Insurance）

水灾保险（Flood Insurance）

特殊保险（Special Insurance）

复层房屋保险（Condo Insurance）

古迹建筑保险（Historical Building Insurance）

汽车强制险（Auto Mandatory Insurance）

优良驾驶折扣（Good Driver Discount）

汽车责任险（Part A）

肇事方的医疗保险（Part B）

碰撞险（Collision）（Part D）

保险经纪人（Insurance Agent）

个人责任险（Personal Liability）

雨伞保险（Umbrella Insurance）

名誉损害和毁谤赔偿（Defamation Liability）

雨伞式保障（Umbrella Policy）

商业责任险（Commercial Liability Insurance）

商业旅馆（Hotel）

汽车旅馆（Motel）

购物中心（Shopping Mall）

中产阶级（Middle Class）

富有阶级（Upper Class）

529教育基金（Qualified Tuition Programs，529 plan）

预付学费计划（Prepaid Tuition Plan）

教育信托（Education Trust）

委托人（Grantor）

受托人（Trustee）

平均寿命（Life Expectancy）

报酬率（Return Rate）

汇率（Currency Rate）

社会安全退休金（Social Security Insurance）

按年资和工资提供退休福利金（Defined Benefit）

员工配股（Stock Empolyee Option）

红利（Divident）

社会安全税（Social Security Tax）

增值税（Capital Gain Tax）

乐透（Lottery）

遗嘱（Will）

遗嘱法庭（Probate Court）

遗嘱认证（Probate）

绿卡（Green Card, US Permanent Residents）

QDOT'信托（Qualifying Domestic Trust）

遗产规划律师（Estate Planning Attorney）

AB 信托（AB Trust）

C信托（C Trust）

生前信托（Living Trust）

可更改生前信托（Revocable Living Trust）

不可更改生前信托（Irrevocable Living Trust）

遗嘱信托（Testamentary Trust）

遗产税（Estate Tax）

生前赠与 （Living Gifting）

慈善机构 （Charity Organization）

生前赠与免税额 （Lifetime Exemption）

慈善捐款 （Charity Donation）

就可设立隔代信托 （Generation Skipping Trust）

特拉华信托（Delaware Trust）

内华达信托（Nevada Trust）

"乐施誓约"（The Giving Pledge）

比尔盖兹与玛琳达基金会（Bill & Melinda Gates Foundation）

慈善先行信托（Charitable Lead Trust）

境外互惠基金 （Offshore Mutual Fund）

国际金融证券银行私募（Privately Offered of International Securities Bank）

贷款人寿保险 （Premium Financing Insurance）

外国信托 （Foreign Trust）

融资 （Financing）

属人主义 （Residency）

世界收入 （Worldwide Income）

世界财产 （Worldwide Estate）

EB-5投资移民 （EB-5 Investor）

财产披露 （Asset Diclosure）

海外收入抵税额 （Foreign Insurance Deduction）

国外税额扣抵 （Foreign Tax Credit）

共有财产制 （Community Property）

土地私募投资 （Private Land Investment）

衍生性金融商品 （Derived Financial Products）

目标可赎回远期合约TRF（Target Redemption Forward）

互助标会 （Mutual Aid）

赡养费 （Alimony）

投资顾问（Investment Adviser）

保险业务员（Insurance Agent）

股票经纪人（Stock Broker）

注册财务规划师（Register Financial Planner）

CFP（Certified Financial Planner™）

ChFC（Chartered Financial Consultant®）

PFS（Personal Financial Specialist）

▌参考文献 ————————

- 2009 美国运动画刊（Sports Illustrated）
- 2017个人税表
  https://www.irs.gov/pub/irs-pdf/f1040.pdf
- 2017企业税表
  https://www.irs.gov/pub/irs-pdf/f1120.pdf
- 2000—2017 道琼综合指数https://www.statista.com/statistics/189758/
  dow-jones-composite-index-closing-year-end-values-since-2000/
- 《投资人行为分析》
  （Quantitative Analysis of Investor Behavior）Dalbar, April 2017
- 过去20年黄金价格走势
  https://www.gold-barren.eu/gold-price-chart-euro-usd-history.htm
- 1926–2015伊博森股市走势一览图
  http://www.raymondjames.com/soundwealthmanagement/pdfs/sbbi-1926.pdf
- 债券信用评估
  Source: https://learnbonds.com/6891/bond-credit-ratings-table/
- 美国劳工局统计企业创业存活率
  https://www.bls.gov/bdm/entrepreneurship/bdm chart3.htm

- 《拿破仑·希尔的十七条成功金律》，作者：拿破仑·希尔
- 美国医疗补助计划（Medicaid），低收入标准。
  https://www.medicaid.gov/medicaid/eligibility/
- 美国疾病控制与预防中心-意外伤亡数据
  https://www.cdc.gov/nchs/fastats/accidental-injury.htm
- 《个人理财》，作者 Arthur J. Keown
- 2017英国QS世界大学排名(QS World University Ranking)
  https://www.topuniversities.com/university-rankings/world-university-rankings/2016
- 2016-2017美国大学委员会(College Board)统计公立大学和私立大学的学费
  https://trends.collegeboard.org/college-pricing/figures-tables/tuition-and-fees-and-room-and-board-over-time-1976-77_2016-17-selected-years
- 美国社会安全局统计男性女性平均寿命
  https://www.ssa.gov/planners/lifeexpectancy.html
- 苹果总部落成
  https://www.apple.com/newsroom/2017/02/apple-park-opens-to-employees-in-april/
- 2017信托及遗产税率
  https://trustedattorneys.com/income-tax-rates-for-trusts-and- estates-2017/
- 2018 遗产税，赠与税，及隔代赠与税
  https://www.willkie.com/~/media/Files/Publications/2017/12/2018_Estate_Gift_and_GST_Tax_Exemption_Increases.pdf
- 胡润《2016中国高净值人群出国需求与趋势白皮书》
- 2015美国人口普查局调查统计1967—2015男性与女性拥有大学以上学历的比例
  https://www.census.gov/content/dam/Census/library/publications/2016/demo/p20-578.pdf

▌结　语 ——————————

　　这本书的源起，是我抱持着妈妈无私奉献和分享的精神要献给各位读者。我身为人母32年，我的二位妈妈赋予我力量，促使我将毕生所学的精华传授给读者。我的妈妈们，一位是我的亲生妈妈，一位是美国籍"妈妈"。我的亲生妈妈是个贤妻良母，是位作家、教育家和社会活动家，出生在小资本家的家庭，自幼丧父。从小受中西方的教育，上海培成女中毕业，之江大学教育系结业，参加抗战，保家卫国，自强不息，她在炮火连天的战火中幸存，在中国的多次革命运动中受迫害和打击，九死一生，坚强地活了下来。今年97岁高寿，她有机会就滔滔不绝地给我讲过去的经历和不凡的一生。她给了我生命、智慧和中国传统文化的精髓，教我艰苦朴素，诚恳待人，生命不止，奋斗不息，妈妈传授给我的精神财富，为人处事的道德品质，让我一辈子受益无穷。在物质贫乏，资源平均分配的社会环境里，我从来没有过致富的念头，只知道省吃俭用穿着打有补丁的衣服而感到光荣，为有远大的理想和梦想而骄傲。

　　我的美国籍"妈妈"，名叫若斯·史耐德（ Rose Snyder ），是我理

财致富的启蒙老师，也是我的美国妈妈，我在她的言传身教下走上理财成功之路。从若斯那里我对金钱的定义有着切身的了解。我们不只要有储蓄的习惯，还要学会运用投资的工具，让钱生钱，不仅要打工挣钱，还要有投资理财的收入。经由富妈若斯的启蒙开始了我的理财之路，使我体会到赚钱原来并不难，让我有了新的抱负，我的梦想转变成为能帮助和指导大众理财成功的财务规划师。我仔细回想，这结合了我青年时梦想成为桃李满天下的老师；以及长大后梦想成为指导人们心身健康，享受生活的心理学家。财务规划师不就是融合老师和心理学教授的最佳组合吗？

在这里讲两个我本人初次尝试理财的故事，一个是自作聪明理财失败的故事，另一个是跟着美国"妈妈"成功的故事。

我踏入财务规划师之路源起于36年前，我带着一只行李箱和身上仅有的35美元，从中国来到美国加州圣地亚哥求学。当时虽然我的口袋空空，脑袋里却装着满满的精神财富，那是我母亲传授给我为人处事的道理，自强不息，不断上进的精神，我人穷志不穷。

初到陌生的国度里举目无亲，学校位于有名的富人区La Jolla，为了支付高昂的学费，我为美国中上阶层工作来换取食宿。我先后以陪伴老人、当家庭教师、清洁工和管家住在四个不同的富人家庭，我在大学登了广告，希望能找到免费的住家，可以省房租开支、交学费。若斯·史耐德（Rose Snyder）接受了我的申请，从此改变了我的一生。我作为若斯的管家，她并没有因此对我这个穷学生另眼相看，她让我和前夫一同住在她家，我们从此有了住宿落脚的地方。我们用200美元买了辆破车打工上学，并排停在她的全新红色奔驰跑车旁，她丝毫不介意。由于互相之间的信任，她把我当女儿看待。

我的女儿盈盈在她家出生，若斯教会我如何用钱赚钱，也让我看到美国有钱人乐善好施的榜样，和若斯对子女教育不遗余力，顺应子女的天性和兴趣来培养孩子。从她的生命中我看到了美国人对教育和财富的观念和实践。

若斯提供我们免费食宿，在上课之余，我帮富裕的邻居家庭打扫卫生、看孩子，而前夫在餐馆打工赚钱，好不容易存到一万美元。我们找了住家附近的银行提供三年定存13%的利率，想让这宝贵的一万元来帮我们升值。没想到我们在银行存款二年后，这家银行竟然宣告破产，辛苦赚来的第一笔钱就这样没了，当时我们真是欲哭无泪。所幸美国的存款保护法让我们几年后拿回一万美元本金。没有拿到一分利息，我们用钱生钱的梦想落空，但能拿回本金已是万幸。这让我学习到进了银行不代表进了保险柜，原来储蓄和投资都会有风险。

1984年8月一个难忘的下午，若斯的大女儿麦克欣（Maxine）在闲聊当中随口问我有没有两万美元现金，当我回答有时，她很惊讶，随即问我想不想投资房地产。当下我犹豫了一下，但想到若斯是靠投资房地产成功积累财富，我决定要向她学习投资房地产。她和大女儿教我如何以两万美元现金投资市价25万的地产，我们在银行贷款20万美元，和跟若斯贷款3万美元来投资若斯手上市价25万的房地产，三房一厅的家庭式住宅，后院有四个公寓。她卖给我她的投资房产，同时也传授给我她的投资方式。从此，我们从穷学生晋升为小地主，坐拥美国南加州五套房地产。我买了一本《如何当地主》的书，从书中学习如何在美国成为专业的房东，顺利地将这五套房地产全数出租，所收取的租金收入扣掉房地产的相关开支后，我们每年还有8%的净收益。两年后，我们还清若斯借给我们的3万美元。打从第一次投资房地产成功后，我们以累积的租金净利和打扫卫生的收入再投资房地产。我不想只靠地产投资，了解金融和经济体系和结构，我决定转学，学习扎实的理论基础和金融专

业知识。于是我到美国加州圣地亚哥州立大学商学院攻读金融学硕士充实自己，为帮助社会大众理财打下根基。我不愿自己独享一朵盛开的鲜花而感到自满，而愿辛勤栽种美丽的花田，与社会大众共享满园的花香。

当我取得硕士学位，也就是来美国满十年时，我们已经可以靠租金过着衣食无虑的生活。在取得商业管理硕士学位后，我的女儿已经五岁，从养育女儿的过程中，我学会以母爱来关怀和引导孩子。虽然我的家庭已达到财务自主，我希望可以将我学到的金融教育学以致用，以母爱的精神用我的专业来帮助更多的人，获得金融财务管理硕士后，我投身于财务规划的领域，并进入了美国500强保德信金融集团（Prudential Financial Services）工作。

指导我的商学院金融教授及商学院院长Dr.Robert Wilbur，成为我最早的客户之一，透过他的介绍，他的家族成员陆续成为我的客户。以诚信可靠之信用，加上金融硕士的扎实专业知识，许多我曾为他们家中打扫卫生的富人和律师及专业人士也成为我的客户。透过客户的口碑相传，我开始为美国不同族裔和不同经济条件的客户提供财务规划服务，三年后我立志于将这些宝贵的理财知识或经验传授给华人，我的脚步也随着客户的引介，遍布全美，进而遍及全球五大洲。

在保德信金融集团工作的20年期间，我历经了公司的起落。虽然公司政策的变化、公司的起伏、裁员、合并、从互助保险公司（Mutual Company）转型到上市公司等变化，我的业绩依旧屹立不摇。我从保险业务员做起，后来成为注册财务规划师，给公司和家庭作全方位的规划，做多族裔市场开发经理五年，再进入总公司的智囊团长达五年，跟总公司的核心成员一起决定公司营运方向。这让我有幸与来自不同部门的精英一起合作，其中部分精英也成为日后我的理财规划公司的服务团队成员。历经美国的500强公司的组织运作，让我学习到大公司如何在环境变迁下衰退，通过转型再创荣景，这帮助我日后指导上市公司的企业家如何建立永续经营的模式。

我以一个来自中国的两手空空的穷学生身份来到美国求学，遇到了美国"妈妈"，她开启我对金钱的视野，照着她成功的投资方向去做，在我取得硕士学位时，我也已达到财务上的自由。像我这样的穷学生通过努力和正确的理财方向都可达到自立、自主、自由，我相信其他人一样可以达到财务的自立、自主、自由。我希望用妈妈的爱心和帮助客户的实际经验，可以帮到每个华人提升财务智商，并且走向正确的理财道路。一旦方向走对了，努力踏实地前进，让钱为心用，来完成自己的梦想。无论您目前的年龄，身份和地位以及居住在哪个国家，作为一个炎黄子孙，我都希望借由这本书可以为您立下财务的根基，一步步积累您的财富，而顺利达成创富、保富、享富和传富的梦想。妈妈的心是无私的，妈妈的爱是无条件的，我亲生妈妈教会我勤俭持家，不欠债、会存钱。我用十年的存款，买了一张飞往美国的机票，从此改变了我的命运。她传给我精神财富。

我的美国"妈妈"教会我贷款，投资生财，用2万美元投资，现在升值到200万美元，她传给我科学理财致富术。

我的女儿成全我为人之母，学会付出、关怀和责任感，让我有机会把多年来积累的理财之术奉献给每一位读者。

我期望这本书以美国科学理财为观念，灵活地运用到每个华人的家庭和事业，期待着这把"金钥匙"能够打开您所在地的智慧理财的大门从此愿您一路顺风，财源广进，财务上立于不败之地，享受美好人生。

我对全球华人的祝福，如同我曾写下的期许于2012年铭刻在长城（居庸关）"中华爱国英才报国"的石碑宣言上：

祝中华经济繁荣，造福国民；

愿民众智慧理财，传承万代；

树企业风险管理，榜范千秋。

郑莉容

2017年12月25日

于美国加州圣地亚哥

▌作者介绍 ——————————

里程碑和嘉奖：

1969-1971 下乡河南知青

1971-1977 许昌，郑州第七中学教师

1991-2009 保德信金融集团，特别经纪，注册财务规划师

1995-2018 国际百万圆桌终身会员

1996-2016 中国人协会副会长

1998-1991 加州房地产学院精算师

1998-2018 国际财务规划公会会员

2000-2003 影视公司"飘在美国"电视纪录片总策划，副总裁

2000-2005 国际金融管理机构 颁发管理成就奖

2000-2005 保德信金融集团多族裔市场开发部经理

2000-2005 南加州香港商会理事

2000-2008 数年国家级服务优质奖

2001 国际专业人士名人奖

2001, 2004 年度专业妇女成就奖

2001-2010 华人杂志理财专栏作者

2002 华美协会颁发企业成就奖

2003 美国西部地区企业主管财务规划、公司经营、遗产规划讲师

2003-2008 优秀财务规划师先锋奖，公司分部年度财务规划师

2003-2004 美洲东森电视台新闻专辑"停，看，听"财务规划节目特邀主播

2004-2008 保德信金融集团实地顾问委员会委员

2004-2014 南加州亚裔文化，商业双周刊，国际日报理财专栏作者，亚洲广播电台财经节目主播

2005-2008 圣地牙哥台湾商会副会长

2006-2018 国际百万圆桌顶尖会员

2007 荣获美国总统盖尔荣誉奖；美国人名研究所表彰

2008, 2017 北美洲台湾商会联合总会副总会长及咨询委员

2008-2010 投资及保险事业发展会主任委员

2009 郑莉容财产管理规划公司成立，任总裁

2009 华人之友社区服务奖

2010 世界杰出华人创业家，中国国际经济技术合作论坛

2012 亚裔文化传承奖

2013 再度荣获亚裔文化传承联谊会颁发"传统奖"中的社区服务特别奖

2013 在北京人民大会堂接受"全球十位杰出华人企业家"嘉奖

2013-2018 达庆理财顾问公司管理主任

2014 圆桌教育基金会义务助教

2014-2018 世界华人企业家协会常务理事

2015 中国经济贸易促进会副会长

2015-2018 中国创业家协会理事会副主席

2015 世界杰出华人勋章

2015-2018 加成国际财务规划师

2015 全美华人文化教育基金会文教大使

2015-2018 博世理财服务企业集团，太平洋地区副总裁

2016 国际百万圆桌顶尖圆桌讲师

2017 接受台北广播电台专访（中国台湾台北）

2018 "同根同梦" 评选为年度人物，楷模人物年度盛典

2018 国际百万圆桌讲师

学历：

2016 北京大学国际关系学院杰出女性国际视野精英班学员结业

2013 美国普林顿大学商业管理荣誉博士

2008 宾州大学沃顿商学院, 管理工程

1988-1990 圣地亚哥州立大学金融企业管理硕士

1986-1988 圣地亚哥米拉马尔社区学院

1982-1985 加大圣地亚哥分校主修心理学

1977-1982 河南大学英美文学学士

郑莉容 拥有 Series 6,7,24,63,65（股票，债券，共同基金，投资基金管理总监）Life, and Property & Casualty（人寿、健康、财产保险）等执照，有全美加州纽约等27 个州的营业执照。近三十年来，她为全美來自中国大陆及台湾地区、香港地区，英国、德国、新加坡、马来西亚等国家和地区的成功专业人士，企业家与退休人士，中小型企业提供卓越的理财咨询和服务。公司业务涵盖 50 多个发达国家及发展中国家。

口碑：

● 2002 接受"华人"杂志专访：《二十年是多久？访美国普天寿公司（现名保德信金融集团）财务计划师郑莉容女士》

● 刊登于《绚丽郁金香》"上海女性成才的心路历程"上海大学出版社

● 2009 美国出版《Why Chinese Women are not Broke》，中译《为什么中国女性能百折不挠》，列举100名旅美作出杰出贡献的中国女性的事迹。

● 2010 被评选为"全球华人风云录"中的风云人物

报道《规划财富之路与孕育人生芬芳的清雅茉莉》

● 2012年接受"华人"杂志专访：《来美三十年杰出财务规划师郑莉容追踪报道》

● 2012 "中国对外贸易"第516期：

《金融界的闪亮金星从下乡知青到国际金融界独树一帜的杰出华人财务规划师郑莉容女士》

● 2013 美国邮政局首次发行全美杰出华人肖像邮票，以表彰一百年来在美华人对美国社会作出的贡献，唯一获得此项荣誉的财务规划师。

● 2013 "慈善中国"：《郑莉容：一位可敬可信的国际理财大师美籍华人的中国梦》

● 2013 "慈善中国"大型系列丛书编委会推荐词：

"郑莉容上过山下过乡，教过书留过洋。她的意志力和对工作的投入，使人联想到居里夫人；她不骄不躁，以出世之心，做入世之事；她优雅、聪慧，辉映着诚挚爱心和坚毅睿智。她是中国梦的践行者，她说要用自己的一技之长来为华人的财务自主、自立和自由铺路、搭桥、搬梯子,让成功人士更上一层楼。

"如果把财富比做一艘在海上航行的大船,那么,她无疑就是这艘大船的领航者,在她充满智慧的引领下,拨开重重迷雾,让这艘财富之船顺利、平稳地驶向幸福的彼岸!"

● 2013/9/14 "加州州政府公平委员会" 颁发奖状表扬

"郑莉容具有卓越的领导力,创办值得信赖的"郑莉容财产管理规划公司"为客户个人、家庭及公司提供一个安全又有效率的资源来投资他们的财产。

● 2014/11/22 圣地亚哥郡长荣恩·罗伯兹颁发荣誉市民奖状:

"由于您的服务与承诺加强了美国和中国二国之间的关系和友谊。谨代表圣地亚哥郡第四区,很荣幸授与您为荣誉市民。"

● 2017/02/13 刊登于华尔街日报, "您必须认识的五星级财富管理经理", 由五星级财富管理顾问公司推荐

● 2017 Forbes 年度黑皮书评为五星级财富管理经理

"郑莉容注册财务计划师当初来到美国时身上只有35美元。她坚持不懈的职业道德和专业服务,使她创造成功的财富管理和财产规划公司。她谨慎的做法来自经历全球经济和金融波动的丰富经验。她和她的团队为富裕的美国人和国际客户提供先进的全方位财务规划和遗产规划。"

"Securities offered through IFS Securities are NOT FDIC INSURED, NOT BANK GUARANTEED, and MAY LOSE VALUE. Investing involves risks, including possible loss of principal. Please consider the investment objectives, risks, charges and expenses of any security carefully before investing. Securities and Investments advisory services offered through IFS Securities, Member FINRA/MSRB/SIPC,3414 Peachtree Road NE, Suite 1020, Atlanta, GA 30326, Phone: 404-382-5223. Julia Cheng Wealth Management and Estate Planning, Inc. is not affiliated with IFS Securities, Inc. CA License #8016637"